U0645607

21世纪经济管理新形态教材·国际经济与贸易系列

国际商务谈判

（第2版）

张国良 ◎ 主　编

清华大学出版社

北　京

内 容 简 介

本书主要内容包括：谈判的起源、作用及国际商务谈判的特征、基本要求；国际商务谈判心理；国际商务谈判的原则要领及其程序；国际商务谈判中的沟通技巧；国际商务谈判的筹划；国际商务谈判的策略；国际商务谈判技巧；国际商务谈判礼仪；国际商务谈判中各国的谈判风格与沟通应对策略等。

本书既可作为高等院校国际商务谈判课程的教材，也可作为从事商务谈判工作的读者的参考用书。

图书在版编目(CIP)数据

国际商务谈判/张国良主编.—2版.—北京：清华大学出版社，2021.10(2025.7重印)

21世纪经济管理新形态教材.国际经济与贸易系列

ISBN 978-7-302-59216-7

Ⅰ.①国… Ⅱ.①张… Ⅲ.①国际商务－商务谈判－高等学校－教材 Ⅳ.①F740.41

中国版本图书馆 CIP 数据核字(2021)第 188102 号

责任编辑：张　伟
封面设计：汉风唐韵
责任校对：王荣静
责任印制：刘海龙

出版发行：清华大学出版社
　　　　　网　　址：https://www.tup.com.cn，https://www.wqxuetang.com
　　　　　地　　址：北京清华大学学研大厦 A 座　　　邮　　编：100084
　　　　　社 总 机：010-83470000　　　　　　　　邮　　购：010-62786544
　　　　　投稿与读者服务：010-62776969，c-service@tup.tsinghua.edu.cn
　　　　　质量反馈：010-62772015，zhiliang@tup.tsinghua.edu.cn
　　　　　课件下载：https://www.tup.com.cn，010-83470332
印 装 者：三河市龙大印装有限公司
经　　销：全国新华书店
开　　本：185mm×260mm　　　印　　张：14.75　　　字　　数：336 千字
版　　次：2017 年 5 月第 1 版　 2021 年 11 月第 2 版　　印　　次：2025 年 7 月第 5 次印刷
定　　价：45.00 元

产品编号：092926-01

第 2 版 前 言

党的二十大报告明确指出："推进高水平对外开放。依托我国超大规模市场优势，以国内大循环吸引全球资源要素，增强国内国际两个市场两种资源联动效应，提升贸易投资合作质量和水平。稳步扩大规则、规制、管理、标准等制度型开放。推动货物贸易优化升级，创新服务贸易发展机制，发展数字贸易，加快建设贸易强国。"二十大报告体现了中国式现代化的特点，同时，中国式现代化也将改变世界贸易的格局。

当今世界是一张巨大的谈判桌，不管你喜欢不喜欢、愿意不愿意、接受不接受，你都是一个谈判人员，小到家庭纠纷，大到国际争端，都需要通过谈判与沟通来解决问题。中国自古以来就有"财富来回滚，全凭舌上功"的说法。在强手如林的国际商务谈判中，只有真正掌握了国际商务谈判的理论、方法、技巧，才能在对外经济贸易中游刃有余、稳操胜券。

本书自 2017 年 7 月出版后，受到了广大应用型本科院校师生的普遍欢迎和好评，第 1 版先后 5 次印刷，第 2 版按照新形态教材的要求编写。每章增加了即测即练试题。在写作过程中尽量体现"新""近""精""实"和"活"五个字。

"新"就是案例要体现国际贸易实务时代的特色、谈判的策略、沟通的艺术。

"近"就是贴近生活，贴近现实，贴近国际商务谈判与沟通的学习背景。

"精"就是精选案例，从不同重点行业之中选择国际商务谈判典型个案，从小案例、小事件入手，解剖麻雀，以小博大，见微知著。

"实"就是讲求实在，注重国际商务谈判实际效果与应用价值，体现项目的实践性与可操作性强。

"活"就是案例生动鲜活、形式多样、内容具体、各有侧重，能够满足国际商务谈判课程的需要，力求案例具有吸引力，能激发学生学习国际商务谈判的兴趣与参与激情。每章都设置了案例及思考题，以利于读者对国际商务谈判知识的学习理解与把握应用。

本书可作为普通高等学校经管类专业的教材或教学参考书，也可作为职场人士的培训教材，供有志之士阅读借鉴。建议学时为 48 学时。

本书的编写与出版得到广东省教育厅高校特色创新类项目"广东省新型政商关系构建与民营经济创新驱动高质量发展研究"（项目编号 2020WTSCX105）与广东培正学院工商管理重点学科与专业建设项目的支持。本书在写作过程中得到清华大学出版社张伟编辑的精心指导与大力支持，在此深表谢意！

　　本书在编写过程中,参考并吸收了当前国际商务谈判领域的优秀研究成果及网络资源,谨向各位专家学者表示衷心感谢,恕不一一列出。

　　由于作者学识水平有限,书中难免有疏漏和不妥之处,敬请各位专家不吝赐教,敬请各位读者朋友批评指正。

作　者

2024 年 6 月

目 录

第 1 章

绪 论

📚 案例 1-1

朱镕基入世谈判的出其不意

出其不意招数在中国与美国的入世谈判中非常奏效,时任总理朱镕基亲自出马参与谈判,使几近破裂的谈判最终达成协议。时任外经贸部副部长龙永图对此有生动的回忆。他回忆说:"1999 年 11 月 15 日,当中美入世谈判几乎再次面临破裂之时,朱总理亲自出面,把最棘手的 7 个问题找了出来要亲自与美方进行谈判。当时,石广生部长担心总理出面谈,一旦谈不好将没有回旋余地,不赞成总理出面。总理最终说服了我们。最后,我方决定,由朱总理、钱其琛副总理、吴仪国务委员、石广生部长和龙永图共五位代表,与美方三位代表谈判。"

"谈判刚开始,朱总理就对 7 个问题的第一个问题做了让步。当时,我有些担心,悄悄地给总理写条子。朱总理没有看条子,又把第二个问题拿出来,又做了让步。我又担心了,又给朱总理写了条子。朱总理回过头来对我说:'不要再写条子了!'然后总理对美方谈判代表说:'涉及的 7 个问题,我已经对两个问题做了让步,这是我们最大的让步。'美国代表对总理亲自出面参与感到愕然,他们经过商量,终于同意与中方达成入世谈判协议。"

1999 年 11 月 15 日,中美双方就中国加入世界贸易组织的谈判达成了一致,中国谈判代表与美国贸易谈判首席代表巴尔舍夫斯基签署协议并交换文本。中国与美国谈判成功,为中国入世扫除了重大壁垒。2001 年 11 月 10 日,世界贸易组织第四届部长级会议在卡塔尔首都多哈以全体协商一致的方式,审议并通过了中国加入世界贸易组织的决定。

资料来源:张国良.商务谈判与沟通[M].北京:机械工业出版社,2015.

美方谈判代表意想不到朱镕基等中方高层领导会突然出现在谈判桌前,更想不到朱镕基会果断地连续作出两次让步,这些都造成了出其不意的效果。出其不意策略也是一种给对方的心理造成冲击的战术。由此可见,谈判引导策略运用的关键就是引导对方的心理感受,从而达到争取己方谈判利益的目的。

在现代商业活动中,谈判既是交易的前奏曲,也是销售的主旋律。可以毫不夸张地说,人生在世,你无法逃避谈判;从事商业经营活动,除了谈判你别无选择。然而尽管谈判天天都在发生,时时都在进行,但要使谈判的结果尽如人意,却不是一件容易的事。怎样才能做到在谈判中挥洒自如、游刃有余,既实现己方目标,又能与对方携手共庆呢?从本章开始,我们来一起走进谈判的圣殿,领略其博大精深的内涵,解读其运筹帷幄的奥妙。

1.1 谈判的起源及其历史发展

1.1.1 谈判赖以产生的历史根源

1. 解决冲突的需要

谈判作为人类一种有意识的社会活动,是一种处理人际关系、解决人类利益冲突的手段。人类在相互交往中,为了解决利益冲突,改变相互关系,改造自然和社会而相互联合,或者为了进行物质、能量和信息交换而进行观点沟通,从而取得一致,并妥善达成协议,就产生了谈判这种新的社交活动。

在原始社会初期,人类主要通过获取自然物,如渔猎、采集之类,来维持生存,到中后期才开始有原始的农业和畜牧业。由于当时生产力水平十分低下,征服自然和改造自然的能力有限,物质财富严重不足,你争我夺,冲突不断发生,争执中双方当然要陈述自己的理由,这就是谈判的雏形。双方争执一般有两种结果:一是矛盾得到解决,财物归有理者或者平分;二是口头争论不能使矛盾得到彻底解决,致使矛盾激化,甚至诉诸武力。自古军兵好战,用兵之道,攻心为上。例如"郑板桥吟诗退小偷":郑板桥晚年辞官后,两袖清风。一天晚上,风雨交加,郑板桥在床上辗转反侧,甚是难眠。这时,一个小偷悄悄溜进来,郑板桥稍思便转身低吟:"细雨蒙蒙夜沉沉,梁上君子进我门。"此时小偷接近床边,闻声暗惊。只听郑板桥又吟道:"腹内诗书存千卷,床头金银无半文。"小偷听罢转身出门,又听里面说"出门休惊黄尾犬",真有一只黄尾巴的狗。小偷刚爬墙,又听见"越墙莫损兰花盆",小偷一看果然有一盆兰花。小偷小心避开后脚刚落地又听屋里传出"天寒不及披衣送,趁着夜色赶豪门",小偷飞似的逃走了。郑板桥对小偷赶而不抓,抓则有场恶斗,而赶则一毫不损,引而不发,不战而胜,实为上策。

2. 力量均衡的产物

在原始社会,当氏族、部落和部落联盟之间为争夺领土、财富或争霸一方而进行战争时,双方不分胜负,达到势均力敌的程度,用战争的办法可能对双方都不利,两败俱伤。于是谈判被人们用作解决矛盾的另一种手段。

如果没有双方的平等地位和关系,在双方力量悬殊的情况下,力量强大的一方就不会同意进行谈判,力量弱小的一方也失去了与对方谈判的优势。如在奴隶社会把工具分为三种:一是哑巴工具——农具;二是会叫唤的工具——牲畜;三是会说话的工具——奴隶。奴隶连做人的资格都没有,就更不会有与奴隶主真正意义的谈判。在有强权统治的地方,不可能有完全平等意义的谈判。例如,20 世纪 20 年代,安源路矿工人在中共领导的组织下,与路矿当局举行了谈判。最后双方达成了增加工资、承认工人俱乐部的代表、保障工人的合法地位和权利等协议。如果没有组织起来的力量,路矿当局是不可能与工人进行谈判的。

与此相仿,在 1945 年抗日战争胜利以后,以蒋介石为代表的国民党政府在全国人民的压力下,不得不与共产党进行谈判。当时毛泽东赶往重庆谈判时,对部队官兵讲话:"你们打得越狠,我在重庆就越安全。"这句话反映了谈判的真谛:实力是第一位的。1997

年 7 月 1 日我国对香港恢复行使主权也证明了这一点。

📚 **案例 1-2**

香港主权的丧失与恢复

1841 年 1 月 26 日,英国军队强行登上香港岛,举行升旗仪式,单方宣布香港岛归英国所有。1842 年 8 月 29 日,英国政府强迫清政府签订了令中国人屈辱的《南京条约》。从此,中国的香港区域被英国殖民统治。1984 年 12 月,中英两国政府在经过 22 轮的谈判后,以邓小平的"一国两制"构想解决了香港问题,签署了《中华人民共和国政府和大不列颠及北爱尔兰联合王国政府关于香港问题的联合声明》。1997 年 7 月 1 日,中国政府对香港正式恢复行使主权,结束了英国的殖民统治。

只有在物质力量、人格、地位等方面都获得相对独立或对等的资格,双方才能构成谈判关系,否则强势的一方就有可能采取非谈判方式,包括武力强取等。100 多年前,中国经济落后,清政府软弱无能,无须谈判,英帝国主义就可以强行占有香港,所谓的《南京条约》是一个完全不平等的条约。而改革开放后,中国经济建设成就举世瞩目,在世界舞台上赢得了地位,所以,就能在谈判桌上解决香港问题。

香港主权的"失"与"归",昭示我们要改变贫弱受欺、落后挨打的历史命运,就必须奋起抗争、奋发图强。

3. 利益互惠的媒介

谈判活动不仅在解决人们利益冲突时呼之即出,而且在使人们的利益互惠时应运而生。这有历史的经济方面的原因,在原始社会后期,随着生产的发展,产生了畜牧业和农业的分工,出现了以交换为目的的商品生产。哪里有商品生产哪里就有商品交换,有商品交换就有商务谈判,随着商品经济的进步发展,交换日益频繁,出现了市场,也就是商品交换的场所。在神农氏时,《易·系辞》对市场就有这样的描述:"日中为市,致天下之民,聚天下之货,交易而退,各得其所。"交易的过程离不开讨价还价,讨价还价的过程也就是谈判。

1.1.2　现代生活与谈判

从盘古开天辟地、三皇五帝至今,凡是有人群活动的地方,就有矛盾冲突、利益协调,就有谈判的存在。谈判是社会需要和社会交流的产物,自从有了人类社会,产生了语言,人们有了相互交往的需要,于是就有了谈判活动。可以说谈判无处不在、无时不有,在生活中每个人几乎每天都在进行着各种各样的谈判:

有了钱,丈夫说应先买辆小汽车,妻子却认为先买住房划得来,两人各抒己见;

家庭主妇上街买菜与小商贩们唇枪舌剑,讨价还价;

在办公室里,您也许正和××公司的老总在吹胡子瞪眼睛,抗议他提供了冒牌货;

在法院,原告和被告正进行法庭辩论或者进行和解;

在人才市场,求职者和单位部门负责人正在讨论工作要求及待遇;

回到家中,您一天的怨气未消,可是您的邻居或街上的卡拉 OK 却大声放着音响,令疲惫一天的您心烦意乱、难以入眠，又不得不与他们"谈判"，让他们放低声音。

北约对南联盟进行了78天的连续轰炸，最终也回到了谈判桌上。故《孙子兵法》曰："上兵伐谋，其次伐交，其次伐兵，其下攻城。""不战而屈人之兵，善之善者也。"

总之，不论人与人之间建立什么样的关系，总会产生各种各样的矛盾。因此，谈判对于我们每个人都有极其重要的意义：事业的如愿，生意的成功，理想的实现，家庭关系与社会关系的和谐，生活的美满和幸福，都与谈判密切相关。可以说，"人生就是谈判，谈判构成了人生的重要部分"。

名人名言

世界谈判大师赫伯·寇恩说："人生就是一大张谈判桌，不管喜不喜欢，你已经置身其中了。"

"就像在生活中一样，你在商务上或工作上不见得能得到你所要的，你靠谈判得到你所要的。"

小思考

交谈与谈判都是说话，因而两者都是一码事，对吗？为什么？

答：不对。交谈与谈判尽管都是说话，但有很大的不同。交谈可以是随意的、漫无目标的，不一定非要达成一致意见。而谈判重在"判"，目的是平衡各方的需求和利益，具有一定的规律性和明确的目的性。

1.2　谈判的概念及作用

要给谈判下一个定义既简单、又困难，说它简单是因为我们每个人对它并不陌生，说它困难是因为谈判的内容极其广泛。它既是科学、又是艺术，尽管如此，我们也要给谈判下一个定义。

1.2.1　谈判的概念

谈判，实际上包含"谈"和"判"两个紧密联系的环节。谈，即说话或讨论，就是当事人明确阐述自己的意愿和所要追求的目标，充分发表关于各方应当承担和享有的责、权、利等看法；判，有听的意思，即分辨和评定，它是当事各方努力寻求关于各项权利和义务的共同一致的意见，以及通过相应的协议正式予以确认。因此，谈是判的前提和基础，判是谈的结果和目的。

目前，出现在各类文献中关于谈判的定义，见仁见智，多种多样，比较有代表性的列举如下。

美国谈判协会会长、著名律师、谈判专家杰勒德·尼尔伦伯格在《谈判的艺术》一书中所阐述的观点非常明确：谈判是人们为了改变相互关系而交流意见，为了取得一致而相互磋商的一种行为。

美国法学教授罗杰·费希尔和谈判专家威廉·尤瑞合著的《谈判技巧：利益、选择与标准》一书把谈判定义为："谈判是为达成某种协议而进行的交往。"

美国谈判专家威恩·巴罗认为，谈判是一种双方都致力于说服对方接受其要求时所运用的交换意见的技能，其最终目的就是达成一项对双方都有利的协议。

我国谈判专家刘必荣指出：谈判不是打仗，它只是解决冲突、维持关系或建立合作架构的一种方式，是一种技巧，也是一种思考方式。谈判是赤裸裸的权力游戏，强者有强者的谈法，弱者有弱者的方式。

我国学者丁建忠教授认为：谈判是为妥善解决某个问题或分歧，并力争达成协议而彼此对话的行为或过程。谈判是当事人为满足各自需要和维护各自的利益，谋求一致而进行的协商过程。

研究以上定义便可发现，虽然中外学者对谈判概念的文字表述不尽相同，但其内涵却包含着一些相近或相通的基本点。这些基本点大致有以下几方面。

1. 目的性

谈判均有各自的需求、愿望或利益目标，是目的性很强的活动。没有明确的谈判目的，不明白为什么而谈和在谈什么，至多只能叫作"聊天"或"闲谈"。因此，上述定义都强调谈判的目的性即追求一定的目标这一基本点，如"满足愿望""满足需要""为了自身的目的""对双方都有利"或者"满足己方利益""利益互惠""满足各自的需要""为了各自的利益动机"等。

2. 相互性

谈判是一种双边或多边的行为和活动，谈判总要涉及谈判的对象。否则，自己和自己谈，就不能称其为谈判，也达不到谈判的目的。因此，人们在谈判的定义中都指出谈判的相互性即谋求一种合作这一基本点，如"为了改变相互关系""涉及各方""使两个或数个角色处于面对面位置上""双方致力于说服对方"或"个人、组织或国家之间""谈判双方""协调彼此之间的关系"等。

3. 协商性

谈判是通过相互合作而实现各自目标的有效手段。谈判不是命令或通知，不能由一方说了算。所以，在谈判中，一方既要清楚地表达其立场和观点，又必须认真地听取他方的陈述和要求并不断调整对策，以沟通信息、增进了解、缩小分歧、达成共识，这就是彼此之间的协商或磋商。因此，谈判的定义不能不阐明谈判的协商性即寻求一致的意见这一基本点，如"交换观点""进行磋商""说服对方"或者"利用协商手段""观点互换""通过协商""进行相互协商"等。

综合上述观点，我们认为：谈判是指参与各方出于某种需要在一定的时空条件下，采取协调行为的过程。

1.2.2　谈判的作用

谈判具有以下几个方面的作用。

1. 说服对方，和谐沟通

说服对方接受自己的观点，维护己方利益。人们在认识世界和改造世界的过程中，与外界的事物及他人发生接触，在这些接触中产生自己的观点。一个人生活在现实的世界上,就要不断地与周围环境中的物和人发生各种接触,从而形成对周围环境中物和人的认识,产生自己的观点。但这些观点,别人是否理解?是否允许其存在?是否接受?如果别人不理解、不允许或不接受这些观点,那么应如何做呢?在这种情况下,可以考虑采取的一种办法就是谈判。通过谈判,别人首先能理解我们的观点,更进一步,则要别人允许和接受这些观点。

由于人们所处的自然环境以及社会环境存在差别,人们的思维素质、文化素质、道德素质等极不平衡,人们的心理发展状况呈现出不同层次或水平,这就决定了人们在所追求的、所维护的基本利益方面的不一致。一些人所要追求的基本利益,可能不是另一些人也要追求的;一些人所要维护的基本利益,可能与另一些人想要维护的基本利益正好相反。存在差异的双方如想互相得到满足,可以考虑采取的一种方式就是在双方之间沟通,进行协商对话,而这也就是谈判。通过谈判,双方在需要和利益方面能得到协调与适应。人们总希望用自己的观点去影响别人,让别人接受自己的观点,除了强迫手段(不能心悦诚服,只能是屈服)以外,唯一的方式就是通过谈判的形式,向别人说明你的观点,使别人在了解和理解的基础上接受你的观点,维护自己的利益。谈判的作用更是渗透到社会生活的方方面面:一场智斗,能免除兵刃之祸;一段利辞,可获得亿万财富;几句呼喊,可使群情激奋;一席谈话,可使庸人立志、浪子回头。

案例 1-3

一席话胜过雄兵百万

《新序·杂事篇》中有这样一个故事:秦国和魏国结成军事同盟,当齐楚联军进犯魏国的时候,魏王深感寡不敌众,屡次向秦王求救,可是,秦王一直按兵不动,魏王急得像热锅上的蚂蚁。在魏国官兵束手待毙的危急关头,魏国有个年过九旬、须发银白名叫唐且的老人,自告奋勇对魏王说:"老朽请求前去说服秦王,让他在我回国之前就出兵。"魏王喜出望外,立即派车马送他出使秦国。

唐且拜见秦王,秦王说:"老人家竟然糊涂到了这种地步!何苦白跑一趟呢?魏王多次请求救兵,我已经知道贵国危在旦夕!"

唐且说:"大王知道魏国的燃眉之急,却不肯出兵相救,这不是秦王的过错,而是您手下谋臣的失策!"

秦王不禁为之一震,忙问:"万全之策,何以有之?"唐且说:"在实力上,魏国拥有万辆战车;在地理上,是秦国的天然屏障;在军事上,跟秦国结成军事同盟;在礼仪上,两国定期互访,魏国和秦国已经情同手足了。现在齐楚联军兵临城下,大王的后援却没有到。魏王急不可耐了,只好割地求和,跟齐楚订立城下之盟。到那时,虽然想救魏国,也来不及了。这样秦国就失去了拥有万辆战车的盟友,而增强了齐楚劲敌的实力。这难道不是大王您的谋臣们的失策吗?"

秦王听了恍然大悟,立刻发兵救魏,齐楚联军得到情报后,撤兵而去。

唐且的一席话,收到了一箭三雕的功效:一是奠定了秦国出兵救魏的基础;二是吓退了齐楚联军的进犯;三是解除了魏国兵临城下的危难。短短一席话,字字珠玑,层层递进,真是"三寸不烂之舌,胜过雄师百万"。

2．实现购销,货畅其流

通过商务谈判,实现产品价值,提高企业经济效益,有利于市场经济发展。在现代市场经济中,流通即买和卖,实际上就是商务问题。它关系到整个社会经济的运行,关系到一个社会组织(特别是企业)的发展,也体现了人们及各类社会组织之间的社会关系。而商务问题,首先又是一个商务谈判的问题。因为,任何商务活动都只能和必须借助这样或那样的商务谈判才能成为现实。例如,货物的买卖,其品种、规格、品质、数量、价格、支付、交货、违约责任等,都要通过商务谈判来确定,只有当事各方经过认真的谈判,就上述一系列交易条件达成协议,货物的买卖才能进行。其他如技术贸易、合资、合作等更广泛意义的购销交易,也只能通过相应的商务谈判并达成协议才能实施。所以,商务谈判在现代社会举足轻重,它是各种购销活动的桥梁,决定着各种商品购销关系的实现。

目前,我国的商品市场是买方市场,在这样的市场状况下,"酒香亦怕巷子深"。要实现产品的价值,就得促销,促销能否成功在很大程度上取决于商务谈判工作。商务谈判工作绩效的好坏,直接影响到企业的经济效益。企业要想获得较高的经济效益,必须加强商务谈判工作,任何成功的商品交换都必然以成功的谈判为前提,否则,商品交换便不能顺利完成,只有通过谈判越过荒野,才能到达希望之乡。

3．获取信息,正确决策

在现代市场经济条件下,由于面临激烈的市场竞争,社会组织特别是企业的生存和发展必须自觉以市场为导向,而只有及时、准确地掌握足够的市场信息,才能知己知彼并正确决策,才能占优占先并灵活应对,才能掌握市场竞争的主动权,因此,信息是现代社会的宝贵资源。商务谈判,正是获取市场各种信息的重要途径。

商务谈判作为获取信息的重要途径,体现在商务谈判的议题确定、对象选择、背景调查、计划安排、谈判磋商、合同履行等方方面面,贯穿于商务谈判的自始至终。例如,与对方谈判货物买卖,首先就要了解该方的资质和市场的生产、需求、消费、技术、金融、法律等各种信息,还要了解该方提供的产品的来源、数量、品质、价格、服务、供货能力等,并将其与市场上的同类产品相比较,以便在此基础上提出己方具体的交易条件要求与对方磋商。而且,谈判中的相互磋商,本身也是信息沟通,它反映着市场的供求及其趋势,其中许多信息往往始料不及;同时,这种相互磋商,常常使当事各方得到有益的启示,从中获得许多有价值的信息。特别是商务谈判,大多数是在企业与企业之间进行的,只有相互沟通、加强联系、寻求新的贸易伙伴,才能开拓市场,提高市场占有率。企业在市场经济条件下是独立的商品生产者,具有独立的法人资格。企业之间的交往与联系必须遵循市场经济的客观规律,在自愿互利的基础上,实行等价交换,公平交易就离不开谈判,在谈判中准确全面掌握市场信息,达到知己知彼、百战不殆。

4．国际贸易,开拓发展

社会组织的发展,不但需要自身素质和能力的不断提高,更需要将这种素质和能力转化为现实效益的不断开拓来推动。所谓开拓,就是开辟、扩展。例如,企业的开拓,就要求在不断提高企业的整体素质以及产品水平、生产效率的基础上,不断开辟、扩展新的市场。而这种新的市场的开辟、扩展,其内容实际上包括产品的扩大销售和各种生产要素的扩大引进,即卖和买两个方面的不断扩大。这里,卖和买两个方面的扩大及其所涉及的各项交易,显然是通过一系列商务谈判来完成的。因此,只有通过成功的商务谈判这一纽带,才能实现市场的开拓,进而促进企业的发展。当然,企业开拓市场,通常还要采取产品、价格、渠道、促销等营销组合策略和其他各种经营策略。但是,这些策略的效果,最终必然要在商务谈判中得到反映、受到检验,并使之成为现实,特别是有利于促进我国对外贸易的发展。我国加入 WTO(世界贸易组织),国内市场国际化,国际市场国内化,世界市场一体化,是当今全球经济发展的基本趋势,赢得竞争优势,夺取领先地位,获得更大效益,成为全球经济竞争的新景观。发展对外贸易,参与国际竞争,开拓国际市场,必须学会外贸谈判,在谈判中才能运筹帷幄,决胜千里。例如,战后日本就是靠技术立国、靠贸易起家的,它的策略就是引进技术、进口原料、加工制作、出口产品。

总之,商务谈判是社会组织与外部联系的桥梁、途径和纽带。其中,实现购销是商务谈判的基本职能。随着社会主义市场经济体制的健全和完善以及我国经济融入世界经济,人们必将越发认识到搞好商务谈判和充分发挥其职能的重要作用。

1.3   商务谈判的概念、特征及要素

1.3.1   商务谈判的概念

所谓商务,就是指经济组织或企业的一切有形资产与无形资产的交换和买卖事宜。按照国际习惯,商务行为可以分为四种。

(1) 直接的商品交易活动,如销售、批发活动等。

(2) 直接为商品交易服务的活动,如运输、包装活动等。

(3) 间接为商品交易服务的活动,如金融、保险活动等。

(4) 具有服务性质的活动,如咨询、广告、信息服务活动等。

所谓商务谈判,就是指商务活动的双方或多方为了实现各自的商务利益、实现他们的商务交换活动、能够取得一种一致性意见而进行的沟通与磋商活动。

这里说的商务活动就是指交换活动。这种交换的对象可以是实物(有形财富),也可以是无形物(无形财富)。

商务谈判是在商品经济条件下发展起来的,其已经成为现代经济社会生活中必不可少的组成部分。可以说,没有商务谈判,经济活动就很难进行,小到日常生活中购物时的讨价还价,大到企业之间的交易,国家之间的技术合作和交流都离不开商务谈判。商务谈判所涉及的知识领域极广,是融市场营销、国际贸易、金融、法律、科技、文学、艺术、地理、心理和演讲等多种学科为一体的综合性学科,是一项集政策性、技术性和艺术性于一体的社会经济活动。

1.3.2   商务谈判的特征

商务谈判不同于其他谈判,这种区别点表现为它自身的特征。这种特征集中地表现在以下几点。

1. 主体性

商务谈判的主体与行为必须具备一定的资格和条件。首先，谈判主体必须是法人代表或代理人，行为必须依法成立。其次，谈判各方必须在一定物质力量的基础上，拥有相对独立的权、责、利。没有相当的权力，就不能保证谈判深入而有效地进行；没有责任的约束，就不能确保谈判的结果和最后的履行；没有相对独立的利益，也就没必要建立起商务谈判的关系。

2. 平等性

商务谈判的平等性是指当事人关系的平等性。商务谈判活动不同于行政活动。行政活动的当事人之间存在一种隶属关系。上级命令下级，作为下级必须无条件地执行上级命令（当然上级必须为下级提供充分的完成行政指令的各种相关条件）。行政关系一般是不可以讨价还价的。商务活动的当事人是完全相互独立的关系。正是这种相互独立的社会关系，才造成了商务谈判地位上的平等性。

3. 互惠性

商务谈判的互惠性是指通过谈判，双方都可以从中得到利益。谈判的"不平等性"是指谈判双方由于受企业实力不同、对谈判的环境了解不同、谈判人员的谈判技巧与策略的选用不同等因素的影响，对谈判利益的享有不会是完全一样的。商务活动的目的在于获取当事人自身的物质利益。各家参与商务谈判的公司在商务谈判活动中都有着各自不同的经济（物质）利益。商务谈判与其他谈判的最大区别之一就是它的物质属性，不同于军事的、政治的、公益的谈判活动。商务谈判的目的是满足各自的需求，实现互利互惠，达到双赢。

在商务谈判中，如果一方欺骗了另一方，且不说法律层面对受骗者的保护，就是在法制不健全的情况下，在谈判以后的合同履行过程中也会出现种种障碍和麻烦。一次成功的商务谈判，双方都应该是胜利者。不管哪一方失败，这次谈判都不能称是成功的。

4. 矛盾性

由于利益上的冲突，商务谈判中双方的行为意图一般都具有排斥性（冲突）。在谈判桌上，竞争与抗衡是第一位的，因为没有冲突也就没有必要谈判。相反，如果光有这种排斥与冲突，没有协商与合作，谈判也进行不下去。也就是说，谈判双方的利益既有统一的一面，又有冲突的一面，所以，谈判成功是对立统一的，要学会在对立中把握统一。

为了很好地解决谈判中的这对矛盾，首先，必须对此有深刻的认识；其次，在制定谈判的战略方针，选择与运用谈判策略与战术时，必须注意既不损害双方的合作关系，又要尽可能为己方谋取最大的经济利益，即在这两者之间找到一个平衡点。对于谈判人员来说，应该提倡在合作的前提下达到己方利益最大化，即在使对方通过谈判有所收获的同时，使己方获得更多的收获，努力实现"合作利己主义"。

5. 协商性

商务谈判的协商性是指谈判双方通过相互协调不断调整各自的需要，从而达到意见一致的过程。在谈判中，双方都会意识到"冲突"与"合作"是一对不可或缺的矛盾。要解决这一对矛盾，最好的办法就是协商。协商的过程也就是一个调整各自的需求和利益的过程，换句话说，是一个互相逐渐让步、逐渐妥协的过程。对此，必须对如下情况有充分的思想准备:其一,任何一方固执己见、死不让步,谈判往往难以进展;其二,任何一种谈判结论都不可能一步到位,哪怕是再简单的谈判;其三,从某种角度上来讲,合理的、有节制的让步对结局来说也是一种收获。因为谈判破裂对谁都没好处,只有这样才能达成一致意见。

6. 艺术性

商务谈判是一个不断调整各方提出的交易条件、不断协商的过程。其本身就是艰巨复杂和微妙的,在谈判中发生争论、冲突、僵持、风险甚至投机取胜等往往是难以避免的,不可能一拍即合,否则就用不着谈判。研究商务谈判的人常说:"商务谈判既是一门科学,同时又是一门艺术。"说它是科学是说商务谈判活动是有规律可以遵循的,也就是有其科学性。商务谈判学,作为一门学科应该具有科学性。但是这种科学的东西只能是理念性的、更高层面的东西。想在现实的商务谈判活动中游刃有余地驾驭谈判,通过书本和课堂不可能达到,因为每一次具体的商务谈判都是一次全新的技术上的运用。这种运用要靠谈判人员的"悟性"。"悟性"的东西属于艺术。一次成功的谈判对当事人来说是一种高层次的艺术创造和享受。

1.3.3 商务谈判的要素

商务谈判作为一个整体,它的构成要素是多方面的,主要包括谈判的主体、客体、议题、时间、地点及其他物质条件。这些要素缺一不可,但基本的要素是主体、客体和议题三项。

1. 主体

商务谈判活动的主体是指商务谈判活动的当事人。这里的当事人应该从两个层面说明。当事人的一层理解是商务谈判利益的承受者。这个当事人可能不直接参与商务谈判的整个活动,但是,谈判人员要代表它的利益去与谈判的对方进行磋商和协调。当事人的另一层理解是直接参与商务谈判活动的参加者。这个当事人是在桌面上与谈判的对方进行沟通和协商的。第一层面的当事人,在现实的经济生活中往往以社会组织的身份出现,而第二层面的当事人往往表现为直接参与商务谈判的自然人。

2. 客体

商务谈判活动的客体也称商务谈判的载体或标的。商务谈判的客体就是商务活动利益的载体。谈判的双方就是借助谈判的客体实现自己的经济利益。这种承载物质利益的载体可以是有形的物,也可以是劳务或者是一种知识产权,当然也可以是其他财产权利。在货物买卖的谈判中,卖方要通过出让货物的所有权换取买方手里的货币所有权,卖方要得到一般等价物;而买方则是要通过用一般等价物(货币)换得自己需要的某种使用价值物。

3. 议题

商务谈判活动的议题是谈判双方共同关心并希望解决的问题。商务谈判的议题(内容)主要是围绕谈判客体当事人彼此的具体利益和应该承担的各种相应的义务。利益主要是从对方那里取得的某种可以满足本方需要的利益载体。义务主要是向对方作出的付出。付出义务的一方,以获取利益为其前提条件,取得利益的一方也是以向对方作出某种付出作为一种交换。议题中也包括彼此要交换的意见、磋商的内容等。各类不同属性的谈判有着不同的内容,谈判的各个不同阶段具有不同的议题内容。

所有商务谈判,不管它涉及什么商品或劳务,都包含某些共同的主要议题,是商务谈判的主要内容,如品质、数量、价格、装运、保证条款和仲裁等一系列交易条件,也是谈判双方共同关心的问题。

总之,任何一项商务谈判都要有主体、客体、议题三要素,缺一不可,否则就构不成商务谈判。

1.4　国际商务谈判的概念、特征、基本要求及重要性

1.4.1　国际商务谈判的概念

国际商务谈判是国际商务活动的重要组成部分,在国际商务活动中占据相当大的比重。有关研究表明,在国际商务活动过程中,销售人员、企业的管理人员、律师以及工程技术人员等有 50% 的工作时间处于各种各样的商务谈判之中,其中多数是与来自不同文化背景或不同国家的对手之间的谈判。

国际商务谈判是国际商务理论的主要内容和核心,是指在国际商务活动中,不同国家之间的商务活动主体为满足某一需要或达到某一目标而进行的讨论和洽谈的商业活动的总称。

1.4.2　国际商务谈判的特征

国际商务谈判是国内商务谈判的延伸和发展。因此,国际商务谈判在具备国内商务谈判特征的前提下,又有其自身的特征。

1. **国际性**

国际性又称跨国性,是国际商务谈判的最大特点,也是国际商务谈判其他特点的基础。其谈判主体属于两个或两个以上的国家或地区,代表了不同国家或地区的利益。通常以国家或地区的简称加具体的谈判对象或事物来称呼特定的国际商务谈判,如"中美知识产权谈判""中美俄关于××工程建设的谈判"等。由于国际商务谈判的结果会导致资产的跨国转移,因而会涉及国际贸易、国际结算、国际保险、国际运输等一系列问题。在国际商务谈判中,要以国际商法为准则,并以国际惯例为基础。

2. **跨文化性**

国际商务谈判不仅是跨国的谈判,而且是跨文化的谈判。不同国家或地区的谈判主体代表着不同的社会、文化、经济、政治背景,而谈判各方的价值观、思维方式、行为方式、交往模式、语言以及风俗习惯等也各不相同。

例如,在语言交际中,美国谈判人员常有与日本谈判人员几乎同样数量的交谈重叠,但远比巴西谈判人员少;在非语言交际中,美国谈判人员一般没有日本谈判人员那么多的沉默,但比巴西谈判人员要沉默。

3. **复杂性**

复杂性是由国际性和跨文化性派生出来的,与国内商务谈判人员相比,国际商务谈判

人员面临着更加复杂多变的环境。从事国际商务谈判的人将花费更多的时间与精力来适应环境。国际商务的这种复杂性体现在各个方面,如语言的差异、沟通方式的差异、时间和空间概念的差异、决策结构的差异、法律制度的差异、谈判认识上的差异、经营风险的差异、谈判地点的差异等。

4. 政策性

国际商务谈判往往涉及谈判主体所在国家或地区之间的政治和外交关系,因此,政府会对谈判进行干预或影响。在国际商务谈判的过程和结果方面,谈判人员必须贯彻执行国家的相关方针政策和外交政策,特别是执行对外经济贸易的一系列法律、法规。这就要求谈判人员熟悉国家的方针政策,并能恰当地加以运用。

5. 困难性

国际商务谈判协议签订之后的执行阶段,如果出现纠纷或其他意外,需要协调的关系多、经历的环节多,解决起来相当困难。这就要求谈判人员事先估计到某些可能出现的不测事件,并进行相应的防范与准备。

1.4.3　国际商务谈判的基本要求

国际商务谈判与国内商务谈判之间并不存在本质的区别,但是,如果谈判人员以对待国内谈判对手与国内商务谈判同样的逻辑和思维去对待国际商务谈判对手及遇到的问题,是难以取得谈判的预期效果的。因此,国际商务谈判人员除了要掌握好商务谈判的基本原理和方法外,还应注意以下几项基本要求。

1. 树立正确的国际商务谈判意识

国际商务谈判意识是促使谈判走向成功的灵魂。谈判人员谈判意识的正确与否,将直接影响到谈判方针的确定、谈判策略的选择,以及谈判中的行为准则。正确的国际商务谈判意识包括:谈判是协商,不是"竞技比赛";谈判中既存在利益关系,又存在人际关系,良好的人际关系是实现利益的基础和保障;国际商务谈判既要着眼于当前的交易谈判,又要放眼未来,考虑今后的交易往来;等等。

2. 做好谈判前的调查和准备工作

国际商务谈判的复杂性要求谈判人员在开展正式谈判之前,做好相关的调查和准备工作。首先,要充分地分析和了解潜在的谈判对手,如对方企业、可能的谈判人员的个人状况、政府介入的可能性,以及一方或双方政府介入可能带来的问题等。其次,要考察商务活动的环境,如国际政治、经济、法律、社会、意识形态等;评估各种潜在的风险及其可能产生的影响;拟定各种防范风险的措施。再次,合理安排谈判计划,选择谈判地点,对对方的策略开展反策略的准备。最后,反复分析论证,准备多种谈判方案,应对情况突变。

3. 正确认识并对待文化差异

国际商务谈判的跨文化特征要求谈判人员必须正确认识和对待文化差异。尊重对方的文化是对国际商务谈判人员最起码的要求。从事国际商务谈判的谈判人员要善于从对方的角度看问题,善于理解对方看问题的思维方式和逻辑判断方式。正所谓"入乡随俗,出国问禁",切记不要在国际商务谈判中,以自己熟悉的文化的"优点"去评判对方文化的

"缺点",这是谈判的一大禁忌。

4. 熟悉国家政策、国际商法和国际商务惯例

国际商务谈判的政策性特点要求谈判人员必须熟悉国家的政策,尤其是外交政策和对外经济贸易政策,把国家和民族的利益置于崇高的地位。除此之外,还要了解国际商法,遵循国际商务惯例。

5. 善于运用国际商务谈判的基本原则

在国际商务谈判中,要善于运用国际商务谈判的一些基本原则来解决实际问题,取得谈判效果。例如,运用技巧,尽量扩大总体利益,使双方都多受益;营造公开、公平、公正的竞争局面,防止"暗箱操作";明确谈判目标,学会妥协,争取实质利益。

6. 具备良好的外语交往能力

语言是交流磋商必不可少的工具,是文化的重要组成部分。良好的外语交往能力能够提高双方的交流效率,避免沟通过程中的障碍和误解。许多国家的人都认为,对方懂得自己的语言是对自己民族的尊重。

1.4.4 国际商务谈判的重要性

国际商务谈判是国际货物买卖过程中必不可少的一个很重要的环节,也是签订买卖合同的必经阶段。国际商务谈判的内容,不仅包括商务与技术方面的问题,还包括法律与政策问题,它是一项政策性、策略性、技术性和专业性很强的工作。国际商务谈判的结果,决定着合同条款的具体内容,从而确定合同双方当事人的权利和义务,故买卖双方都很重视商务谈判这项重要的活动。

在国际货物买卖中,商务谈判是一项很复杂的工作,它比国内贸易中的洽谈交易复杂得多。因为交易双方分属不同的国家或地区,彼此有着不同的社会制度、政治制度、法律体系、经济体制和贸易习惯,有着不同的文化背景、价值观念、信仰和民族习惯,而且还有语言和文字沟通方面的困难。

在谈判过程中,由于交易双方的立场及其追求的具体目标各不相同,故往往出现尖锐复杂的利害冲突和反复讨价还价的情况。参加商务谈判人员的任务是,根据购销意图,针对交易对手的具体情况,采用各种行之有效的策略,正确处理和解决彼此间的冲突与矛盾,谋求一致,达成一项双方都能接受的公平合理的协议。由于交易双方达成的协议不仅直接关系着双方当事人的利害得失,而且具有法律上的约束力,不得轻易改变,所以是否拍板成交和达成协议,彼此都应持慎重态度。如果由于失误而导致磋商失败,就会失掉成交的机会。如果己方人员急于求成、疏忽大意或其他原因,做了不应有的让步,或接受了不合理的成交条件和有悖于法律规定的条款,致使交易磋商中出现一些错误和隐患,往往事后难以补救。这不仅会使己方在经济上蒙受不应有的损失,而且还可能给履约造成困难,进而影响双方关系,对外造成不良的政治影响。

综上所述,足见国际商务谈判是一个很重要的环节,做好这个环节的工作,妥善处理商务谈判中出现的各种问题,在平等互利的基础上达成公平合理和切实可行的协议,具有十分重要的意义。

阅读故事

周恩来智驳胡宗南

1943年,周恩来率中共代表团由重庆返回延安途经西安时,国民党西安最高军事长官——第一战区副司令胡宗南设宴为周恩来洗尘。

这是"西安"与"延安"的一场政治较量。胡宗南的阴谋是:灌醉周恩来,让他丢丑,在政治气势上压倒"延安"。在胡部工作的共产党员熊向晖,事先把胡宗南的阴谋悄悄告诉了周恩来。一场酒席上的较量就这样不动声色地开始了。宴会开始时,胡宗南宣称:"今天,各位痛快喝酒,不谈政治!"他的政治部主任王超凡主持宴会,在祝酒词中说:"在座的黄埔同志先敬周先生三杯酒,欢迎周先生的光临!请周先生和我们一起,为领导全国抗战的蒋委员长的身体健康,先干头一杯!"

周恩来举起酒杯,微笑着说:"王主任提到了全国抗战,我很欣赏;全国抗战的基础是国共两党的合作,为了表示对国共合作抗日的诚意,我作为中国共产党党员愿意为蒋委员长的健康干杯;各位都是国民党员,也请各位为毛泽东主席的健康干杯!"

胡宗南闻听此言愣住了,王超凡和其他作陪者也都不知所措。周恩来举目四顾,继续微笑着说:"看来各位有为难之处,我不强人所难,这杯酒就免了吧!"胡宗南趁机下台,说:"对,对!这杯酒免了。"国民党众将官随声附和,此番敬酒便作罢了。

【点评】

第一回合:顺借对方话题,针锋相对。周恩来敏捷地从对方的话语里听出"为领导全国抗战的蒋委员长的身体健康,先干头一杯"的政治阴谋,在当时国共合作的形势下,他不便于直接拒绝,于是来个针锋相对,"也请各位为毛泽东主席的健康干杯!"这句话把在座的国民党将领都难倒了,潜台词很明显:你们不喝,我也不喝!周恩来表面上推卸了喝酒,实际是争得了国共两党政治上的平等地位。周恩来挥洒自如,拒酒旗开得胜!

过了一会儿,十多位打扮得花枝招展的夫人举杯走向周恩来。其中一位说:"我们虽没进过黄埔军校,但都知道周先生在黄埔军校倡导'黄埔精神'。为了发扬'黄埔精神',我们每人向周先生敬一杯。"周恩来微微一笑,风趣地说:"各位夫人很漂亮,这位夫人的讲话更漂亮。我想问:我倡导的'黄埔精神'是什么?谁答得对,我就同谁干杯。"

此言一出,众夫人张口结舌,都说不出来。胡宗南尴尬地笑了笑,出来打圆场:"说不出来的,自饮一杯。"众夫人只好喝干杯中酒退下。

【点评】

第二回合:巧借对方话题,反客为主。胡宗南第一个阴谋被周恩来粉碎了,他又耍弄"夫人战术",抬出花枝招展的女性来发起"敬酒"攻势。她们"敬酒"的借口居然是"为了发扬'黄埔精神'",这既有几分滑稽,更有几分愚蠢!周恩来来个"欲擒先纵",他先称赞敬酒的夫人长得"漂亮"且"讲话更漂亮",表现出"尊重女士"的文明风度,在夫人们扬扬得意之时,突然反客为主,来个借题发问:"我倡导的'黄埔精神'是什么?"出其不意的提问,使这几个无知的夫人张口结舌,狼狈不堪!这场"夫人把戏"真是弄巧成拙,丑态百出!周恩来游刃有余,再次拒酒胜利。

稍后，十几位将军排成一行向周恩来走来，领头的说："当年我们都是黄埔学生，您是我们的政治部主任，同我们有师生之谊，作为弟子，我们每人敬老师一杯！"周恩来从容应对，笑着说："刚才胡副司令长官讲，今天不谈政治，我十分赞成。这位将军刚才提到我当黄埔军校政治部主任，这件事本身就是政治，而且政治部主任不能不谈政治吧？胡副司令长官，您的部将公然违反您的命令，请问，这杯酒该不该喝？"胡宗南尴尬极了，笑笑说："他们是军人，没有政治头脑，酒让他们喝，算是罚酒！"众将只好认罚。

【点评】

第三回合：利用对方话题，反将一军。十几位将军向周恩来走来，而他们找到的"敬酒"理由却是"您是我们的政治部主任，同我们有师生之谊"。周恩来早有成竹在胸，他冷不防来个反借对方的话题"刚才胡副司令长官讲，今天不谈政治"，反将胡宗南一军，"政治部主任不能不谈政治吧？""您的部将公然违反您的命令"。指出其自相矛盾后，他再问胡副司令长官："请问，这杯酒该不该喝？"逼得胡宗南只好来个借坡下驴，不谈政治，以罚酒为自己的将士下台，这真是搬起石头砸自己的脚了！

不久，又一批夫人走来。有一位看着讲稿说："我们久仰周夫人，想不到她因身体不适没能光临。我们各敬周夫人一杯酒，表示对她的敬意，祝她健康，并祝她顺利回到延安；我请周先生代周夫人分别和我们干一杯，周先生一向尊重妇女，一定会尊重我们的请求。"周恩来严肃地说："这位夫人提到延安，我要顺便说几句，这几年，延安军民连小米都吃不上，什么原因？西安离延安不远，诸位心知肚明，就不必多说了。延安军民自力更生、艰苦奋斗，努力发展生产，日子比过去好一些，但仍然很艰难！如果让邓大姐喝这样的好酒，她会于心不安的。我尊重妇女，也尊重邓颖超同志的心情。请各位喝酒，我代她喝茶，我们彼此都尊重，好吗？"周恩来举起茶杯，很礼貌地同夫人们一一碰杯，然后一饮而尽。胡宗南和众将面面相觑，如坐针毡。就这样，周恩来折冲樽俎，纵横捭阖，谈笑间把胡宗南的阴谋击得粉碎。

【点评】

第四回合：引申对方话题，反守为攻。胡宗南再次用"夫人进攻"，这次她们找的敬酒话题更加"奇妙"，居然想以邓颖超为话题劝酒，并且是"看着讲稿说"的，可见这是胡宗南挖空心思想出来的"妙计"。眼光敏锐的周恩来更是看透了他们的诡计，巧妙地引申了她们的"敬周夫人一杯酒""祝她顺利回到延安"的话题，用"顺手牵羊"法，来了个借题发挥。周恩来从眼前的美酒佳肴联想到延安军民"连小米都吃不上"，接着用"绵里藏针"法，讲了一番意味深长的话——"什么原因？西安离延安不远，诸位心知肚明，就不必多说了"。言下之意十分明确：国民党顽固派消极抗日、积极反共，以"西安"封锁"延安"，造成延安军民"连小米都吃不上"的艰难局面。他严正指出，此时此刻，邓颖超喝此酒"于心不安"，因此，他只能"以茶代酒"。周恩来借题发挥大反击，侃侃而谈、酣畅淋漓，既一针见血地痛斥了顽固派，又襟怀坦荡地表达了自己与抗日军民同甘共苦的心意。周恩来在敌众我寡的形势下，借题发挥、后发制人，变被动为主动，终于赢得了这场舌战的完全胜利。

资料来源：李关怀. 周恩来智驳胡宗南[J]. 演讲与口才，2007(4).

小思考

两个食品加工厂与某农场谈判购买柑橘

小李与小江分别是北方某罐头厂和某果脯厂的采购员,他们同为年轻人,血气方刚,成功欲望很强。在柑橘成熟季节,他们来到南方某农场,拟购买一批柑橘回厂。两人同时看准一批皮亮肉厚的柑橘,而这个品种的柑橘存货不多,他们都想全部买下,为此争执不下、互不相让。小李说是他先到的农场,小江称他先看准这批货,而农场场长趁机悄悄更改价目表。谈判的最后结果是:小李、小江各买一半柑橘。

【问题】

小李和小江与某农场的这场交易谈判是否成功? 为什么?

自我测试

商务谈判情境测试,一共10题,记录下你的答案,最后计算总分。

1. 你认为商务谈判:

   A. 是一种意志的较量,谈判双方一定有输有赢。

   B. 是一种立场的坚持,谁坚持到底,谁就获利多。

   C. 是一种妥协的过程,双方各让一步一定会海阔天空。

   D. 双方的关系重于利益,只要双方关系友好必然带来理想的谈判结果。

   E. 是双方妥协和利益得到实现的过程,以客观标准达成协议可得到双赢结果。

2. 在签订合同前,谈判代表说合作条件很苛刻,按此条件自己无权做主,还要经过上司批准,此时你应该:

   A. 说对方谈判代表没有权做主就应该早声明,以免浪费这么多时间。

   B. 询问对方上司批准合同的可能性,在最后决策者拍板前要留有让步余地。

   C. 提出要见决策者,重新安排谈判。

   D. 与对方谈判代表先签订合作意向书,取得初步的谈判成果。

   E. 进一步给出让步,以达到对方谈判代表有权做主的条件。

3. 为得到更多的让步,或是掌握更多的信息,对方提出一些假设性的需求或问题,目的在于摸清底牌,此时你应该:

   A. 按照对方假设性的需求和问题诚实回答。

   B. 对于各种假设性的需求和问题不予理会。

   C. 指出对方的需求和问题不真实。

   D. 了解对方的真实需求和问题,有针对性地给予同样假设性答复。

   E. 窥视对方真正的需求和兴趣,不要给予清晰的答案,并可将计就计促成交易。

4. 谈判对方提出几家竞争对手的情况,向你施压,说你的价格太高,要求你给出更多的让步,你应该:

   A. 谈判人员要更多地了解竞争状况,坚持原有的合作条件,不要轻易作出让步。

   B. 强调自己的价格是最合理的。

   C. 为了争取合作,以对方提出竞争对手最优惠的价格条件成交。

D. 问：既然竞争对手的价格如此优惠，你为什么不与他们合作？

E. 提出竞争事实，说对方提出的竞争对手情况不真实。

5. 当对方提出如果这次谈判你能给予优惠条件，保证下次给你更大的生意，此时你应该：

A. 按对方的合作要求给予适当的优惠条件。

B. 为了双方的长期合作，得到未来更大的生意，按照对方要求的优惠条件成交。

C. 了解买主的人格，不要以"未来的承诺"来牺牲"现在的利益"，可以其人之道还治其人之身。

D. 要求对方将下次生意的具体情况进行说明，以确定是否给予对方优惠条件。

E. 坚持原有的合作条件，对对方所提出的下次合作不予理会。

6. 谈判对方有诚意购买你整体方案的产品（服务），但苦于财力不足，不能完整成交，此时你应该：

A. 要对方购买部分产品（服务），成交多少算多少。

B. 指出如果不能购买整体方案的产品（服务），就以后再谈。

C. 要求对方借钱购买整体方案的产品（服务）。

D. 如果有可能，协助贷款，或改变整体方案。改变方案时要注意相应条件的调整。

E. 先把整体方案的产品（服务）卖给对方，对方有多少钱先给多少钱，所欠之钱以后再说。

7. 对方在达成协议前，将许多附加条件依次提出，要求得到你更大的让步，你应该：

A. 强调你已经作出的让步，强调"双赢"，尽快促成交易。

B. 对对方提出的附加条件不予考虑，坚持原有的合作条件。

C. 针锋相对，对对方提出的附加条件提出相应的附加条件。

D. 不与这种"得寸进尺"的谈判对手合作。

E. 运用推销证明的方法，将已有的合作伙伴情况介绍给对方。

8. 在谈判过程中，对方总是改变自己的方案、观点、条件，使谈判无休无止地拖下去，你应该：

A. 以其人之道还治其人之身，用同样的方法与对方周旋。

B. 设法弄清楚对方的期限要求，提出己方的最后期限。

C. 节省自己的时间和精力，不与这种对象合作。

D. 采用休会策略，等对方真正有需求时再和对方谈判。

E. 采用"价格陷阱"策略，说明如果现在不成交，以后将会涨价。

9. 在谈判中双方因某一个问题陷入僵局，有可能是过分坚持立场之故，此时你应该：

A. 跳出僵局，用让步的方法满足对方的条件。

B. 放弃立场，强调双方的共同利益。

C. 坚持立场，要想获得更多的利益就得坚持原有谈判条件不变。

D. 采用先休会的方法，会后转换思考角度，并提出多种选择等策略以打破僵局。

E. 采用更换谈判人员的方法，重新开始谈判。

10. 除非满足对方的条件,否则对方将转向其他的合作伙伴,并与你断绝一切生意往来,此时你应该:

    A. 从立场中脱离出来,强调共同的利益,要求平等机会,不要被威胁吓倒而作出不情愿的让步。

    B. 以牙还牙,不合作拉倒,去寻找新的合作伙伴。

    C. 给出供选择的多种方案,以达到合作的目的。

    D. 摆事实,讲道理,同时也给出合作的目的。

    E. 通过有影响力的第三者进行调停,赢得合理的条件。

评分标准

题目	A(得分)	B(得分)	C(得分)	D(得分)	E(得分)
1	2	3	7	6	10
2	2	10	7	6	5
3	4	3	6	7	10
4	10	6	5	2	8
5	4	2	10	6	5
6	6	2	6	10	3
7	10	4	8	2	7
8	4	10	3	6	7
9	4	6	2	10	7
10	10	2	6	6	7
总计:					

结果分析:

95 分以上:谈判专家。

90～95 分:谈判高手。

80～90 分:有一定的谈判能力。

70～80 分:具有一定的谈判潜质。

70 分以下:谈判能力不合格,需要继续努力。

📚 **案例 1-4**

风趣幽默,缓和气象

思　考　题

1. 谈谈你对谈判和商务谈判的理解。
2. 谈判赖以产生的历史根源是什么?
3. 掌握商务谈判的原则要领。
4. 结合实际,试论商务谈判的作用。
5. 理解国际商务谈判的特征类型。
6. 简述国际商务谈判的原则。
7. 简述国际商务谈判的重要性。

即　测　即　练

第 2 章

国际商务谈判心理

📚 **案例 2-1**

奥康与 GEOX 的成功合作

中国奥康集团(以下简称"奥康")是国内知名鞋业生产企业,GEOX 是世界鞋业巨头之一。2003 年 2 月 14 日,两家企业达成协议:奥康负责 GEOX 在中国的品牌推广、网络建设和产品销售,GEOX 借奥康之力布网中国,而奥康也借 GEOX 的全球网络走向世界。在中国入世之初,GEOX 把目光对准了中国,意图在中国建立一个亚洲最大的生产基地。2002 年年初,GEOX 总裁波莱加托先生开始到亚洲进行市场调研。经过一段时间的实地考察,他将目标对准了奥康。奥康能接住 GEOX 抛过来的"红绣球",实现企业发展的国际化战略,最终起决定作用的是商务谈判制胜原则的精彩运用。

进行谈判前的准备

"凡事预则立,不预则废",进行商务谈判,前期准备工作非常重要。只有事先做好充足准备,谈判人员才会充满自信,从容应对谈判中出现的突发事件、矛盾冲突,才能取得事半功倍的谈判结果。更进一步说,即便只有 1% 成功的希望,也要做好 100% 的准备,不管自己在谈判中是处于优势还是处于劣势。

GEOX 曾用两年时间对中国市场进行调研,先后考察了 8 家中国著名的鞋业公司,为最终坐到谈判桌前进行了周密的准备。谈判中,波莱加托能把几十页的谈判框架、协议条款熟练背出,令在场的人大吃一惊。波莱加托的中国之行排得满满的,去奥康考察只有 20% 的可能,谈判成功预期很低,合作机会也很小。波莱加托竟做了如此周密的准备,是值得国内企业家学习和借鉴的。

尽管奥康对与 GEOX 合作成功的心理预期也是极其低的,但它的宗旨是:即便只有 0.1% 的成功机会也绝不放过。奥康为迎接波莱加托一行进行了周密的准备和策划。首先,奥康通过一位香港翻译全面了解对手公司的情况,包括对手的资信情况、经营状况、市场地位、此行目的以及谈判对手个人的一些情况。其次,为了使谈判对手有宾至如归的感觉,奥康专门成立了以总裁为首的接待班子,拟订了周密的接待方案。从礼仪小姐献给刚下飞机的谈判方波莱加托一行的鲜花,到谈判地点的选择、谈判时间的安排、客人入住的酒店预订,整个流程都是奥康精心策划、特意安排的,结果使得谈判对手"一直很满意",为谈判最终获得成功奠定了基础。

谈判情感注入

王振滔(奥康总裁)努力寻找奥康与 GEOX 的共同点,并把此次谈判的成功归结为"除了缘分,更重要的是奥康与 GEOX 有太多相似的地方"。的确,GEOX 以营销起家,短短 10 多年时间,年产值就达 15 亿欧元,产品遍及全球 55 个国家和地区,增长速度超过 50%,由一家酿酒企业跨入世界一流制鞋企业行列。而奥康是从 3 万元起家,以营销制胜于中国市场,15 年的发展,产值超过 10 亿元。年轻、富有远见和同样的跳跃性增长轨迹,奥康与 GEOX 在很多方面是如此惊人的相似,难怪两位总裁惺惺相惜。

为了营造氛围、消除利益对抗,奥康在上海黄浦江包下豪华游轮宴请谈判对手,借游船赏月品茗之美好氛围消除利益冲突引发的对抗,平衡谈判双方实力,此举可以称为谈判领域的经典案例。

2003 年 2 月 14 日,也就是西方传统情人节,GEOX 与中国皮鞋业巨头奥康集团签订了合作协议。在中秋月圆之夜,王振滔与波莱加托举杯对饮,共谋发展大计。追求浪漫是现代生活的一种时尚,选择中国传统节日中秋节、西方情人节为此次合作增添了浓郁的文化氛围和浪漫气息,使奥康营造和谐氛围,智取此次谈判,并为今后的长远合作奠定了基础。结果正如王振滔所愿,波莱加托对王振滔亲自策划的这些活动非常满意,也对奥康的策划能力有了更深的认识。

谈判毕竟不是为交友而来,谈判人员花在联络感情上的时间总是有限的,如果要找一种方法,用较少的成本赢得对手的友谊和好感,那就非赠送礼物以表情达意莫属了。王振滔选择蕴含奥康和 GEOX 合作完美无缺之意的"花好月圆"青田玉雕,送给波莱加托先生。礼物虽轻,但表达了赠送人的情真意切。谈判双方建立起真诚的友谊和好感,对日后的履约和合作具有重要的意义。

以让步对障碍进行回避

GEOX 有备而来,拟订了长达几十页的协议文书,每一条都相当苛刻,为了达成合作,双方都做了让步。但在两件事上出现了重大分歧,一是在对担保银行的确认上,奥康一方提出以中国银行为担保银行,对方不同意,经过权衡,双方本着利益均衡的原则,最后以香港某银行为担保银行达成妥协。二是双方对关于以哪国法律解决日后争端的问题产生了分歧,此分歧使谈判一度陷入破裂边缘。波莱加托提出必须以意大利法律为准绳,但王振滔对意大利法律一无所知,而予以坚决抵制。王振滔提议用中国法律,也因波莱加托对中国法律一窍不通而遭到了坚决反对。眼看所做的努力将前功尽弃,最后还是双方各让了一步,以第三国法律(英国)为解决争端法律依据而达成妥协。

奥康和 GEOX 的合作无疑是一项互利的合作。王振滔认为,GEOX 看中的不仅仅是奥康的"硬件",更多的还是其"软件",是一种积极向上、充满活力的企业精神,还有奥康人一直倡导的"诚信"。而奥康看中的则是 GEOX 这艘大船,它要借船出海,走一条国际化路线的捷径。从表面上看谈判双方既得利益并不是均衡的,奥康所得(借船)远远低于 GEOX 所得(奥康的硬件和软件),因此,引来诸多专业人士或担忧或谴责。但王振滔平和的背后并不缺少商人的精明,"许多人预言说我们'引狼入室',而我们是'与狼共舞','携狼共舞'"。

从奥康与 GEOX 成功合作的谈判中,我们可以看出很多障碍回避策略的成功运用并取得明显成效的影子,这些策略的运用突出表现在以下两点。

1. 冲突回避策略

本案例重点描述了情感注入在处理谈判障碍方面的重要作用。在谈判之前的情感注入或双方和谐氛围的营造对于谈判中障碍的回避是非常有效的，提前的情感注入对于障碍回避的效果要远远优于在谈判双方出现谈判障碍后再采用情感注入的方式，案例中提到"为了营造氛围、消除利益对抗，奥康在上海黄浦江包下豪华游轮宴请谈判对手，借游船赏月品茗之美好氛围消除利益冲突引发的对抗"，这的确可称为情感注入的经典。

2．让步回避策略

在谈判中，"GEOX有备而来，拟订了长达几十页的协议文书，每一条都相当苛刻"，为了避免由于条件的苛刻而导致激烈冲突甚至谈判僵局等谈判障碍的出现，双方都在不断地相互作出让步，通过让步来有效回避谈判障碍。特别是面对双方关于以哪国法律解决日后争端问题的冲突对立，双方更是以恰当让步来回避和处理了可能导致整个谈判破裂的障碍。

本案例的最突出特点就是情感注入策略的成功运用。人是有感情的，丰富的情感影响着每一个人的行为。谈判是否成功尽管在很大程度上取决于双方利益的互惠，但有时情感的一致和交融却是谈判的制胜法宝。在谈判中，认可和考虑人的情感是十分重要的。一个好的谈判人员，应该善于了解对手的需要、希望，努力寻找与之建立和维持长久友谊的契合点，为谈判障碍的回避并使整个谈判朝成功方向发展奠定心理基础。奥康情感注入策略的成功运用很值得其他国内企业集团和销售人员借鉴。

2.1　商务谈判的心理

人的心理影响人的行为。商务谈判心理对商务谈判行为有着重要的影响。认识掌握商务谈判心理在商务谈判中的作用，对于培养良好的商务谈判心理意识，正确地运用商务谈判的心理技巧有着十分重要的意义。谈判是人们彼此交换思想的一种活动，而思想则是人们心理活动的反映和结果。人们在谈判桌上所作出的提议、所发表的意见、所采取的策略和方针，乃至最后的决定，无一不是人们心理活动的结果。心理是人大脑的功能，心理能动地反映着客观世界。谈判人员的心理，既是谈判人员个人心理素质的表露，又是谈判人员在谈判过程中对于各种现象、条件的主观能动的反映。因此，要使谈判获得成功，就必须研究谈判人员的谈判心理。研究和掌握谈判的心理，一方面有助于我们在谈判中把握住对方的心理活动，从而占得主动和优势；另一方面也有助于我们适时地调整和控制己方谈判人员的心理活动与心理状态，使之保持最佳的水平。

2.1.1　国际商务谈判心理的内涵

准确地把握商务谈判心理的内涵，是认识商务谈判心理的基础。在谈判过程中，需要是动力，协商是手段，协议是结果，履行是目的。

人是具有心理活动的。一般地说，面对壮丽的河山和秀美的景色，善良、热情的人，会产生喜爱、愉悦的情感，进而会形成美好的记忆；看到被污染的环境、恶劣的天气、战争的血腥暴行，会出现厌恶、逃避的心情，并会留下不好的印象。这些就是人的心理活动、心理现象，也即人的心理。人的心理活动一般有感觉、知觉、记忆、想象、思维、情绪、情感、意志、个性等。人的心理是复杂多样的,人们在不同的专业活动中,会产生各种与不同活动相联系的心理。

商务谈判心理是指在商务谈判活动中谈判人员的各种心理活动。譬如,当谈判人员在商务谈判中第一次与谈判对手会晤时,对手彬彬有礼、态度诚恳、易于沟通,就会对对方有好的印象,对谈判取得成功抱有希望和信心。相反,如果谈判对手态度狂妄、盛气凌人、难以友好相处,谈判人员就会对其留下坏的印象,从而对谈判的顺利开展存有忧虑。

2.1.2　研究和掌握国际商务谈判心理的意义

商务谈判,既是商务问题的谈判,又是心理的较量。它不仅被商务实际条件左右,也受到商务谈判心理的影响。

在商务谈判中,运用谈判心理知识对谈判进行研究,分析"对手的言谈举止反映什么""其有何期望""如何恰当地诱导谈判对手"等,对成功地促进谈判很有必要。掌握商务谈判心理现象的特点,认识商务谈判心理发生、发展、变化的规律,对于商务谈判人员在商务谈判活动中养成优良的心理素质,保持良好的心态,正确判断谈判对手心理状态、行为动机,预测和引导谈判对手的谈判行为,有着十分重要的意义。

此外,商务谈判的虚虚实实、真真假假的心理策略对谈判的成果影响很大。对商务谈判心理的熟悉,有助于提高谈判人员谈判的艺术性,从而灵活有效地处理好各种复杂的谈判问题。

研究和掌握商务谈判心理,对于商务谈判有以下几方面的作用。

1. 有助于培养谈判人员自身良好的心理素质

谈判人员良好的心理素质是谈判取得成功的重要基础条件。谈判人员相信谈判成功的坚定信心、对谈判的诚意、在谈判中的耐心等都是保证谈判成功不可或缺的心理素质。良好的心理素质,是谈判人员抗御谈判心理挫折的条件和铺设谈判成功之路的基石。谈判人员加强自身心理素质的培养,可以提升谈判的心理适应能力。

谈判人员对商务谈判心理有正确的认识,就可以有意识地培养提高自身优良的心理素质,摒弃不良的心理行为习惯,从而把自己造就成从事商务谈判方面的人才。商务谈判人员应具备的基本心理素质如下。

1) 自信心

所谓自信心,就是相信自己的实力和能力。它是谈判人员充分施展自身潜能的前提条件。缺乏自信往往是商务谈判遭受失败的原因。没有自信心,就难以勇敢地面对压力和挫折,面对艰辛曲折的谈判,只有具备必胜的信心才能促使谈判人员在艰难的条件下通过坚持不懈的努力走向胜利的彼岸。

自信不是自负和唯我独尊。自信是在充分准备、充分占有信息和对谈判双方实力科学分析的基础上对自己有信心,相信自己要求的合理性、所持立场的正确性及说服对手的可能性。自信才有惊人的胆魄,才能做到大方、潇洒、不畏艰难、百折不挠。

2) 耐心

商务谈判的状况各种各样,有时是非常艰难曲折的,商务谈判人员必须有抗御挫折和打持久战的心理准备。这样,耐心及容忍力是必不可少的心理素质。耐心是谈判抗御压力的必备品质和谈判争取机遇的前提。在一场旷日持久的谈判较量中,谁缺乏耐心和耐力,谁就将失去在商务谈判中取胜的主动权。有了耐心可以调控自身的情绪,不被对手的情绪牵制和影响,使自己能始终理智地把握正确的谈判方向。有了耐心可以使自己有效地注意倾听对方的诉说,观察了解对方的举止行为和各种表现,获取更多的信息。有了耐心可以提高自身参加艰辛谈判的韧性和毅力。耐心也是对付意气用事的谈判对手的策略武器,它能达到以柔克刚的良好效果。

此外,在僵局面前,也一定要有足够的耐心,以等待转机。谁有耐心,沉得住气,谁就可能在打破僵局后获取更多的利益。

3) 诚心(诚意)

一般来讲,商务谈判是一种建设性的谈判,这种谈判需要双方都具有诚意。具有诚意,不但是商务谈判应有的出发点,也是谈判人员应具备的心理素质。诚意,是一种负责的精神、合作的意向,是诚恳的态度,是谈判双方合作的基础,也是影响、打动对手心理的策略武器。有了诚意,双方的谈判才有坚实的基础,才能真心实意地理解和谅解对方,并取得对方的信赖;才能求大同存小异取得和解与让步,促成上佳的合作。要做到有诚意,在具体的活动中,对于对方提出的问题,要及时答复;对方的做法有问题,要适时恰当地指出;自己的做法不妥,要勇于承认和纠正;不轻易许诺,承诺后要认真践诺。诚心能使谈判双方达到良好的心理沟通,保证谈判气氛的融洽稳定,能排除一些细枝末节的干扰,能使双方谈判人员的心理活动保持在较佳状态,建立良好的互信关系,提高谈判效率,使谈判朝顺利的方向发展。

📚 案例 2-2

态度诚恳生意成功

沃尔·斯特里特公司的男鞋推销员去拜访他的一位贩卖商。在推销过程中,这位商人抱怨说:"知道吗? 最近两个月,我们订货的发送情况简直糟透了。"

这一抱怨对于公司的推销员来说无疑是一个巨大的威胁,谈判有陷入僵局的危险。

推销员的回答很镇定:"是的,我知道是这样,不过我可以向您保证,这个问题很快就能解决。您知道,我们只是个小型鞋厂,所以,当几个月前生意萧条并有 9 万双鞋的存货时,老板就停工了。如果您订的货不够多,在工厂重新开工和有新鞋出厂之前,您就可能缺货。最糟糕的是,老板发现由于停工他损失了不少生产能手,这些人都去别处干活儿了,所以,在生意好转之后,他一直难以让工厂重新运转。他现在知道了,他过早惊慌地停工是错误的,但我相信我们老板是不会把现在赚到的钱盘存起来而不投入生产的。"

那位商人笑了,说:"我得感谢您,您让我在一个星期之内头一次听到了如此坦率的回答。我的伙计们会告诉您,我们本周一直在与一个购物中心谈判租赁柜台的事,但他们满嘴瞎话,使我们厌烦透了。谢谢您给我们带来了新鲜空气。"

不消说,这个推销员用他的诚恳态度赢得了客户极大的信任,他不但做成了这笔生意,还为以后的生意打下了良好的基础。

这是一个关系营销的时代,生意的往来越来越建立在人际关系的基础上,人们总是愿意和他所熟识与信任的人做买卖,而获得信任的最重要的途径就是待人诚恳。在商务谈判出现僵局的时候,如果谈判人员能从谈判对手的角度着眼考虑问题,急人之所急,想人之所想,对谈判对手坦诚以待,对方也必然会作出相应的让步,僵持不下的局面也就随之消失。

2. 有助于揣摩谈判对手心理,实施心理诱导

谈判人员对商务谈判心理有所认识,经过实践锻炼,可以通过观察分析谈判对手言谈举止,揣摩弄清谈判对手的心理活动状态,如其个性、心理追求、心理动机、情绪状态等。谈判人员在谈判过程中,要仔细倾听对方的发言,观察其神态表情,留心其举止包括细微的动作,以了解谈判对手心理,了解其深藏于背后的实质意图、想法,识别其计谋或攻心术,防止掉入对手设置的谈判陷阱并正确作出自己的谈判决策。

人的心理与行为是相联系的,心理引导行为。而心理是可诱导的,对人的心理诱导,可引导人的行为。

了解谈判对手心理,可以针对对手不同的心理状况采用不同的策略。了解对手的谈判思维特点、对谈判问题的态度等,可以开展有针对性的谈判准备和采取相应的对策,把握谈判的主动权,使谈判朝有利于己方的方向转化。例如,需要是人的兴趣产生和发展的基础,谈判人员可以观察对手在谈判中的兴趣表现,分析了解其需要所在;相反,也可以根据对手的需要进行心理诱导,激发其对某一事物的兴趣,促成商务谈判的成功。

3. 有助于恰当地表达和掩饰己方心理

商务谈判必须进行沟通。了解商务谈判心理,有助于表达己方心理,有效地促进沟通。如果对方不清楚己方的心理要求或态度,必要时己方可以通过各种合适的途径和方式向对方表达,以有效地促使对方了解并重视己方的心理要求或态度。

作为谈判另一方,谈判对手也会分析研究己方的心理状态。己方的心理状态,往往蕴含着商务活动的重要信息,有的是不能轻易暴露给对方的。掩饰己方心理,就是要掩饰有必要掩饰的情绪、需要、动机、期望目标、行为倾向等。在很多时候,这些是己方在商务谈判中的核心机密,失去了这些机密也就失去了主动权。为了不让谈判对手了解己方某些真实的心理状态、意图和想法,谈判人员可以根据自己对谈判心理的认识,在言谈举止、信息传播、谈判策略等方面施以调控,对自己的心理动机(或意图)、情绪状态等做适当的掩饰。如在谈判过程中被迫作出让步,不得不在某个已经决定的问题上撤回,为了掩饰在这个问题上让步的真实原因和心理意图,可以用类似"既然你在交货期方面有所宽限,我们可以在价格方面作出适当的调整"等言辞加以掩饰;如己方面临时间压力,为了掩饰己方重视交货时间的这一心理状态,可借助多个成员提出不同的要求,以扰乱对方的视线,或在议程安排上有意加以掩饰。

4. 有助于营造谈判氛围

商务谈判心理的知识还有助于谈判人员处理与对方的交际和谈判,形成一种良好的交际和谈判氛围。为了使商务谈判能顺利地达到预期的目的,需要适当的谈判氛围的配合。适当的谈判氛围可以有效地影响谈判人员的情绪、态度,使谈判顺利推进。一个商务谈判的高手,也是营造谈判氛围的高手,会对不利的谈判气氛加以控制。对谈判气氛的调

控往往根据双方谈判态度和采取的策略、方法而变。一般地,谈判人员都应尽可能地营造出友好和谐的谈判气氛以促成双方的谈判。但适当的谈判氛围,并不一味都是温馨和谐的气氛。出于谈判利益和谈判情境的需要,必要时也会有意地制造紧张甚至不和谐的气氛,以对抗对方的胁迫,给对方施加压力,迫使对方作出让步。

2.2   商务谈判的需要与动机

商务谈判需要引发动机,动机驱动行为。商务谈判需要是商务谈判行为的心理基础。商务谈判人员必须抓住需要—动机—行为的这一联系去对商务谈判活动进行分析,从而准确地把握商务谈判活动的脉搏。

2.2.1   商务谈判需要

商务谈判人员在商务谈判中存在一定的商务谈判需要。需要是人们对客观事物的某种欲望,是活动的内在驱动力。人过一百,形形色色。不同的人有着不同的需要。商务谈判需要是一种较为特殊的需要,它对商务谈判有着决定性的影响。因此,必须加以重视。

1. 什么是商务谈判需要

需要是人缺乏某种东西时产生的一种主观状态,是人对一定客观事物需求的反映,也是人的自然和社会的客观需求在人脑中的反映。所谓客观需求,可以是人体的生理需求,如一个人长时间在酷热的阳光下活动,出汗过多,体内水分失调,口干舌燥,这会通过神经传达到大脑,使人产生喝水的需要。客观需求也可以是外部的社会需求,一个从事某个方面专业活动的人,如果缺乏必备的专业知识,其活动就难以顺利开展。只有补充了必备的专业知识,他才能顺利地开展活动,这就是一种社会需求。这种社会需求一旦被这个人所接受,就会转化为对专业知识学习的需要。

需要有一定的事物对象,它或者表现为追求某东西的意念,或者表现为避开某事物、停止某活动而获得新的情境的意念。需要有周而复始的周期性,需要随着社会历史的进步,一般由低级到高级、简单到复杂、物质到精神、单一到多样而不断地发展。

有了以上的认识,我们就可以对商务谈判需要的含义作出概括。所谓商务谈判需要,就是商务谈判人员的谈判客观需求在其头脑中的反映。

2. 商务谈判需要的类型

人的需要是多种多样的,一般有自然性需要、社会性需要、物质性需要和精神性需要等。

根据美国人本主义心理学家马斯洛需要层次论的观点,人有五大层次的需要。

1) 生理需要

人类都有以饮食满足饥渴、穿戴抵御寒冷、休息减除疲劳的最本能的生理需要,这是人类为维持和发展生命所必需的最原始、最根本的需要,如呼吸空气、饮食、穿衣取暖、休息睡眠等的需要。

2) 安全需要

安全需要就是人类希望保护自身的肉体和精神不受威胁,保证安全的欲望,是人降低生活不确定性，对安全稳定和秩序的心理欲求。它表现为希望生命不受伤害、职业得到保障、健康得到维护、财产不受损失和免受不公正待遇等方面的需要。

3）社交需要

社交需要是追求社会交往中人际关系的需要。它表现为两方面的内容：一个内容是爱的需要，也就是希望得到和给予友谊、关怀、忠诚与爱护，希望得到爱并给予别人爱；另一个内容是归属的需要，也就是人有一种归属于团体的愿望，希望成为其中的一员，得到关怀和照顾，增强力量感和信心。社交需要是一种较为细腻而微妙的需要，其具体的需要如何与人的个性、心理特性、经历、文化教养、生活习惯、宗教信仰等都有关系。

4）尊重的需要

尊重的需要包括受人尊重和自尊两方面。受人尊重指人希望有地位、有威望，得到别人的好评、尊敬和信赖；自尊指人希望在各种不同的情境中，有胜任自身角色的能力，有自信心。

5）自我实现的需要

它是指人充分发挥其潜能，实现个人的理想抱负的需要。

马斯洛认为，以上五种需要是有高低之分的，并按从低到高的次序逐级发展，每个阶段都有一种需要占主导地位。

商务谈判的物质性需要是资金、资产、物资资料等方面的需要，精神性的需要是尊重、公正、成就感等方面的需要。与谈判对手进行谈判，应注意对方物质方面的需要，但同时也不能忽视对方尊重、独立自主、平等方面的需要。

与马斯洛需要层次论的需要类型相一致，商务谈判需要也有各种相应的需要表现。

商务谈判人员有较强的安全需要。出于信用安全的考虑，谈判人员通常乐意与老客户打交道；在与新客户打交道时往往会心存顾忌，对其主体资格、财产、资金、信誉等状况会较为关注。

谈判人员一般都有很强的尊重需要。谈判人员得不到应有的尊重往往是导致谈判破裂的原因。有着强烈尊重需要的人，当自尊心受到伤害而感觉到没面子时，在心理防卫机制的作用下，很可能会出现攻击性的敌意行为，或者是不愿意继续合作，这会给谈判带来很大的障碍。

此外，商务谈判人员也有社交、自我实现等方面的需要。值得注意的是，商务谈判需要不仅表现为谈判人员个人的需要，也表现为谈判主体群体或组织的需要。这是商务谈判需要表现得较为特殊的地方。例如一个参加谈判的企业，也有其自身的高低层次的需要。为了企业的生存，企业必须维持起码的原材料、劳动力，这是最低层次的需要；企业也有安全保障，在交易活动中树立良好信誉与形象，赢得信任、尊重、好感和努力实现企业的理想宏图并赢得认可、赞誉等的需要。

由上可知，谈判人员作为社会的一个特定群体，其需要有其特殊之处。在许多场合，谈判人员不是代表个人，而是代表组织参加谈判，其在寻找个人需要满足的同时，还要寻求群体或组织需要的满足。这样，谈判需要可以说是谈判人员个人需要与群体、组织需要的集合，而且在许多情况下，谈判人员所代表的群体、组织需要的满足应摆在优先的地位。

作为一个组织的谈判代表,从职业道德来看,应当经过自己的努力,尽力实现群体、组织需要的满足,而不应寻求从对手那里满足不正当的个人私欲。

🎯 **小思考**

国际著名谈判专家尼尔伯格把谈判中的需要情形分成以下六种。

(1)谈判人员为对方的需要着想。

(2)谈判人员让对方为自己的需要着想。

(3)谈判人员兼顾对方和自己的需要。

(4)谈判人员违背自己的需要。

(5)谈判人员损害对方的需要。

(6)谈判人员同时损害自己和对方的需要。

【问题】

你最赞成的需要是哪一种?为什么?

2.2.2　商务谈判动机

动机,是促使人去满足需要的行为的驱动力,或者说是推动一个人进行活动的内部原动力。它是引起和维持一个人的活动,并将活动导向某一目标,以满足个体某种需要的念头、愿望、理想等。

1. 谈判动机的含义

商务谈判动机,是促使谈判人员去满足需要的谈判行为的驱动力。

动机的产生决定于两个因素:内在因素和外在因素。内在因素是指需要,即因个体对某些东西的缺乏而引起的内部紧张状态和不舒服感,需要产生欲望和驱动力引起活动。外在因素包括个体之外的各种刺激,即物质环境因素的刺激和社会环境因素的刺激,如商品的外观造型,优雅的环境,对话者的言语、神态表情等对人的刺激。

动机与需要既相互联系,又有区别。需要是人的行为的基础和根源,动机是推动人们活动的直接原因。当人的需要具有某种特定目标时,需要才能转化为动机。一般来说,当人产生某种需要而又未得到满足时,会产生一种紧张不安的心理状态,在遇到能够满足需要的目标时,紧张的心理状态就会转化为动机,推动人们去从事某种活动,向目标前进。当人达到目标时,紧张的心理状态就会消除,需要得到满足。

动机的表现形式是多种多样的,可以表现为意图、信念、理想等形式。需要是谈判的心理基础。没有需要就没有谈判,需要是谈判的原动力。

2. 动机心理

(1)认同。好感与信任就是认同,通过认同可以互相合作、交流信息,与认同对立的就是排斥。

(2)臆测。臆测指在某一客观条件下人的主观猜想、揣测,人们做任何事情,都喜欢臆测,人们把臆测当作事实,形成主观断想,如果与实际情况不符合就会带来损失,导致犯错误。"情况不明决心大,知识不多办法多",只见树木不见森林,在未调研之前不能先下结论,"处事识为先,断次之"。

3. 洞察力

洞察力在心理学上作为观察力、注意力来研究。"知天知地,胜乃无穷。"兵书上的料敌中的分析推断方法有:"以己度敌,反观而求,平衡推导,观往验来,察迹映物,投石问路,顺藤摸瓜,按脉诊痛",良好的观察力有以下基本特征。

(1) 观察的客观性。不能以假当真、以偏概全,否则就会作出错误的判断。

(2) 观察的敏锐性。要迅速抓住那些反映事物的本质而又不易察觉的现象。观察力敏锐可提高工作效率。

(3) 观察的准确性。观察准确是谈判正确的重要前提。观察事物要全神贯注、深入细致、追本求源。

(4) 观察的全面性。既要看到正面,又要看到反面;既要看到现状,又要看到历史,不能盲人摸象。

(5) 观察的反复性。事物是运动发展变化的,观察要经过反复多次才能完成,如竺可桢的"物候学",观察牵牛花破晓开放、大雁秋去春来,得出生物活动的节律性与时间季节相关。

4. 知觉在谈判中的作用(感觉、知觉、表象)

知觉是感觉的复合,知觉的来源是第一印象,即谈判双方第一次见面给对方留下的看法,第一印象对谈判的结果产生着巨大的影响,知觉的特点有以下三方面。

(1) 选择性。选择性即谈判人员对谈判对手提供的各种信息会根据个人经验、身份、地位等需要进行取舍。如果主谈人是技术专家,他注意的是设备的性能、质量;如果主谈人是管理者,他着重注意的是设备带来的效益。

(2) 适应性。由于谈判双方初次相见,思路上会产生差异,经过双方的接触由不适应到逐步适应,有利于谈判的进行。

(3) 错觉性。错觉性对谈判会产生错误的感受。如先入为主、晕轮效应。

💡 小知识

中国古代名家的观人术《六韬》

(1) 问之以言,以观其辞。即向对方多谈问题,从中观察对方知道多少。现代社会中的招聘面试就是采用这种方法,可知其真情,探其内心。

(2) 穷之以辞,以观其变。即不断盘问,越问越深,越问越广。观察对方的反应如何,虚言以对的人,眼珠会滴溜儿乱转,前言不搭后语,自相矛盾。

(3) 与之间谍,以观其诚。即暗中派间谍引诱,看其是否忠诚。

(4) 明白显问,以观其德。即坦率地说出秘密,借以观察一下人的品德。听到秘密就转告第三者的人是不宜深交的,能保守秘密的人也是一个重视责任与荣誉的人。

(5) 使之以财,以观其廉。即贪财占便宜、财务金钱不清白的人不可以委托重用。

(6) 试之以色,以观其贞。即美人计。

(7) 告之以难,以观其勇。即分配给他困难的工作,借以观察他的胆识、勇气。

(8) 醉之以酒,以观其态。即酒后吐真言。

5. 注意体态语言——其实你不说我也知道

谈判不仅是语言的交流,同时也是行为的交流。谈判进入交锋阶段,除了听和说的表达方式之外,还会通过种种行为表达内心的思想。因此,谈判不仅需要语言技巧,而且需要非语言技巧,即通过察言观色揣摩对方。你可以仔细观察对方举止言谈,捕捉其内心活动的蛛丝马迹;也可以揣摩对方的姿态神情,探索引发这类行为的心理因素。运用这种方法,不仅可以判断对方思想,决定己方对策,同时可以有意识地运用行为语言传达信息,促使谈判朝着有利于己方的方向发展。

俗话说:"内有所思,外有所表。"在谈判过程中,对方有时陷入思考状态,只要仔细观察,就可以通过外在特征,看出对方的内心活动。当人陷入思考状态时,一般表现出以下各种神态。

(1) 双臂交叉于胸前。这往往表示防备、疑窦的心理,或表示对双方的意见持否定的态度。若同时还攥紧拳头,则表示否定情绪更为强烈。

(2) 揉眼睛、捏摸鼻子。若伴随双臂抱胸同时出现,则在更大程度上表明了其防备、抵触或否定的意思。

(3) 两腿经常挪动或不时地来回交叉,表示不耐烦或有抵触。

(4) 摊开手掌,解开衣扣,手腿都自然放松、不交叠。这些动作和姿态都表明其愿意开诚布公,乐于倾听对方的意见。

(5) 向后仰靠椅子背上,这可以看作不信任、抵触、不愿继续谈的迹象。如果再伴之以两臂交叠于胸前的姿势,上述含义的可能性更大。

(6) 抚摩下巴、捋胡子等无意识的动作。这往往表示,对方正在对所提出的问题和材料进行认真的思索和考虑。此外,坐在椅座的前部边缘上,或身体前倾,俯在桌子上也可能有类似的含义,或表示对所讨论的问题感兴趣。

(7) 清清嗓音,变换声调,这有可能是不安、紧张、焦虑的征兆。

(8) 两手指的顶端对贴在一起,掌心则分开,形似尖塔。这通常表示高傲、自信、踌躇满志的心情,或暗示自己的降贵纤尊来同对手谈判。

(9) 两手手指交叉,托住后脑勺,身子往后仰。当一个人感到自己驾驭着谈判局面,居于支配的地位,往往会情不自禁地做出这种姿态。

(10) 凑近对方。当问题逐渐接近解决,隔阂或障碍进一步消除时,双方谈判人员就会自然而然地坐得靠拢一些。

(11) 拍拍对方的肩膀或手臂。这表示希望能快点达成协议或解除问题。当然,在这时,达成协议或解决问题的时机和条件都已成熟。

不过,人的内心活动及外在表现是相当复杂的,特别是各种习惯性动作和姿态的含义往往会因人而异。我们要善于察言观色,在谈判的过程中,从对方的谈吐、举止、神情及姿态中捕捉各种反映其内心活动的蛛丝马迹,分析、推断其大概的情绪和想法,据以采取相应的策略。

6. 分析对手参谈人员

对对手参谈人员进行分析十分重要。如果在谈判中能在下面某些方面先一步把对方看透,无疑谈判对自己将是十分有利的。

（1）对方的性格是内向的还是外向的?

（2）对方的心胸是开阔的还是狭窄的?

（3）对方是墨守成规的还是机动灵活的?

（4）对方是吝啬的还是大方的?

（5）对方是恪守信誉的还是言而无信的?

（6）对方的自尊心是强的还是弱的?

（7）对方的反应是机敏的还是迟钝的?

（8）对方是自信的还是自卑的?

（9）对方是贪婪的还是清廉的?

（10）对方是好面子还是厚脸皮?

（11）对方是谈判老手还是谈判新手?

（12）对方是狡猾的还是忠厚的?

（13）对方是真诚的还是虚伪的?

（14）对方是理智型的还是情绪型的?

（15）对方是敛财型的还是事业型的?

（16）对方是商人型的还是企业家型的?

（17）对方是行政人员还是管理人员?

（18）对方是技术人员还是销售人员?

（19）对方是商界闯荡多年的还是刚下海的?

（20）对方是逆境中成长的还是一帆风顺的?

总之,应尽可能了解和掌握谈判对手的性格、特点、爱好、兴趣和专长,了解他们的职业、经历以及处理问题的风格方式等。特别是一对一的谈判中,掌握对手的兴趣、爱好,投其所好,会使你取得意想不到的成功。

2.3　国际商务谈判动机的类型

国际商务谈判动机有生理性动机、社会性动机等类型。商务谈判的具体动机类型如下。

2.3.1　关系型

该类型谈判人员十分注重上级和同事对自己的看法,以及与谈判对方的关系,但也注重谈判目标的完成。这类人不愿意接受竞争与挑战,更不愿冒什么风险,喜欢维持现状,办事喜欢多请示上级,愿意被上级不断地承认和赏识,只起上传下达、下传上达的"传话筒"作用。关系型谈判人员有以下三种情况。

（1）经验不足,对问题不敢作出决定。对这种人最有效的办法是谈判中主动地点明问题的要害,并提醒要早做汇报,以免耽误谈判。

（2）有经验，但怕负责任。这种人圆滑、诡秘，表面笑眯眯，就是不办事，对这种人要小心，谈判时最好先谈次要问题，在谈重大问题时要以强硬的态度全面扑过去，让其搬兵遣将，否则劳而无功，白费力气。

（3）内外关系都比较不错，但是碍于面子，没有自己独到的见解，只会将上级、对方的态度作为自己谈判的目标。对这种人的办法就是"以礼相待"，以商量的口气谈问题，请看如下的话语："我们两家公司有长期的合作历史，与您又有良好的信赖关系，双方的贸易习惯也都十分熟悉，没有什么好谈的。只是我公司近来有许多困难，材料供应紧张，能源价格上涨，供货期有困难，要保证供货，需要更多的费用，过去我们所谈的价格条件实在有困难。"

2.3.2 权力型

这种类型的谈判人员的根本特征是对权力、成绩狂热地追求。为了取得最大成就，获得最大利益，他们不惜一切代价。在多数谈判场合中，他们想尽一切办法使自己成为权力的中心，我行我素，不给对方留下任何余地。一旦他们控制谈判，就会充分运用手中的权力，向对方讨价还价，甚至不择手段，逼迫对方接受条件。他们时常抱怨权力有限，束缚了他们谈判能力的发挥。更有甚者，为了体现他们是权力的拥有者，他们追求豪华的谈判场所、舒适的谈判环境、精美的宴席、隆重的场面。

权力型谈判人员的另一特点是敢冒风险，喜欢挑战。他们不仅喜欢向对方挑战，而且喜欢迎接困难和挑战。因为只有通过接受挑战和战胜困难，才能显示出他们的能力和树立起自我形象，一帆风顺的谈判会使他们觉得没劲、不过瘾。只有经过艰苦的讨价还价，调动他们的全部力量获取成功，才会使他感到满足。

权力型谈判人员的第三个特点是急于建树，决策果断。这种人求胜心切，不喜欢也不能容忍拖沓、延误。他们在获得更大权力和成绩的心情驱使下，总是迅速地处理手头的工作，然后着手下一步的行动。因此，他们拍板果断、决策坚决。对大部分人来讲，决策是困难的过程，往往犹豫、拖延、难下决断。而这类谈判人员则正相反，他们乐于决策，总是当机立断，充满信心。

总而言之，权力型谈判人员强烈地追求专权，全力以赴地实现目标，敢冒风险，喜欢挑剔，缺少同情，不惜代价。在谈判中，这是最难对付的一类谈判对手，因为如果你顺从他，你必然会被剥夺得一干二净；如果你抵制他，谈判就会陷入僵局，甚至破裂。

该种类型的谈判人员所追求的是成绩、名誉，为此往往会不惜任何代价，甚至不择手段，喜欢发号施令。这种人求胜心切，放松政策，敢冒风险，大胆拍板，而不能正确引导谈判。针对权力型谈判人员的对策是：要表现出极大的耐心，以柔克刚，靠韧性取胜。

请看下面几个例子。

例1：甲某："根据我的经验，我们应该先谈技术附件，然后再谈价格条件，最后谈合同文字，在时间安排上前紧后松，您看怎样？"

乙某："同意您的意见，谈的中间有什么问题再商量。"

例2："您的意见，我们认为十分在理，自谈判开始我们就照您的意见做了，到目前为止再无能为力了。您的地位和能力完全可以协助我们摆脱困境,请您作出决断,以免影响到谈判。"

这个例子充分表现出对权力者的尊敬,也点明了解决问题的权力所属。不管结果怎样,应该说,这种说法对权力型谈判人员是有效的。

例 3:谈判桌前,一位身材魁梧、50 多岁的海外部长同一位精干利落的 30 多岁的业务员准备谈判。这位部长傲气十足,架子端得很高,根本没有把年轻人放在眼里。因此,其在谈判桌上明知故问:"贵方谁是主谈?"并说:"我能全权决定问题,贵方呢?"年轻人先忍让了一会儿,很有礼貌地回答:"我很荣幸地受命与您洽谈该项目,希望多加指教。"接着年轻人寻机反击。他抓住了对方资料不足的问题,说:"此事我已向贵方提出,至今未能准备好,工作效率太低,如果影响谈判的进度和效果,应由贵方负责。"此后,年轻人又利用洽谈中对方怕承担责任,不敢在谈时答应技术保证一事而追逼对方:"这些本是正常的、合理的要求。在第一天的会上,您也讲了您有权决定问题。既然如此,为什么在这些小事上不作出决断呢?我认为这有失您的身份。"

软硬相间的一席话,使对方的脸红一阵、白一阵。尽管进攻性强,但效果良好,就连对方的助手们也都认为年轻人有理。后来对方主谈改变了态度,反过来称赞年轻人精干、机敏,从而成了互相尊重的忘年交。在后来的合同签订过程中,只要这两位一老一少交换意见,问题很快就能得到解决。

这个例子中,一方表现出了咄咄逼人的气势;另一方则刚柔相济,甩出钩子让对方做结论。在适当时刻利用一方的权力特征,用其人之道还治其人之身,可以使谈判取得有利的成果。

2.3.3　成功型

这种类型的谈判人员对谈判所定的目标十分明确,并拼命地努力追求目标的实现,大有不达目标誓不罢休的气势。这种人办事方法隐蔽,手段精巧,谈判中又能十分随和,外表也充满着魅力,成功型谈判人员大致有以下三种情况。

(1) 初入行当的年轻人,他们大都急于表现自己,以求为以后的发展奠定基础。对这种人行之有效的办法是给予鼓励,在他的领导面前要称赞其"努力""能干"。当然也可以用"激将法",但不要伤害其自尊心,否则会引来报复。

(2) 工作资历深、年龄较大的人。他们把成功看作给自己的荣誉和地位增添光彩。对这种人要充分利用他们的资历、能力和影响力的一面,多出难题,因为他们在难题面前不会畏缩,否则就会没面子。

(3) 不论年龄大小,都有着对公司的热爱和对领导的忠诚,有高度的责任感和使命感,对谈判有执着的追求的人。这种人是谈判中最强有力的竞争对手,软硬不吃,极富有经验,又具有耐心,在外表友善、温和中对自己的事业满腔热情。但这种人不乏善于装腔作势、充满野心的进攻型人才。对这种人最好的办法就是采用"以原则对原则"的态度,将计就计,形成一种公事公办的气氛。

2.3.4　说服型

在谈判活动中,最普遍、最有代表性的谈判人员是说服型谈判人员。在某种程度上,这种类型的谈判人员比权力型谈判人员更难对付。后者容易引起己方的警惕,但前者却容易被忽视。在对方温文尔雅的外表下,很可能暗藏雄心,欲与己方一争高低。

说服型谈判人员的第一个特点是具有良好的人际关系,他们需要别人的赞扬和欢迎,受到社会和他人的承认对他们来说比什么都重要。他们也喜欢帮助别人,会主动消除交际中的障碍,在和谐融洽的气氛中,他们如鱼得水,发挥自如。同时,这类谈判人员与下属的关系比较融洽,给下属更多的权力,使下属对他信赖、忠诚。

这类谈判人员的第二个特点是处理问题绝不草率盲从,三思而后行。他们对自己的面子、对方的面子都竭力维护,绝不轻易做伤害对方感情的事。在许多场合下,即使他们不同意对方的提议,也不愿意直截了当地拒绝,总是想方设法说服对方或阐述他们不能接受的理由。

与权力型不同的是,说服型谈判人员并不认为权力是能力的象征,而认为权力只是一种形式。虽然他们也喜欢权力,认识到拥有权力的重要性,但他们并不以追求更大的权力为满足,而是希望获得更多的报酬、更多的利益、更多的赞赏。

2.3.5　执行型

这种性格类型的谈判人员在谈判中并不少见,他们的最显著特点是,对上级的命令和指示以及事先定好的计划坚决执行,全力以赴,但是拿不出自己的见解和主张,缺乏创造性。维护现状是他们最大的愿望。

这类谈判人员的另一特点是工作安全感强。他们喜欢安全、有秩序、没有太大波折的谈判。他们不愿接受挑战,也不喜欢爱挑战的人。在处理问题时,往往寻找先例,如果出现某一问题,以前是用 A 方法处理的,他们就绝不会采用 B 方法。所以,这类人很少在谈判中能独当一面,缺少构思能力和想象力,决策能力也很差。但在某些特定的局部领域中,这类人工作起来得心应手、有效率。这种性格的人喜欢照章办事,适应能力较差,他们需要不断地被上级认可、指示。特别是在比较复杂的环境中,面对各种挑战,他们往往不知所措,很难评价对方提出新建议的价值,自然也无法拿出有建设性的意见。

2.3.6　疑虑型

怀疑多虑是疑虑型谈判人员的典型特征,他们对任何事都持怀疑、批评的态度,每当一项新建议拿到谈判桌上来,即使是对他们有明显的好处,但只要是对方提出的,他们就会怀疑、反对,千方百计地探求他们所不知道的一切。

这种性格类型的谈判人员的另一特点是犹豫不决,难以决策。他们对问题考虑慎重,不轻易下结论。在关键时刻,如拍板、签合同、选择方案等问题上,不能当机立断,老是犹豫反复,拿不定主意,担心吃亏上当,结果常常贻误时机,错过达成更有利的签订协议的机会。

这类谈判人员的特点之三是对细节问题观察仔细,注意较多,而且设想具体,常常提出一些出人意料的问题。此外,他们也不喜欢矛盾冲突,虽然他们经常怀疑一切,经常批评、抱怨他人,但很少会弄到冲突激化的程度,他们竭力避免对立,如果真的发生冲突,也很少固执己见。

另外,根据谈判人员的性格差异和在谈判中所表现出来的特征,还可以把谈判人员分成其他几种类型。

1. 爱好危险型的谈判人员

爱好危险型的人也就是赌徒型的人,对于自我利益的关心重于对互相利益的关心。换句话说,也就是爱好危险型的谈判人员对人指向性较低,即不在乎对手是否觉得愉快,不在乎对手为何保持沉默,等等。

2. 认识式复杂型的谈判人员

认识式的复杂性和情报处理能力有关,能够处理抽象性情报的人,表明其认识式复杂性较高。只能处理具体性情报的人,表明其认识式复杂性较低。

3. 一丝不苟型的谈判人员

这种类型的谈判人员和非这种类型的谈判人员相比,前者比较喜欢规则性、明确性、均衡性、具体性;后者较喜欢变化、模棱两可、不均衡、抽象性。因此,一丝不苟的人会表现出极低的对人指向性以及符合这种性格的行为。同其他类似的谈判人员谈判时,一丝不苟型的谈判人员会表现出较强的协调性。

4. 自我概念型的谈判人员

自我概念,是指明确相信自己反映在别人心目中的自我形象,这类谈判人员富于积极性。肯定自我概念的谈判人员,自尊心很高,常表现出好摆架子,在态度上盛气凌人,谈判时较难具有协调性。

5. 马基雅维利主义性格的谈判人员

为了控制对方而使用狡猾、诈欺或其他战术的谈判人员,称作马基雅维利主义性格的谈判人员。这种性格的谈判人员往往为了达到目的而不择手段。

6. 急性子型与慢性子型的谈判人员

急性子型的谈判人员急于求成,不细心,常常忘掉策略,易被人钻空子。这类谈判人员虽不拖泥带水,但急中容易出错,表现出缺少谋略和不沉稳。慢性子型的谈判人员虽细心周到,但慢悠悠的个性容易表现出没有效率,应努力训练自己,使自己具有雷厉风行的特点。

7. 温善型与泼辣型的谈判人员

温善型的谈判人员性格温存,待人以善意。这种谈判人员往往经不住谈判对手的谎言和攻击,容易轻信于人,缺乏识别对手的本领。泼辣型的谈判人员性格外露,敢于争辩,工作大胆;但缺少策略,语言尖刻,不会给自己留退路。

知识拓展

营销谈判的十大攻心策略

自我测试

你是哪一种谈判人员

1. 你让秘书晚上加班两个小时完成工作,可她说她晚上有事。

   黑桃:这是她自己的问题,她自己想办法解决。你是她的上司,她没有权利讨价还价。

   红桃:那就算了,你自己加班把工作做完,反正你算明白了,谁都是不能指望的。

   方片:你询问她有什么要紧事,她说她的孩子独自在家,于是你建议说你愿意给她介绍一个临时保姆,费用由你来出。

   梅花:你退了一步,让她加班一个小时,而不是两个小时。

2. 你在和上司谈判加薪问题。

   黑桃:你强硬地说出一个数目,如果他不答应你就准备辞职。

   红桃:你等他说出数目,因为你实在不愿张口。

   方片:你先陈述自己的业绩,然后把自己真实期望的薪水数目说出来。

   梅花:你提出一个很高的数目,然后准备被他砍下一半——那才是你真实期望的数字。

3. 多年来你一直在男友的父母家度过除夕夜。

   黑桃:你整个除夕晚上都闷闷不乐。

   红桃:你觉得很委屈,可有什么办法? 生活的习俗就是如此。

   方片:你利用春节假期安排了一次国外旅行,这样一来,他就无法要求你回他父母家过除夕了。

   梅花:好吧,但大年初二或初三他一定要陪你回你的父母家。

4. 忙了整整一个星期,你终于可以在周末好好休息了,可这时男友建议你和他的朋友一起去跳舞。

   黑桃:反正你不会去,他愿意去的话就自己去。

   红桃:他难得想跳舞,你不愿意让他失望。

   方片:你说你很疲倦也很抱歉,然后建议下个星期再一起约朋友去跳舞。

   梅花:你建议把跳舞改成聚餐。

5. 你 10 岁的侄子总让你给他买这买那,这次他想要个小摩托车。

   黑桃:你断然拒绝,没什么可商量的。

   红桃:你让步了,这样他就不会再缠着你了。

   方片:好吧,但他应该先去学驾驶。

   梅花:你说你最多给他买辆儿童自行车。

6. 你的男友拒绝和你分担刷碗的家务。

   黑桃:你不能容忍一个不做家务的男人,要不他答应,要不就走人。

   红桃:他不愿意就算了,还是由你自己来刷。

   方片:你耐心地解释说你希望他分担一些家务。

   梅花:如果他一周能刷一次碗,你就很满意了。

7. 你在餐厅用餐,邻座的客人在吸烟,烟都飘到了你这边。

　　黑桃：你大声提出抗议:"现在的人怎么都这么不自觉!"

　　红桃：你默默忍受着,可一晚上都不开心。

　　方片：你微笑着对他解释说烟味呛到你了。

　　梅花：你请求侍者给你换张桌子。

8. 凌晨 3 点,你的邻居家里还在开派对。

　　黑桃：你打电话给 110 报警。

　　红桃：你用棉球把耳朵塞住。

　　方片：你马上去他家敲门,说你需要睡眠。

　　梅花：你也去加入他们的派对。

9. 和男友从电影院走出来,他想吃泰餐,而你想吃日本菜。

　　黑桃：就吃日本菜,否则就各自回家!

　　红桃：好吧,那就吃泰餐吧,如果他真的这么想吃。

　　方片：既然你们都想去异国情调的餐厅那不如去吃印度餐。

　　梅花：今晚吃日本菜,下次吃泰餐。

10. 你约一个朋友一起看服装秀,演出已经开始了,她还没有到。

　　黑桃：你把她的票卖掉了,这能给她一个教训。

　　红桃：你一直等着她。

　　方片：你不停给她的手机打电话询问她到哪里了。

　　梅花：你自己进去看。

11. 你的同事在会议上吸烟。

　　黑桃：你对他说他至少应该学会尊重别人。

　　红桃：你什么也没说,因为担心他会记恨你。

　　方片：你建议休息一会儿,让想吸烟的人吸一支。

　　梅花：你对他说应该尽量少吸一些烟,这对他的健康有好处。

12. 你新买的洗衣机坏了……

　　黑桃：你去售后服务部大吵大闹。

　　红桃：你自责是不是自己没有按照程序操作。

　　方片：你给消费者协会写信,状告厂家。

　　梅花：你气愤地打电话给厂家,要求退货或折扣。

【测试结论】

方片最多:

你是具有合作态度的谈判人员。

你认为在所有的人际关系中,冲突是不可避免的。你知道如何控制自己的情绪,面对对方的提议表示尊重,尽量避免争吵、个人攻击和威胁。你的倾听和善解人意是实现你自己目的的最有力手段。

你的目的：找到乐观的、让大家都满意的解决方案。

结果：你能找到最佳途径,既解决了问题,又多交了一个朋友。

梅花最多：

你是一个妥协派的谈判人员。

你认为只要事情能够得到解决，双方都应该作出让步，就像在市场上讨价还价的时候，只能谋取一个中间数值。根据谈判对方的性格特点，你轮番使用胡萝卜和大棒。有的时候强硬，有的时候和解，你的偶像是所罗门国王。

你的目的：在双方利益的中间找到一个妥协点。有时更靠近你，有时更靠近他。

结果：这个方法可以帮助你解决一个问题，但无法从根本上解决。其结果很可能是你和对方都不满意，你们都没有达到自己的目的，只是找到了一个可行的解决办法而已。

黑桃最多：

你是个控制型谈判人员。

你喜欢飞舞的盘子和摔得啪啪响的门，或者说，你喜欢赢！对你来说，一切谈判都是力量的较量，只有坚持到底才能获胜。你一定要求对方让步，拒绝听新的建议，为了维护自己的利益，你可以用牙咬、用指甲抓，不惜使用威胁和暴力。

你的目的：在力量的较量中取胜。

结果：当然，你有的时候会赢，可更多的时候，你的态度会使你的谈判对手更加抵制，并在未来长时间里与你对抗。

红桃最多：

你是个顺从型的谈判人员。

你实在太好说话了，在所有的谈判中你都会让步，因为你害怕冲突，愿意让对方满意，维持你们的关系。为此你不惜牺牲自己的利益，忽视自己的意愿，在心中默默咀嚼失望和苦涩。

你的目的：不要让对方发怒，只要满足了他的条件，你就能获得安宁。

结果：不仅你自己感到郁闷，对方也会进一步提出条件，而不是像你设想的那样感激你的善良。

📚 案例 2-3

美越战争结束谈判

🔍 阅读故事

仁义守信老保姆

思 考 题

1. 简述商务谈判心理的特点。
2. 研究和掌握商务谈判心理的意义。
3. 商务谈判良好的观察力有哪些基本特征？
4. 试论商务谈判动机的类型。
5. 怎样对不同性格的谈判人员采取不同的态度与处理技巧？

即 测 即 练

第 3 章

国际商务谈判的原则

案例 3-1

铁女人的"铁"魅力

1972 年 12 月,在欧共体的一次首脑会议上,英国首相撒切尔夫人又一次让人们领教了她坚毅刚强的"铁"魅力。

她在这次会议上表示,英国在欧共体中负担的费用过多。她说,英国在过去几年中,投入了大笔的资金,却没有获得相应的利益,因此她强烈要求将英国负担的费用每年减少 10 亿英镑。这个高得惊人的要求使各国首脑脸色发青,他们认为撒切尔夫人的真正目标是减少 3 亿英镑(其实这也是撒切尔夫人的真正意图)。于是他们提议只能削减 2.5 亿英镑,他们认为这个数字是能解决问题的。可是,素有"铁女人"之称的撒切尔夫人是不可能为这样一个在她看来微不足道的数字所动的,她仍然坚持原有的立场,于是,谈判陷入了僵局。一方的提案是每年削减 10 亿英镑,而另一方则只同意削减 2.5 亿英镑,差距太大,双方一时难以协调。

其实,这种情况早在撒切尔夫人的预料之中。她的真实目标并不是 10 亿英镑,她的策略是以提出的高价,来改变各国首脑的预期目标。然而对手却并没有轻易地改变自己的立场,双方处于一种僵持状态。这时,英国和法国这两个在欧共体中处于领导地位的国家相互使用了威胁的手段。撒切尔夫人告诉下议院,原则上按照她提出的方案执行,暗示对手并无选择的余地,同时也在含蓄地警告各国,并对法国施加压力。针对英国的强硬态度,法国也采取了报复的手段,他们在报纸上大肆刊登批评英国的文章,说英国在欧共体中采取低姿态,企图以此来解决问题。

面对法国的攻击,撒切尔夫人明白,要想让对手接受她提出的目标是非常困难的,因此,必须让对方知道,无论他采取什么手段,英国都不会改变自己的立场,绝不向对手妥协。撒切尔夫人顽强的抵制,终于迫使对手作出了很大的让步。一旦对方的立场发生动摇,撒切尔夫人就逐渐地把欧共体各国首脑的期待转向自己所期待的目标。最后,欧共体终于同意每两年削减 8 亿英镑。撒切尔夫人的真实目标终于得到了实现,她的高起点的策略取得了应有的效应。

3.1 国际商务谈判的原则要领

马克思说:商品价值的实现是惊险的跳跃,而谈判是实现跳跃的关键。谈判是商品流通的前奏曲,它最先吹奏起流通的号角;谈判是商品流通的桥梁,它是商品流通的必由之路；谈判是"助跳器"，它决定着商品跳跃成绩的高低；谈判是导航船，只有经过它的疏通引导，商海中商品的滚滚洪流才得以畅通无阻。任何成功的商品交换必然以成功的谈判为前提，否则，商品交换便不能顺利完成。只有通过谈判越过荒野，才能到达希望之乡。

3.1.1　商务谈判的原则

商务谈判应遵循以下几个原则。

1. 真诚求实，以信待人

真、善、美既是人类社会永恒的话题，又是令人向往的字眼！而"真"位居其首，真是道德的基石、科学的本质、真理的追求。被毛泽东尊称为"伟大的人民教育家"的陶行知先生的名言是："千教万教，教人求真；千学万学，学做真人。""要教人求真，首先要教己求真，求真的知识，真的本领，真的道德。"人格就是力量，信誉则是无价之宝。人们是为了满足各自的需要才会坐在一起进行洽谈和磋商的，没有平等性，由强权和暴力主宰的社会是不会有什么意义的谈判的，即使签订了协议也是一种霸王合同。

2. 清醒理智，沉着冷静

谈判往往是在不同利益集团或个人之间进行的，由于利益关系不同，谈判人员往往要"各为其主"，谋求不同的利益，但是谈判的规则又不能让一方占有优势，要谋求合作、寻求共识，要想取得成功必须互利互惠。一场成功的谈判应该是双方都大笑，而不是一方大笑、另一方苦恼。

遇险不惊，遇乱不烦，沉着冷静，要有大将风度、大家风范。谈话彬彬有礼，处事富于情感又不乏理智；意志顽强又善于适度适时让步；善于交际又不失原则，长于用谋又无可挑剔；威而不怒，严而不骄，冷而不寒，热而不躁，不卑不亢，落落大方。谈判桌上是对手，谈判场外是朋友；每临大事有静气，凡遇原则皆商量；重大问题不让步，次要问题得饶人处且饶人；军师之智和大将风度集于一身，当一个"勇敢而明智的将军"。

3. 求同存异，拓展共识

人们总希望用自己的观点去影响别人，让别人接受自己的观点，除了强迫手段（只能是屈服，但不能心悦诚服）以外，唯一的方式就是通过谈判的形式，向别人说明你的观点，使别人在了解和理解的基础上接受你的观点，维护自己的利益。任何谈判都必须分清各方面的利益所在，然后在分歧中寻求共同之处，或互补之点，达成一致协议。对于一时不能弥合的分歧，不强求一律，允许保留，以后再谈。把谈判的重点放在探求各自的利益上，而不是对立的立场上。因为从固有的立场出发，难以取得一致，而从利益的探求中才能发现共同点进而达成协议。

4. 胸有成竹，有备无患

不打无准备的仗、不打无信心之战和做到有备无患是取胜的关键。凡在谈判前做了准备的谈判人员，就能胸有成竹，积极调动对方的兴趣，谈判开始就能占有很强的主动性。了解对方越多越好。在谈判之前你应该先了解一下对手是谁。英国哲学家培根说过："与人谋事，则须知其习性，以引导之；明其目的，以劝诱之；谙其弱点，以威吓之；察其优势，以钳制之。与奸猾之人谋事，唯一刻不忘其所图，方能知其所言；说话宜少，且须出其最不当意之际。于一切艰难的谈判之中，不可存一蹴而就之想，唯徐而图之，以待瓜熟蒂落。"这段论述十分精彩。

5．后发制人，以逸待劳

纵观古今，市场如战场；历览中外，商战如兵战。在市场经济的激烈竞争中，有识时机者"金风未动蝉先觉"捷足先登；有深谋远虑者"将军盘弓故不发"后发制人。先发制人，虽然可以取得一定的主动和暂时的优势，但情况不明，贸然行动，就会暴露自己许多弱点，给对方以可乘之机，所以在情况不明时应该后发制人。在双方的"谈"与"判"中，事情在发展，情况在变化，利益在延展。

6．多听少讲，用心感悟

谈判的共同目的是追求利益、谋求合作、寻求共识、互利互惠。上帝给了我们双耳一口就是让我们多听少讲，但少讲不等于不讲，讲要讲到点子上，切不可漫天乱讲。要记住律师是能言善辩的，法官一般都是沉默寡言的，但最后的判决是法官作出的而不是律师作出的，所以要少一点律师的作风，多一点法官的派头。在万隆会议上，由于反华者的叫嚣，掀起反共反华的高潮，会议有失败的危险，周恩来说："中国代表团是来求团结而不是来吵架的。"并提出了和平共处五项原则：尊重各国主权和领土完整、不侵犯别国、不干涉别国内政、平等互利、和平共处，以此来处理国与国之间的关系。这些成为世界各国共同认可的准则，他用微笑征服了全世界。

7．豁达包容，人事相别

海纳百川，有容乃大。宽容、容忍、容人、容事，是一种美德。容人的实质是容才的问题。兼容并包，指能团结不同能力的人一道工作。战国时代著名的思想家荀子提出："君子贤而能容罢，知而能容愚，博而能容浅，粹而能容杂。"意思是说，有才能的人能容纳弱不胜任的人；有智慧的人能容纳愚笨的人；学识渊博的人能容纳知识浅陋的人，有专才技能的人能容纳杂而不精之人。这里提出了"兼容并包"的原则。谈判人员要有尊人之心、容人之量；要宽人小过、容人小短，"胸中天地宽，常有渡人船"。谈判人员应像弥勒佛一样，大肚能容，容天容地，容天下难容之事，特别要容纳异己。做合作的利己主义者，生意不成友谊在。任何一个谈判人员都肩负着双重的利益，既满足自己的实际利益，与对方关系也应处好。做到"对事不对人"。尽量阐述客观情况，避免责备对方，心平气和，彬彬有礼，保全面子，不伤感情。设身处地，将心比心。换位思考，换心思考，换脑思考。把关系与实质分开，把双方的关系建立在正确的认识、明朗的态度和适当的情绪上。

8．有声无声，话度适中

谈判不仅是语言的交流，同时也是行为的交流，内有所思，外有所表。体语、态势语等作为一种语言形式，也在传递着各种各样的信息。商务谈判有时需要谈判人员伶牙俐口，或如小溪流水，潺潺东流；或如春风化雨，随风潜入夜，润物细无声；或如暴风骤雨，倾盆而下；或如冲锋陷阵，爆竹连响。商务谈判有时需要谈判人员一言不发，沉默是金。从语言概念来讲，沉默也是一种语言，或点头摇头，或耸肩摆手，或装聋作哑，或以坐姿表现轻蔑，或以伏案记录表示重视。眨眼摸耳皆含深意，一颦一笑皆成曲调，恰到好处的沉默不仅是一种语言艺术，而且有时能做到"此时无声胜有声"，达到语言艺术的较高境界。这一切都需要遵循话度适中的原则，话度适中是指与说话质量、语言艺术相关的各种因素都要掌握适度的原则，防止"过犹不及"。话度包括听度、力度、深度等。

（1）听度。听度也就是让听者可以接受的程度,会说的不如会听的,表述中注意渗入听者顺心的话以及某些靠近其念想的条件。听者自然爱听、注意听。要激发对方的兴趣,语出惊人,造成悬念,引人入胜,适应语境。否则,听者跟不上谈判思路,就摸不到谈判的脉搏,更达不成协议。

（2）力度。力度是指谈判人员论述中说话的强弱与用词的锋芒。声强表现为声音强劲有力,但不是高喉咙大嗓门儿;而声弱,则表现为声轻而有气度,这样既使声调抑扬顿挫,又使论述内容富有感情色彩。

（3）深度。深度指语言及其内容的深刻全面程度。在论述中灵活变化的深度可以反映不同的论述目的,只有长度没有深度,泛泛而谈,不得要领,不如画龙点睛,一语中的。军事上有句术语"伤其十指不如断其一指"。要使深度适当,还要注意结合问话的技巧,什么时候问话、怎样问话都是很有讲究的。对手直率,提问要简洁;对手内向,提问要含蓄;对手严肃,提问要认真;对手暴躁,提问要委婉;对手开朗,提问要随意。不可千篇一律。

3.1.2　国际商务谈判的原则

国际商务谈判应遵循以下几个原则。

1. 平等性

平等是国际商务谈判得以顺利进行和取得成功的重要前提。在国际经济往来中,企业间的洽谈协商活动不仅反映出企业与企业的关系,还体现了国家与国家的关系,相互间要求在尊重各自权利和国格的基础上,平等地进行贸易与经济合作事务。在国际商务谈判中,平等性原则包括以下几方面内容。

（1）谈判各方地位平等。国家不分大小贫富,企业不论实力强弱,个人不管权势高低,在经济贸易谈判中地位一律平等。不可颐指气使、盛气凌人,把自己的观点和意志强加给对方。谈判各方面尊重对方的主权和愿望,根据彼此的需要和可能,在自愿的基础上进行谈判。对于利益、意见分歧的问题,应通过友好协商加以妥善解决,而不可强人所难。切忌使用要挟、欺骗的手段来达到自己的交易目的,也不能接受对方带强迫性的意见和无理的要求。使用强硬、胁迫手段,只能导致谈判破裂。

（2）谈判各方权利与义务平等。各国之间在商务往来的谈判中权利与义务是平等的,既应平等地享受权利,也要平等地承担义务。谈判人员的权利与义务,具体表现在谈判各方的一系列交易条件上,包括涉及各方贸易利益的价格、标准、资料、方案、关税、运输、保险等。如在世界贸易组织中,国与国之间的贸易和谈判,要按照有关规则公平合理地削减关税,尤其是限制或取消非关税壁垒。谈判的每一方,都是自己利益的占有者,都有权从谈判中得到自己所需要的,都有权要求达成等价有偿、互相受益、各有所得的公平交易。价格是商贸谈判交易条件的集中表现,谈判各方讨价还价是免不了的,但是按照公平合理的价格进行协商,对进出口商品作价应以国际市场价格水平平等商议,做到随行就市,对双方有利。为弥合在价格以及其他交易条件上的分歧,顺利解决谈判中的争执,就需要以公平的标准来对不同意见进行判定,而公平的标准应当是谈判各方共同认定的标准。在谈判的信息资料方面,谈判人员既有获取真实资料的权利,又有向对方提供真实资料的义务。谈判方案以及其他条件的提出、选择和接受,都应符合权利与义务对等的原则。谈判人员享受的权利越多，相应地，需要承担的义务也就越多；反之亦然。

（3）谈判各方签约与践约平等。商务谈判的结果，是签订贸易及合作协议或合同。协议条款的拟定必须公平合理，有利于谈判各方目标的实现，使各方利益都能得到最大限度的满足。签约、践约要使"每方都是胜者"，美国学者尼尔伦伯格的这句话充分体现了谈判的平等性要求，可以说是谈判成功的至理名言。谈判合同一经成立，谈判各方须"重合同，守信用"，"言必信，行必果"，认真遵守，严格执行。签订合同时不允许附加任何不合理的条件，履行合同时不能随意违约和单方面毁约，否则，就会以不平等的行为损害对方的利益。

2．互利性

在国际商务谈判中，平等是互利的前提，互利是平等的目的。平等与互利是平等互利原则密切联系、有机统一的两个方面。打仗、赛球、下棋，结局通常是一胜一负。国际商务谈判不能以胜负输赢而告终，要兼顾各方的利益。在国际商务活动中进行谈判，说到底就是为了说服对方进而得到对方的帮助和配合以实现自己的利益目标，或是通过协商从对方获取己方所需要的东西。

（1）应将自己置身于对方的立场设身处地地为其着想。把对方的利益看成与自己的利益同样重要，对其愿望、需要与担忧表示理解和同情，富于人情味，建立起情感上的认同关系，从心理上启开对方接纳自己之门。要记住：谈判虽为论理之"战"，然而谈判桌上为人所动的是"情"，常常是"情"先于"理"。

（2）要了解对方在商务谈判中的利益要求是什么。谈判的立场往往是具体而明确的，利益却隐藏在立场的后面，出于戒心，对方不会轻易表白，即使显露，也是很有分寸、注意程度的。因而，了解对方的需求，应巧妙地暗探、策略地询问、敏锐地体味"话中之话"，机智地捕捉"弦外之音"。

（3）在对对方有所知的基础上有的放矢地满足其需求。这是前面行为的目的，是最重要的一环。在商务谈判中考虑和照顾对方的利益，会引起对方的积极反应，促进互相吸引、互相推动的谈判格局的形成。自己的主动利他之举，能唤起对方投来注意和关心。谈判各方通常都有在该谈判中努力实现的利益目标，因此，为对方着想就要根据对方的利益目标满足其基本需要。在目标要求不一致的情况下，要尽可能寻求双方利益的相容点而投其所需。此外，还要注意对方非经济利益的需求，如安全感、归属感、自尊感、认同感、荣誉感等，这类需求得到满足，有时会产生某种意想不到的效果，使谈判的实质性问题得到轻而易举的解决，使自己受益无穷。人们满意时，会付高价钱。高明的谈判人员自然明白个中奥妙。

3．求同存异

谈判各方的利益要求完全一致，就无须谈判，因而产生谈判的前提是各方利益、条件、意见等存在分歧。国际商务谈判，实际上是通过协商弥合分歧使各方利益目标趋于一致而最后达成协议的过程。如果因为争执升级、互不相让而使分歧扩大，则容易导致谈判破裂。而如果想使一切分歧意见皆求得一致，在谈判上既不可能也无必要。因此，互利的一个重要要求就是求同存异，求大同，存小异。谈判各方应谋求共同利益，妥善解决和尽量忽略非实质性的差异。这是商务谈判成功的重要条件。

(1) 要把谋求共同利益放在第一位。在国际商务谈判中,各方之"同",是使谈判顺利进行和达到预期目的的基础,从分歧到分歧等于无效谈判。谈判中的分歧通常表现为利益上的分歧和立场上的分歧。参与谈判的每一方都要追求自身的利益,由于所处地位、价值观念及处理态度不同,对待利益的立场也就不同。需要指出的是,谈判各方从固有的立场出发,是难以取得一致的,只有瞄准利益,才有可能找到共同之处。而且,国际商务谈判的目的是求得各方利益之同,并非立场之同。所以,要把谈判的重点和求同的指向放在各方的利益上,而不是对立的立场上,以谋求共同利益为目标。这就是求大同,即求利益之同。

然而,求利益之同难以求到完全相同,只要在总体上和原则上达到一致即可,这是对求大同的进一步理解。求同是互利的重要内容,如果谈判人员只追求自己的利益,不考虑对方的利益,不注重双方的共同利益,势必扩大对立局面,中断谈判,各方均不能有所得。一项成功的商务谈判,并不是置对方于一败涂地,而是各方达成互利的协议。谈判人员都本着谋求共同利益的态度参与谈判,各方均能不同程度地达到自己的目的。林肯曾颇有感触地说:"我展开并赢得一场谈判的方式,是先找到一个共同的赞同点。"谈判的前提是"异",谈判的良好开端则是"同",谈判的推动力和谈判的归宿更在于"同"。

(2) 努力发现各方之"同"。国际商务谈判是一种交换利益的过程,而这种交换在谈判结束时的协议中才明确地体现出来。谈判之初,各方的利益要求还不明朗或不甚明朗,精明的谈判人员能随着谈判的逐步深入从各种意见的碰撞中积极寻找各自利益的相容点或共同点,然后据此进一步探求彼此基本利益的结合部。谈判各方利益纵然有诸多相异之处,总能找到某种相同或吻合之点,否则在一开始就缺乏谈判的基础和可能。为了引导对方表露其利益要求,应在谈判中主动而有策略地说明己方的利益。只要你不表现出轻视或无视对方的利益,你就可以用坚定的态度陈述自己利益的重要性。坚持互利原则内在地包含坚持自己的利益,只是要把这种自我坚持奠定在对对方利益的认可与容纳的基础之上。忽视、排斥对方的利益和隐藏、削弱自身的利益,都不利于寻求相互之间的共同之处,都会妨碍谈判目标的正常实现。在解释自己的利益时,要力求具体化、生动化、情感化,以增加感染力,唤起对方的关切。在协调不同要求和意见的过程中,应以对方最小的损失换取自己最大的收获,而不是相反。

(3) 把分歧和差异限定在合度的范围内。求大同同时意味着存小异,存小异折射出谈判各方的互利性。绝对无异不现实,而差异太大难互利。就商务谈判而言,"小异"不只是个数量概念,更重要的是有质的含义。其质的要求有两个方面,一是谈判各方非利益之异,二是若存在利益上的差异则应为非基本利益之异。这是互利性要求的内在规定,是谈判协议中保留分歧的原则界限。谈判各方的不同利益需要,又可分为相容性的和排斥性的。属于排斥性的,只要不与上述原则要求相悖,允许存在于谈判协议之中;如是相容性的,则能各取所需、互为补充、互相满足。

在国际商务谈判中,互利不仅表现在互取上,还表现在互让上。互利的完整含义,应包括促进谈判各方利益目标共同实现的"有所为"和"有所不为"两个方面。既要坚持、维护己方的利益,又要考虑、满足对方的利益,兼顾双方利益,谋求共同利益,是谓"有所为";对于难以协调的非基本利益分歧,面临不妥协不利于达成谈判协议的局面,作出必要的让步,此乃"有所不为"。谈判中得利与让利是辩证统一的。妥协能避免冲突,让步可防止僵局,妥协让步的实质是以退为进,促进谈判的顺利进行并达成协议。

3.2 国际商务谈判的开局阶段

所谓商务谈判开局阶段,一般是指双方在讨论具体、实质性交易内容之前彼此熟悉和就本次谈判的内容双方分别发表陈述与倡议的阶段。它是在双方已做好了充分准备的基础上进行的。本阶段的商谈为以后具体议题的商谈奠定基础。因此,该阶段也称为非实质谈判阶段或前期事务性磋商阶段。

谈判的开局对整个谈判过程起着至关重要的作用,它往往关系到双方谈判的诚意和积极性,关系到谈判的格调和发展趋势。一个良好的开局将为谈判的成功奠定良好的基础。这一阶段的目标主要是对谈判程序和相关问题达成共识,双方人员互相交流,创造友好合作的谈判气氛;分别表明己方的意愿和交易条件,摸清对方情况和态度,为实质性磋商阶段打下基础。为达到上述目标,开局阶段主要有两项基本任务:建立良好的谈判气氛和召开预备会议。

3.2.1 建立良好的谈判气氛

所谓谈判气氛,是指谈判双方通过各自所表现的态度、作风而建立起来的谈判环境。一般来说,谈判气氛可分为四种:热烈的、积极的、友好的;平静的、严谨的、严肃的;冷淡的、对立的、紧张的;慢慢腾腾的、松松垮垮的、旷日持久的。谈判气氛直接作用于谈判的进程和结果,不同的谈判气氛可能会导致不同的谈判效果。良好的谈判开局气氛应该有以下几个特点:一是礼貌、尊重;二是自然、轻松;三是友好、合作;四是积极、进取。那么,怎样才能营造良好的谈判气氛呢?

1. 注意个人形象

一个人的形象主要包括服装、仪表、语言、行为等方面。一个人的形象在他人眼中是最重要的第一印象。有经验的谈判人员可以从一个人的形象中看出该人是信心十足,还是优柔寡断;是精力充沛,还是疲惫不堪;是轻松愉快,还是怀疑猜测;是好战型,还是合作型。故此,作为一个谈判人员应该特别注意个人形象的树立,不但要注意服装整洁,还要重视仪表美和行为端庄,才能为创造和保持良好的谈判气氛打下基础。

2. 沟通思想,加深了解,建立友谊

为了营造一种良好的谈判气氛,在谈判开始时,谈判人员不宜单刀直入或首先提出棘手敏感的问题,而应运用可以引起双方感情共鸣、交流的轻松话题和语言来开启谈判之门,如畅谈谈判的目的、议事日程安排、进展速度、谈判人员的组成情况等,也可以谈论双方感兴趣的题外话,还可以回忆往日合作成功的欢乐、感受等。在双方通过轻松的交谈,感情已渐趋近、气氛比较和谐的情况下,一方才可以试探性地选择一些相同或近似的正式话题进行交流,以此由表及里、由浅入深地循序渐进,使正式谈判之门慢慢开启。

(1)以谦和、坦诚来奠定谈判气氛的基础。热爱谦和是人类的共性,谦和往往比精明逞强更能获得人们的帮助和信赖。谦和不是谈判各方地位的反映,而是谈判力量的表现,坦诚可以使谈判各方相互信任,创造感情上的相互接近。尽管谈判会出现争论,使用某种策略、技巧,但谦和与坦诚是不变的信条,应当成为谈判主旋律。只有这样,才能真正使整个谈判始终保持和谐的气氛。

(2) 营造谈判气氛应考虑的因素。不同内容和类型的谈判,需要有不同的谈判气氛与之对应。一般来说,确定恰当的谈判气氛需要考虑以下因素。

① 双方人员个人之间的关系。如果谈判人员双方之间有交往,且关系比较好,开局时,就可以畅谈友谊及以往的交往情境,还可以询问对方的家里情况,等等,以增进双方的个人感情。实践证明,一旦双方之间建立了良好的个人感情,那么,提出要求、作出让步、达成协议就比较容易。通常情况下,还可以提高谈判效率。

② 谈判双方企业间的关系。谈判双方企业之间的关系,主要有以下几种情况:第一,双方过去有过业务往来,且关系很好;第二,双方过去有过业务往来,但关系一般;第三,双方过去有过业务往来,但己方对对方印象不佳;第四,双方过去没有业务往来。

双方在过去有过业务往来,且关系很好。在这种情况下,开局阶段的气氛应是热烈、真诚、友好和愉快的。开局时,己方谈判人员在语言上应该是热情洋溢的,内容上可以畅谈双方过去的友好合作关系或双方之间的人员交往,亦可适当地称赞对方企业的进步与发展,态度应该比较自由、放松、亲切。在寒暄结束后,可以这样将话题切入实质性谈判:"过去我们双方一直合作得很愉快,我想,这次我们仍然会合作愉快的。"

双方过去有过业务往来,但关系一般。在这种情况下,开局的目的是要争取创造一个比较友好、和谐的气氛。这时,己方的谈判人员在语言的热情程度上要有所控制。在内容上,可以简单聊一聊双方过去的业务往来及人员交往,亦可说一说双方人员在日常生活中的兴趣和爱好,态度可以随和自然。在寒暄结束后,可以这样将话题引入实质性谈判:"过去我们双方一直保持着业务往来关系,我们希望通过这一次的交易磋商,将我们双方的关系推进到一个新的高度。"

双方过去有过业务往来,但己方对对方的印象不佳。在这种情况下,开局阶段谈判气氛应是严肃、凝重的。己方谈判人员在开局时,语言上在注意礼貌的同时,应该比较严谨,甚至可以带一点冷峻。内容上可以就过去双方的关系表示不满和遗憾,以及希望通过磋商来改变这种状况。在态度上应该充满正气,与对方保持一定距离。在寒暄结束后,可以这样将话题引入实质性谈判:"过去我们双方有过一段合作关系,但遗憾的是并不那么令人愉快,千里之行,始于足下,让我们从这里开始吧。"

双方过去没有业务往来。在这种情况下,第一次的交往应努力创造一种真诚、友好的气氛,以淡化和消除双方的陌生感以及由此带来的防备,为后面的实质性谈判奠定良好的基础。因此,己方谈判人员在语言上,应该表现得礼貌友好,但又不失身份。内容上多以天气情况、途中见闻、个人爱好等比较轻松的话题为主,也可以就个人在公司的任职时间、负责的范围、专业经历进行一般性询问和交谈。态度上是不卑不亢,沉稳中不失热情,自信但不傲气。在寒暄结束后,可以这样将话题引入实质性谈判:"这笔交易是我们双方的第一次业务交往,希望它能够成为我们双方发展长期友好合作关系的一个良好开端。我们都是带着希望来的,我想,只要我们共同努力,我们一定会满意而归。"

③ 双方的实力。就双方的实力而言,无外乎有以下三种情况。

双方谈判实力相当。为了防止一开始就强化对手的戒备心理或激起对方的对立情绪,以致影响到实质性谈判,在开局阶段,仍然要力求创造一种友好、轻松、和谐的气氛。己方谈判人员在语言和姿态上要做到轻松又不失严谨、礼貌又不失自信、热情又不失沉稳。

己方谈判实力明显强于对方。为了使对方能够清醒地意识到这一点,并且在谈判中不抱过高的期望值,从而产生威慑作用,同时,又不至于将对方吓跑,在开局阶段,在语言和姿态上,既要表现得礼貌友好,又要充分显示出己方的自信和气势。

己方谈判实力弱于对方。为了不使对方在气势上占上风,从而影响后面的实质性谈判,在开局阶段,在语言和姿态上,一方面要表示出友好和积极合作;另一方面也要充满自信、举止沉稳、谈吐大方,使对方不轻视己方。

3.2.2　召开预备会议

召开预备会议即在正式谈判之前召开会议,目的是使双方明确当次谈判的目标,以及为此目标而共同努力的途径和方法,为以后各阶段的谈判奠定基础。其任务有二:一是谈判通则的协商;二是进行开场陈述。

1. 谈判通则的协商

谈判通则的协商即双方就谈判目标(purpose)、计划(plan)、进度(pace)和人员(personalities)等内容进行洽商。谈判双方初次见面,要互相介绍参加谈判的人员,包括姓名、职衔以及谈判角色等。然后双方进一步明确谈判要达到的目标,即双方共同追求的合作目标;同时双方还要磋商确定谈判的大体议程和进度,以及需要共同遵守的纪律和共同改造的义务等问题。

2. 进行开场陈述

所谓开场陈述,就是指在开始阶段双方就当次谈判的内容,陈述各自的观点、立场及其建议。它的任务是:让双方把当次谈判所要涉及的内容全部提示出来,同时,使双方彼此了解对方对当次谈判内容所持有的立场与观点,并在此基础上,就一些分歧分别发表建设性意见或倡议。当双方在预备会议上就当次谈判的目标、计划、进度和参加的人员等问题进行协商并基本达成一致意向以后,就需将开始阶段的谈判推进一步,即分别就当次谈判的基本内容发表开场陈述。

开场陈述的内容主要如下。

(1) 己方的立场。己方的立场即己方希望通过谈判应取得的利益,其中哪些又是至关重要的;己方可以采取何种方式为双方共同获得利益作出贡献;今后双方合作中可能会出现的成效或障碍;己方希望当次谈判应遵循的方针;等等。

(2) 己方对问题的理解。己方对问题的理解即己方认为当次会谈应涉及的主要问题,以及对这些问题的看法、建议或想法等。

(3) 对对方各项建议的反应。如果对方开始陈述或者对方对己方的陈述提出了某些建议,那么己方就必须对其建议或陈述作出应有的反应。

开场陈述的特点是:双方分别进行开场陈述;谈判双方的注意力应集中在自己的利益上,不要猜测对方的立场;开场陈述不是具体的,而是原则性的;开场陈述应简明扼要。

开场陈述的方式一般有两种:一种是由一方提出书面方案发表意见;另一种是会晤时双方口头陈述。在开场陈述时,到底采用哪一种方式,不能一概而论,应根据具体的谈判环境而定。但是有一点是非常明确的,即陈述应是正式的,应以轻松、愉快的方式表达出来,要让对方明白自己的意图,而不是向对方提出挑战。

陈述的时间要把握好度,双方尽量平分秋色,切忌出现独霸会场的局面。发言内容要简短而突出重点,恰如其分地把意图、感情倾向表示出来即可,但这并不是说态度模糊,关键的话还是要准确、肯定地讲清楚。例如,"希望有关技术方面问题的讨论结果,能使我们双方都满意"等。语言用词和态度上要尽量轻松愉快,具有幽默感,减少引起对方焦虑、不满和气愤的可能。否则,只会使对方产生敌意,筑起一道防御之墙,丧失对方原来可能协助或支持自己的机会。

陈述的结束语需特别斟酌,表明己方陈述只是为了使对方明白己方的意图,而不是向对方挑战或强加给对方接受。例如,"我是否说清楚了""这是我们的初步意见"等都是比较好的语句。陈述完毕后,要留出一定时间让对方表示一下意见,把对方视为"回音壁",注意对方对己方的陈述有何反应,并寻找出对方在目的和动机上与己方的差别。

对于对方的陈述,己方一是倾听,听的时候要思想集中,不要把精力花在寻找对策上;二是要搞懂对方陈述的内容,如果有什么不清楚的地方,可以向对方提问;三是归纳,要善于思考理解对方的关键问题。

3.3　国际商务谈判的磋商阶段

谈判磋商阶段又称实质性谈判阶段或讨价还价阶段,是指双方就各交易条件进行反复磋商和争辩,最后经过一定的妥协,确定一个双方都能接受的交易条件的阶段。它是关系到谈判的成败和效益盈亏的最重要阶段。一般来讲,本阶段又可细分为报价阶段和议价阶段。值得说明的是:在谈判中这两个阶段往往不仅没有明确的界限,而且有时还相互交织在一起,但是经验丰富的谈判人员对谈判进入什么阶段是十分清楚的。无论这两个阶段明显与否,有经验的谈判人员都竭力按照各阶段的先后顺序进行谈判。下面主要介绍一下报价阶段的有关内容。

3.3.1　报价阶段

所谓报价,是指谈判的某一方首次向另一方提出一定的交易条件,并愿意按照这些条件签订交易合同的一种表示。

在经历了谈判双方最初的接触、摸底,并对所了解和掌握的信息进行相应的处理之后,商务谈判往往由横向铺开转向纵向深入,即从广泛性洽谈转向对一个个议题的磋商。在每一个议题的磋商之初,往往由一方当事人报价,另一方当事人还价,这种报价和还价的过程就是报价阶段。不过这里所指的"价"是就广义而言,并非单指价格,而是指包括价格在内的诸如交货条件,支付手段,违约金或押金,品质与检验,运输与保险,索赔与诉讼等一系列内容。故此,所谓报价与还价,简言之就是双方当事人所报出的交易条件。在本阶段中,对报价者来说,他需要考虑的问题主要是如何确定和提出开盘价。而对于还价者来说,他需要考虑的问题则是如何确定还盘价以及如何向对方提出还盘价。当然,谈判双方在一起进行合作,并不是为了把不可能的事情变成可能,而是为了把可能的事情确定下来。因此,一个谈判人员应当尽量准确地判断出对方所能接受的条件范围,谈判人员报出的价格和其他各项条件,一般都不应超出对方所能接受的极限。

案例 3-2

夫妇购买古玩钟

有一对夫妇,收入并不高,却非常追求生活的格调。有一天,在翻阅杂志的时候,他们看到了一只作为广告背景的古玩钟,立刻被它迷上了。

"亲爱的,这难道不是你所见过的钟里面最漂亮的吗?把它摆在咱们的客厅里一定很美!"妻子说道。

"确实非常漂亮!"丈夫完全赞同妻子的观点,"只是不知它卖什么价钱,广告上没有标价。"

这对夫妇太爱那只钟了,他们决定去寻找它。鉴于家庭的经济状况,他们决定以 500 元作为钟的最高价格,只要不超过 500 元,他们就买下来。功夫不负有心人,经过三个月的寻找,他们终于在一个古董展销店发现了目标。

"就是它!"妻子兴奋极了。"没错,跟杂志上一模一样,真是美极了!"丈夫显然没有忘记自己钱包的状况,"一定要记住,我们不能超过 500 元!"他们走进展厅,发现古老的挂钟的标价是 750 元。

"算了,咱们回去吧,咱们说过不能超过 500 元的。"妻子说道。"话是这么说,"丈夫并没有死心,"我们可以试着让他们降点价,我们已经找这么久了,好不容易找到了,怎能轻易放弃呢?"

他们商量了一阵,决定由丈夫出面和售货员商谈。他们都知道以 500 元成交的希望非常渺茫,丈夫甚至认为,既然已经寻找了这么长时间,那只挂钟又确实漂亮,如果能用 600 元买下来,也可以。

丈夫整整自己的领带,挺起胸脯走到售货员面前,说道:"我看到你们一只小挂钟要卖,我也看到了它的标价。现在我告诉你我想干什么,我要给你的钟出一个价,只出一个价。我肯定你会感到震惊!"他停顿了一下,观察效果,然后鼓起勇气宣布:"我的出价是 250 元。"出乎他的意料,钟表售货员没有被吓倒在地上爬不起来,他连眼睛都没眨一下:"给您,卖啦!"

居然在 1 秒内做成生意,售货员很满意地说:"老板整天教导我们要满足顾客的需要,并以此作为发展长期顾客的前提。你们很有诚意,我以这么低的价格卖给你们,虽然这次没赚到什么钱,但只要你们满意,觉得我们店是不会欺骗顾客的,那以后就是我们的长期顾客了,没准还会介绍别的顾客来呢!这次老板肯定会表扬我啦!"

听到售货员的回答,丈夫第一反应是什么?兴高采烈吗?他决不会对自己感到满意的。"我真傻,我应该只出 150 元。"他的第二个反应是:"是不是我的耳朵出毛病了?要不就是这只钟有毛病!"

尽管如此,他还是把钟挂在客厅。挂钟美丽极了,与客厅的环境也非常和谐,但他总感觉这里面有什么不对头。每天晚上,他和妻子都会想起来看看钟是不是还在走。他们一天到晚忧心忡忡,以为这只挂钟很快就会散架,因为那钟表售货员居然以 250 元的价格把这只钟卖给了他们。

(1) 仅满足他们对价格的要求并没有使他们快乐,这笔交易完结得太快,他们需要讨价还价,在谈判中建立信用。

(2) 谈判策略上的错误是轻易让步。

(3) 在激烈的竞争中,没有万能的武器,所以谈判要有适当的方法。

3.3.2　报价的依据

从理论上来说,商务谈判报价依据有两个:一是对报价者最为有利,即卖方报出最高价,在预期成交价基础上加上虚头,买方报出最低价,在预期成交价基础上扣减虚头,以便在后期谈判中讨价还价让虚头;二是成功的可能性最大,报价时要考虑到对方的接受能力和市场背景,避免狮子大开口吓跑对方。

在实际商务谈判中,报价应遵循以下依据。

(1) 随行就市。

(2) 主要出口或进口国家成交价。

(3) 买主或买主当地批发价。

(4) 国际经济行情的状况及发展趋势。

(5) 国际市场同类商品的供求状况及发展趋势。

(6) 国际市场代用商品的供求状况及发展趋势。

(7) 有关商品的生产、库存变化,主要地区的安全稳定状态,等等。

以上依据并不是一成不变的"死"依据,在报价时仅起参考作用,不起决定性作用。在报价时,最根本的依据是我们想不想买(卖),想在何时买(卖)。如果我们确实想买(卖),我们的报价就可以适当地高(低)一些;如果我们确实不想买(卖),我们的报价就可以拼命压低(哄抬高价)。具体在谈判中如何报价,应该随行就市,以情而定,灵活掌握。

3.3.3　报价的原则

1. 开盘价为"最高"或"最低"价

对于卖方来说,开盘价必须是"最高"价;与此相反,对于买方来说,开盘价必须是"最低"价,这是报价的首要原则。

(1) 开盘价为我方要价定了一个最大限度。如果我方是卖方,开盘价为我方定出了一个最高价,最终双方的成交价格肯定低于此开盘价;如果我方是买方,开盘价为我方定出了一个最低价,最终双方的成交价格肯定高于此开盘价。

(2) 开盘价会影响对方对我方提供商品或劳务的印象和评价。从人们的观念上来看,"一分价钱一分货"是大多数人信奉的观点。开价高,人们就会认为商品质量好,服务水平高;开价低,人们就会认为商品质量一般(或有瑕疵、样式过时等),服务水平低。

(3) 开盘价高,可以为以后磋商留下充分回旋余地,使己方在谈判中更富有弹性,以便于掌握成交时机。

（4）开盘价对最终成交价具有实质性影响。开盘价高，最终成交价的水平就较高；开盘价低，最终成交价的水平就较低。

2．开盘价必须合情合理

开盘价要报得高一些，但绝不是指漫天要价、毫无道理、毫无控制，恰恰相反，高的同时必须合乎情理，必须能够讲得通才成。如果报价过高，又讲不出道理，对方必然认为你缺少谈判的诚意，或者被逼无奈而中止谈判扬长而去；或者以其人之道还治其人之身，相对也来个"漫天要价"；或一一提出质疑，而己方又无法解释，其结果只好是被迫无条件让步。因此，开盘价过高将会有损于谈判。同时，报价留出虚头主要是为以后谈判留出余地，过高或过低都将对谈判造成困难。虚头留出多少，要视具体情况来定：竞争对手的多少、货源的情况、对手要货的用途、关系的远近等都会影响虚头的大小。

3．报价应该坚定、明确、完整，且不加任何解释说明

报价时，态度要坚决、果断、毫无保留、毫不犹豫。这样做能够给对方留下己方是认真而诚实的好印象。要记住，任何欲言又止、吞吞吐吐的行为，必然会导致对方出现不良感受，甚至会产生不信任感。

开盘价要明确、清晰和完整，以便对方能够准确了解己方的期望。开盘报价，通常包括一系列内容——价格、交货条件、支付手段、质量标准和其他。开价时，要把开盘的几个要件一一讲清楚。

开价时，不要对己方所报价格做过多的解释、说明和辩解，因为，对方不管己方报价的水分多少都会提出质疑。如果在对方还没有提出问题之前，己方便加以主动说明，会提醒对方意识到己方最关心的问题，而这种问题有可能是对方尚未考虑过的问题。因此，有时过多的说明和解释，会使对方从中找到破绽或突破口，向己方猛烈反击。

上述三项原则为商务谈判的一般原则。报价在遵循上述原则的同时，必须考虑当时的谈判环境和与对方的关系状况。如果对方为了自己的利益而向己方施加压力，则己方就必须以高价向对方施加压力，以保护己方的利益；如果双方关系比较友好，特别是有过较长的合作关系，那么报价就应当稳妥一些，出价过高会有损于双方的关系；如果己方有很多竞争对手，那就必须把报价压低到至少能受到邀请而继续谈判的程度，否则会被淘汰出局，失去谈判的机会。

3.3.4　报价方式

谈判双方在经过摸底之后，就开始报价。报价的方式有两种，一种是己方先开价，另一种是对方先开价。究竟应该选择哪一种报价方式，要根据己方的条件和每种报价的利弊关系来决定。

己方先开价的有利之处在于：一方面，先行报价，对谈判施加影响大，它实际上是给对方规定了谈判框架或基准线，谈判的最终协议将在这个范围内达成；另一方面，先报价如果出乎对方的预料和设想，往往可以打破对方原有的部署，甚至动摇对方原来的期望值，使其失去信心。总之，先报价在整个谈判中都会持续地起作用，因此，先报价比后报价的影响要大得多。是不是可以说先开价就一定好呢？答案显然是不。

📚 **案例 3-3**

史蒂夫的销售报价策略

史蒂夫是爱姆垂旅店董事会成员,但是旅店的地理位置实在不理想,董事会曾委派一个小组委员会,调查了将爱姆垂旅店从萨默维尔迁到一个安静的、半居住性的社区的可能性。但从财务上看,搬迁是不可行的,因而搬迁的想法就被打消了。几个月以后,一位名叫威尔逊的先生先找爱姆垂旅店的经理——彼得斯夫人。威尔逊表示他的公司愿意买下爱姆垂旅店。

董事会委派史蒂夫去办理这项有希望的交易。史蒂夫根据对威尔逊的商业往来所做的一些调查,认为他是一位有信誉的合法商人。史蒂夫意识到,威尔逊想买爱姆垂旅店,可能是想在这里建造公寓。威尔逊希望马上讨论价格问题,而史蒂夫则需要两个星期来做这些谈判准备工作。

史蒂夫初步确定旅馆的开盘价格

在接下来的 12 天里,史蒂夫做了几件事。首先,他想要确定爱姆垂旅店的保留价格或能够轻易成交的价格。史蒂夫得知,位于梅德福和奥尔斯顿的两个地点是可以用一个合适的价格买到的。他得知:梅德福那块房地产可以 175 000 美元的价格买下来,奥尔斯顿的那块可以 235 000 美元的价格买下来。

史蒂夫断定,爱姆垂旅店搬迁到梅德福至少需要 220 000 美元,而搬迁到奥尔斯顿则至少需要 275 000 美元。奥尔斯顿的那个地点(需 275 000 美元)比梅德福的那个地点(220 000 美元)好得多,而后者又比现在爱姆垂的这个好。所以史蒂夫决定,他的保留价格是 220 000 美元。史蒂夫又进一步调查,如果在市场上公开销售,爱姆垂旅店可能仅值 125 000 美元。

史蒂夫和他的朋友了解到售价的高低很大程度上主要取决于这些开发商的意图。史蒂夫断定,威尔逊的保留价格是 275 000～475 000 美元。

史蒂夫对报价策略的选择

史蒂夫应采取什么样的开局策略? 谁应当首先报价呢? 如果威尔逊坚持让史蒂夫首先报价,史蒂夫应该怎么办? 如果威尔逊开价×美元,史蒂夫应该怎样还价? 有没有任何明显的圈套应该避免?

史蒂夫决定试着让威尔逊首先报价,如果不成功,或一开始就被迫首先报价,他就使用大概的价格 750 000 美元。史蒂夫曾想过一开始就报出 400 000 美元的价格,并在一段时间里坚持不变,但是经商量后他们认为只有 40% 的概率,这个价格会低于威尔逊的保留价。如果威尔逊首先报价,史蒂夫将不让他有时间仔细考虑他的报价,而将迅速作出反应,立即给出一个还价,比如 750 000 美元,让对方在心理上觉得他的报价太低了。

史蒂夫的朋友告诉他,一旦两个报价都拿到了桌面上,那么自然可以预料到,最终的合同价格就在这两个报价之间。假如威尔逊的报价是 200 000 美元,史蒂夫的还价是 400 000 美元,则最终价格一般为 300 000 美元。作为先开价者,史蒂夫认为最后能以 350 000 美元买到就很不错了,而且他当然记得自己的保留价格只是 220 000 美元。

第一轮的较量

当第一轮谈判结束后,史蒂夫认为他简直经历了一场灾难,而且接下来,他甚至不敢断定会有第二轮谈判。谈判一开始,双方说了几句幽默的笑话和几句客套话。接着威尔逊就说:"请告诉我,你们能够接受的最低条件是什么,好让我看看是否能再做点什么。"史蒂夫已料到了这样的开场白,没有直接回答,他问道:"为什么不告诉我们,你愿意出的最高价格,好让我来看看是否能再削减点价格。"威尔逊被逗笑了,并报出了他的开盘价格 125 000 美元,而且首先讲了在萨默维尔那个地区许多房地产买卖的实例,作为支撑他的证据。史蒂夫立即回答说,爱姆垂旅店完全可以卖得比这个价格高,再说他们一点儿也不想搬迁。只有当他们能够搬到更安静的地方去时,他们才能考虑搬迁。但是在环境安静的地方,房地产价格是很高的。史蒂夫最后提出,只有售价 600 000 美元,才可能抵消这次麻烦的搬迁。史蒂夫之所以选择这个价格,是因为他心里盘算着 150 000 美元和 600 000 美元的中间值,高于所期盼的 350 000 美元。威尔逊反驳道,这个价格根本不可能被接受。双方让了一点儿步,最后决定休会。

相互让步直到协议的达成

在以后的两天中,双方各做了一些让步。威尔逊逐渐地将报价提高到 290 000 美元,最后停在确定的报价 300 000 美元。史蒂夫则从 600 000 美元降到 425 000 美元,又降到 400 000 美元。然后当威尔逊强硬地停在 300 000 美元时,他又"费力地"降到了 350 000 美元。史蒂夫最后停止了谈判,并告诉威尔逊,他必须与董事会的主要成员取得联系,看看是否可以突破 350 000 美元的界限。

第二天,史蒂夫给威尔逊打了一个电话,向他解释说,旅店对是否接受 300 000 美元的报价有不同意见。"您的公司能不能再多出一点儿? 如果咱们的买卖做成了,您的公司能否免费为爱姆垂旅店新买的房子做 30 000 美元或 40 000 美元的维修工作? 要是这样的话,我可以接受 300 000 美元的报价。"威尔逊回答说,他非常高兴董事会能明智地接受他 300 000 美元的慷慨报价,但是不会提供装修工作。

"那么好吧,"史蒂夫回答道,"如果您的公司能为爱姆垂旅店提供一笔免税的赞助,比如说 40 000 美元的援款,专供帮助急需的旅店使用,这也确实是一种帮助。"

"噢,这倒是个主意! 40 个格兰德是太多了(grand,美俚语,1 000 美元),但我可以问问我们的律师,是否捐赠 20 个格兰德。"

"25 个怎样?"

"好吧,就 25 个。"

结果,根据法律,威尔逊的公司要直接付给爱姆垂旅店 325 000 美元。这样威尔逊既保全了面子,又巧妙地突破了他自己的最终报价,而爱姆垂旅店则通过曲折道路充分满足了自己的需要。

在此案例中,史蒂夫成功地运用了销售报价策略的技能点,不仅成功地实现了旅店的搬迁,而且还获得了更多额外的收益。销售谈判人员从该案例中可以学到以下基本技能点的运用方法。

1. 确定报价依据和定价策略

史蒂夫首先通过对搬迁地的调查确定报价的大致范围和保留价格,他关于报价依据的选择是非常恰当的。作为卖方,史蒂夫采取了根据商品交易条件的上下限确定报价内容的幅度定价法。接着他通过调查分析威尔逊的公司购买旅店的意图来估算对方保留价格的合理范围,做到了知己知彼。

2. 确立报价策略

在确定报价方式上,案例中谈判双方采取的是口头报价方式。但在谁先报价上,即在具体的报价策略的选择上史蒂夫可谓是费尽心机,并做了种种有关谁先报价的猜测和应对之策。在第一回合的谈判中,首先报价的开局被史蒂夫猜到了,并立即作出有利于己方的应对从而迫使对方报价。由此可见,史蒂夫成功地运用了迫使对方报价的被动报价策略。但是首次回合的谈判并没有在他心中留下乐观的印象。

在随后的谈判中,史蒂夫谈判利益的获取很大程度上是建立在销售报价策略成功应用的基础之上的。

从本案例中可以明显看出报价准备工作的重要性。在实际谈判中,当买方准备以某种比较高的价格买进卖方的某种商品时,如果卖方报价比较低,那么买方就会欣然接受,或乘机迅速以卖方所报的价格为起点,争取进一步压价,使卖方处于被动地位。又如,如果买方先报了价,并以某种比较高的价格准备买进卖方的某种商品,卖方听到的报价比自己预设的卖价偏高,则会欣然接受,或乘机以买方所报价格为起点,争取进一步抬价或提出其他附带要求,其结果使买方陷于不利境地。报价的提出及实现不是孤立的和一厢情愿的问题,而是综合了多方面因素和双方条件的结果,因此所有的谈判人员在报价问题上必须采取认真、审慎的态度,做好各项准备工作。这些准备工作概括起来就是全面、准确地掌握报价的依据。

小思考

商务谈判的各项基本原则的意义是什么? 请连线。

(1) 自愿　　　　A (关键)
(2) 平等　　　　B (保证)
(3) 互利　　　　C (根本)
(4) 求同　　　　D (前提)
(5) 效益　　　　E (基础)
(6) 合法　　　　F (目标)

自我测试

你留给人的第一印象如何

每题有三种选择答案。

1. 与人初次会面,经过一番交谈,你能对他的举止谈吐、知识能力等方面作出积极、准确的评价吗?

　　A. 不能。　　　　B. 很难说。　　　　C. 我想可以。

2. 你和别人告别时,下次相会的时间、地点:

  A. 对方提出的。   B. 谁也没有提这事。 C. 我提议的。

3. 当你第一次见到某个人,你的表情:

  A. 热情诚恳,自然大方。 B. 大大咧咧,漫不经心。C. 紧张局促,羞怯不安。

4. 你是否在寒暄之后,很快就找到双方共同感兴趣的话题?

  A. 是的,对此我很敏锐。

  B. 我觉得这很难。

  C. 必须经过较长一段时间才能找到。

5. 你与人谈话时的通常坐姿:

  A. 两膝靠拢。   B. 两腿叉开。   C. 跷起"二郎腿"。

6. 你同他谈话时,眼睛望着何处?

  A. 直视对方的眼睛。

  B. 看着其他的东西或人。

  C. 盯着自己的纽扣,不停玩弄。

7. 你选择的交谈话题:

  A. 两人都喜欢的。 B. 对方所感兴趣的。 C. 自己所热衷的。

8. 在第一次交谈中,你们分别所占用的时间:

  A. 差不多。   B. 他多我少。   C. 我多于他。

9. 会面时你说话总是:

  A. 音量很低,以致别人听得较困难。

  B. 声音柔和而低沉。

  C. 声音高亢热情。

10. 你说话时姿态是否丰富:

  A. 偶尔做些手势。 B. 从不指手画脚。 C. 我常用姿势补充言语表达。

11. 你讲话的速度怎么样:

  A. 频率相当高。 B. 十分缓慢。 C. 节律适中。

12. 若别人谈到了你兴趣索然的话题,你将如何?

  A. 打断别人,另起一题。B. 显得沉闷、忍耐。 C. 仍然认真听,从中寻找乐趣。

评分标准

题目	A(得分)	B(得分)	C(得分)
1	1	3	5
2	3	1	5
3	5	1	3
4	5	1	3
5	5	1	3
6	5	1	3
7	3	5	1
8	3	5	1

续表

题目	A（得分）	B（得分）	C（得分）
9	3	5	1
10	3	5	1
11	1	3	5
12	1	3	5
总计：			

结果分析：

0～22 分：首次效应差。也许你感到吃惊，因为很可能你只是依着自己的习惯行事而已。你本心是很愿意给别人一个美好印象的，可是你的不经心或缺乏体贴或言语无趣，无形中却让别人作出关于你的错误的勾勒。必须记住交往是种艺术，而艺术是不能不修边幅的。

23～46 分：首次效应一般。你的表现中存在着某些令人愉快的成分，但同时又偶有不够精彩之处，这使得别人不会对你印象恶劣，却也不会产生很强的吸引力。如果你希望提高自己的魅力，首先必须在心理上重视努力，在"交锋"的第一回合显示出最佳形象。

47～60 分：首次效应好。你的适度、温和、合作给第一次见到你的人留下了深刻的印象。无论对方是你工作范围抑或私人生活中的接触者，无疑他们都有与你进一步接触的愿望。你的问题只在于注意那些单向的对你"一见钟情"者。

阅读故事

我替亡夫还巨债

思 考 题

1. 商务谈判原则要领有哪些？
2. 怎样才能营造很好的谈判气氛？
3. 报价的原则有哪些？
4. 国际商务谈判的原则有哪些？
5. 简述国际商务谈判的基本程序。

即 测 即 练

第 4 章

国际商务谈判沟通

案例 4-1

沟通中的善听与善辩

乔·吉拉德是美国首屈一指的汽车推销员,他曾在一年内推销出 1 425 辆汽车。然而,这么一位出色的推销员,却有一次难忘的失败教训。一次,一位顾客来找乔商谈购车事宜。乔向他推荐一种新型车,一切进展顺利,眼看就要成交,但对方突然决定不要了。夜已深,乔辗转反侧,百思不得其解,这位顾客明明很中意这款新车,为何又突然变卦了呢?他忍不住给对方拨了电话——"您好!今天我向您推销那辆新车,眼看您就要签字了,为什么却突然走了呢?""喂,你知道现在几点钟了吗?""真抱歉,我知道是晚上 11 点钟了,但我检讨了一整天,实在想不出自己到底错在哪里,因此,冒昧地打个电话来请教您。"

"真的?"

"肺腑之言。"

"可是,今天下午你并没有用心听我说话。就在签字之前,我提到我的儿子即将进入密歇根大学就读,我还跟你说到他的运动成绩和将来的抱负,我以他为荣,可你根本没有听我说这些话!"

听得出,对方似乎余怒未消。但乔对这件事却毫无印象,因为当时他确实没有注意听。话筒继续响着:"你宁愿听另一名推销员说笑话,根本不在乎我说什么,我不愿意从一个不尊重我的人手里买东西!"

从这件事,乔得到两条教训:第一,倾听顾客的话实在太重要了。因为自己没注意听对方的话,没有对那位顾客有一位值得骄傲的儿子表示高兴,显得对顾客不尊重,所以触怒了顾客,失去了一笔生意。第二,推销商品之前,要把自己推销出去。顾客虽然喜欢你的商品,但是他如果不喜欢这个售货的人,他也很可能不买你的商品。

资料来源:张国良.商务谈判与沟通[M].北京:机械工业出版社,2015.

4.1 商务谈判相互交流的技巧

随着商务活动日益社会化,各经济单位的联系和往来都要通过谈判达成协议来实现,那么在谈判中怎样"谈"、如何"判"、怎样多赚钱、怎样使双方都受益,这是谈判双方所关心的焦点,交流在其中起着"穿针、引线、架桥、铺路"的作用。

4.1.1 相互交流的作用

1．谈判成功，交流先行

大凡谈判成功的典范，主要取胜于谈判的诚意。而诚意又来自彼此的了解和信赖，这其中又以了解为源。彼此"鸡犬之声相闻，老死不相往来"，当然就无信赖可言。这样，不管产品多么吸引人，对方都会产生怀疑，如果出现这种情况，不仅质次产品的推销谈判要失败，就是合乎质量标准产品的推销谈判也难获得成功。因而要使对方信任你，首先要让对方了解你，这就需要交流。

2．排除障碍，赢得胜利

谈判中的障碍是客观存在的，语言障碍、心理障碍、双方利益满足的障碍等都会直接或间接地影响谈判效果。沟通是排除这些障碍的有效手段之一。当谈判双方在利益上互不相让，或是双方意向差距很大，潜伏着出现僵局的可能性时，娱乐等沟通活动就可缓解谈判中的紧张气氛，增进彼此的理解。

3．长期合作，交流伴行

一个企业，如果打算与某些客户进行长期合作，就要与这些客户保持长期的、持久的友好关系。交流，就起着加深这种关系的作用。

📚 案例 4-2

一家果品公司的采购员来到果园，问："多少钱 500 克？"

"8 角。"

"6 角行吗？"

"少一分也不卖。"

目前正是苹果上市的时候，这么多的买主，卖主显然不肯让步。

"商量商量怎么样？"

"没什么好商量的。"

"不卖拉倒！死了张屠夫，未必就吃混毛猪！"几句说呛了，买卖双方不欢而散。

不久，又一家公司的采购员走上前来，先递过一支香烟，问："多少钱 500 克？"

"8 角。"

"整筐卖多少钱？"

"零买不卖，整筐 8 角 500 克。"

卖主仍然坚持不让。买主却不急于还价，而是不慌不忙地打开筐盖，拿起一个苹果在手里掂量着、端详着，不紧不慢地说："个头还可以，但颜色不够红，这样上市卖不上价呀。"

接着他伸手往筐里掏，摸了一会儿，摸出一个个头小的苹果："老板，您这一筐，表面是大的，筐底可藏着不少小的，这怎么算呢？"边说边继续在筐里摸着，一会儿，又摸出一个带伤的苹果："看！这里还有虫咬，也许是雹伤。您这苹果既不够红，又不够大，有的还有伤，无论如何算不上一级，勉强算二级就不错了。"

这时，卖主沉不住气了，说话也和气了："您真的想要，那么，您还个价吧。"

"农民一年到头也不容易,给您 6 角钱吧。"

"那可太低了……"卖主有点儿着急,"您再添点吧,我就指望这些苹果过日子哩。"

"好吧,看您也是个老实人,交个朋友吧,6 角 5 分 500 克,我全包了。"

双方终于成交了。请问,为什么第一个买主遭到拒绝,而第二个买主却能以较低的价格成交呢?请从谈判战术上进行分析。

4.1.2　交流中的障碍

1. 传送者的障碍

(1) 目的不明。若传送者对自己将要传递的信息内容、交流的目的缺乏真正的理解,即不清楚自己到底要向对方倾诉什么或阐明什么,那么,信息沟通的第一步便碰到了无法逾越的障碍。正如古语所说:"以其昏昏,使人昭昭",是不可能的。因此,传送者在信息交流之前必须有一个明确的目的和清楚的概念,即"我要通过什么通道向谁传递什么信息并达到什么目的"。

📚 案例 4-3

马路上,一辆车子的引擎出了问题,司机检查发现是电池没电了,于是,他拦住了一辆过路的汽车请求帮助。那辆车的司机很乐于助人,同意帮助他重新发动汽车。"我的车有个自动启动系统",抛锚汽车的司机解释说,"所以你只要用每小时 30 公里至 35 公里的速度就能启动我的车子。""做好事"的司机点点头,回到他的车中。抛锚汽车的司机也回到自己的车中,等着那"助人为乐者"帮助发动汽车,可他等了一会儿,没见汽车上来,便下车看个究竟。但当他转过身时,发现事情糟了:"助人为乐者"正以每小时 35 公里的速度撞向他的车,结果造成了 18 000 元的经济损失。

(2) 表达模糊。无论是口头演讲或书面报告,都要表达清楚,使人一目了然、心领神会。若传送者口齿不清、语无伦次、闪烁其词,或词不达意、文理不通、字迹模糊,都会产生噪声并造成传递失真,使接收者无法了解对方所要传递的真实信息。

📚 案例 4-4

一个到日本去谈判的美国商务代表团,碰到这样一件尴尬的事:直到他们要打道回府前,才知道贸易业务遇到了语言障碍,没有了达成协议的希望。因为在谈判时,在价格的确定上,开始没有得到统一,谈判快要告一段落时,美方在价格上稍微做了点儿让步,这时,日本方面的回答是"Hi!(嘿)"。结束后,美方就如释重负地准备"打道回府"。但结果其实并非如此。因为日本人说"嘿",意味着"是,我理解你的意思(但我并不一定要认同你的意见)"。

(3) 选择失误。对传送信息的时机把握不准,缺乏审时度势的能力,会大大降低信息交流的价值;信息沟通渠道选择失误,则会使信息传递受阻,或延误传递的时机;若沟通对象选择错误,无疑会造成"对牛弹琴"或自讨没趣的局面,直接影响信息交流的效果。

(4) 形式不当。当我们使用语言即文字或口语和非语言即形体语言(如手势、表情、姿态等)表达同样的信息时,一定要相互协调,否则容易使人"丈二和尚摸不着头脑"。当我们传递一些十万火急的信息,若不采用电话或互联网等现代化的快速通道,而通过邮递寄信的方式,那么接收者收到的信息往往由于时过境迁而成为一纸空文。

📚 案例 4-5

在缅因州中心港口,当地许多人都记得多年前沃尔特·科罗恩凯特首次将他的船驶入港口时的情景。这位豪放的水手看到不远处的岸边,有一小群人向他挥手致意,心里十分高兴。他模糊地听到对方的呼喊声:"你好,沃尔特!"

当他的船驶进港口时,人越聚越多,仍然在呼喊:"你好,沃尔特! 你好,沃尔特!"

因为对这样热烈的欢迎十分感激,他摘下了白色的船长帽,挥动着回礼,甚至还鞠躬答谢。就在抵达岸边前一会儿,他的船忽然搁浅了,人群一片肃静。深知水性的他马上明白了,原来人们喊叫的是:"水浅! 水浅!"

2. 接收者的障碍

(1) 过度加工。接收者在信息交流过程中有时会按照自己的主观意愿对信息进行"过滤"和"添加"。某些部下"投其所好",报喜不报忧,所传递的信息往往经过层层"过滤"后或变得支离破碎,或变得完美无缺;又如由决策层向管理层和执行层所进行的下行沟通,经过逐级领会而"添枝加叶",使得所传递的信息或断章取义,或面目全非,从而导致信息的模糊或失真。

(2) 知觉偏差。接收者的个人特征,诸如个性特点、认知水平、价值标准、权力地位、社会阶层、文化修养、智商、情商等将直接影响到对被知觉对象即传送者的正确认识。人们在信息交流或人际沟通中,总习惯于以自己为准则,对不利于自己的信息,要么视而不见,要么熟视无睹,甚至颠倒黑白,以达到防御的目的。

(3) 心理障碍。接收者在人际沟通或信息交流过程中曾经受到过伤害和有过不良的情感体验,造成"一朝遭蛇咬,十年怕井绳"的心理定式,对传送者心存疑惑、怀有敌意,或由于内心恐惧、忐忑不安,就会拒绝接收所传递的信息甚至抵制参与信息交流。

(4) 思想差异。接收者认知水平、价值标准和思维方式上的差异,往往会导致出现传送者用心良苦而仅仅换来"对牛弹琴"的局面,或者造成思想隔阂,引发冲突,导致信息交流的中断以及人际关系的破裂。

3. 克服交流障碍的方法

尽管存在上述许多沟通障碍,但是沟通现状并非那么令人绝望。俗话说,"不怕做不到,只怕想不到",只要认识到沟通障碍的存在,就给我们妥善处理并排除沟通障碍带来了希望。研究表明,沟通是科学与艺术的结合。因而,解决沟通中的思路、理念上的问题和障碍以及沟通中的方法、手段等技术问题就显得非常重要。以下是如何克服障碍、实现有效交流的策略。

(1) 使用恰当的交流节奏。"条条大道通罗马",说的正是实现目标有多种途径。面对不同的交流对象,或面临不同的情境,应该采取不同的沟通节奏,这样方能事半功倍,否则,可能造成严重的后果。如在一个刚组建的项目团队,团队成员彼此会小心翼翼、相互独立,若此时采取快速沟通和参与决策的方式,可能会导致失败;一旦一个团队或组织营造了学习的文化氛围,即组建了学习型组织,就可以导入深度会谈、脑力激荡等开放式的交流方式。

(2)考虑接收者的观点和立场。有效的沟通者必须具有同理心,能够感同身受、换位思考,站在接收者的立场,以接收者的观点和视野来考虑问题。若接收者拒绝其观点与意见,那么传送者必须耐心、持续地做工作来改变接收者的想法,甚至可以反思:我自己的观点是否正确?

(3)充分利用反馈机制。进行沟通时,要避免出现"只传递而没有回馈"的状况。一个完整的沟通过程,要包括信息接收者对信息作出反应,只有确认接收者接收并理解了传送者所发送的信息,沟通才算完整与完成。要检验沟通是否达到目标,传送者只有通过获得接收者的反馈才能确定,如提问、倾听、观察、感受等方式。

(4)以行动强化语言。中国人历来倡导"言行一致"。语言上说明意图,只不过是沟通的开始。只有化为行动,才能真正提升沟通的效果,达到沟通的目的。如果说的是一套,做的又是一套,"言行不一致",这种所谓的沟通的结果是可怕的。家长要求子女努力、上进,养成积极向上的人生观,而自己却沉湎于赌博。请问这种开导式的沟通有效果吗?在企业中,传达政策、命令、规范之前,管理者最好确定是否能真正化为行动。树立了以行动支持语言的榜样后,管理沟通才能真正达到沟通与交流的目的,才能在公司内部建立一种良好的相互信任的文化氛围,并使公司的愿景、价值观、使命、战略目标付诸实施。

(5)避免一味说教。有效沟通是彼此之间的人际交往与心灵交流。仅仅试图用说教的方式与人交往则违背了这个原则。当传送者一味打算全面传达其信息时,很难对接收者的感受、反响作出反应,其越投入、越专注自己要表达的意思,越会忽略接收者暗示的动作或情绪、情感方面的反应,其结果是引发接收者对其的反感与"敬而远之"。

4.2　商务谈判沟通中的语言表达

所谓谈判,就是既要"谈"又要"判"。"谈"主要就是运用语言表达自己的立场、观点及交易条件等,而"判"就是判断。由谈判双方对各种信息进行分析综合,通过讨价还价,经过衡量、比较,最后作出判断,以决定最终的谈判结果;并通过语言表达出双方判断的结果。如果交易不成功,则需要用口头语言告诉对方;如果交易成功,则既需要用语言告诉对方,又必须以契约的形式用书面语言固定下来,以作为双方权利和义务的法律依据。应该说,商务谈判的整个过程也就是语言技巧运用的过程。因此,语言艺术是商务谈判的重要组成部分,必须给予足够的重视。

商务谈判语言沟通的作用如下。

1. 陈述己见,表达主旨

商务谈判是一个复杂的艺术结构体,有时表现为合作,有时又表现为对抗;有时步步紧逼,有时又必须妥协让步;有时要说服对方,有时又要拒绝对方;有时需要谈判桌上论辩,有时又需要会下协商;有时需要团体较量,有时又需要举兵独进,的确令人眼花缭乱、变幻莫测。但是无论谈判有什么变化、用什么形式来表现,谈判的目的都是十分明确的,那就是谈判双方都希望最大限度满足自己的需求。

为此,要提出种种条件,并为这些条件找出充足的理由。而对方同样提出自己的条件和理由,同时要驳斥这一方的理由,以稳定自己的条件和理由。这一切都需要用语言来陈述己见,突出主旨,表情达意,反馈信息。如果用词不准确、词不达意、语意不清,就很难取得良好的效果。所以语言艺术首先要解决的是要"说什么",表达主旨;然后才解决"怎么说",也就是语言艺术问题。传说在明代有家理发店新开时门前贴出一副对联:"磨利以须,问天下头颅几许? 及锋而试,看老夫手段如何!"令人毛骨悚然,门庭冷落。另一家理发店门前贴的对联是:"相逢尽是弹冠客,此去应无搔首人。""弹冠客"取"弹冠相庆"之意;"搔首",愁也,"无搔首"即心情舒畅,发理得利索,使人舒适,果然生意兴隆。

2. 说服对方,维护己方利益

商务谈判的利益追求,决定了其具有对抗性和说服性的基本特征。谈判既是实力的较量,也是智慧、谋略的斗争。其表现形式则是一方企图说服另一方的语言交锋。人们总想在商务谈判中用自己的观点去影响和说服对方,让对方在了解和理解的基础上接受自己的观点,维护自己的利益。然而,说服别人并不是一件容易的事,在你想说服对方的同时,对方还企图说服你,这就需要用到语言技巧:或微言大义,说明利害;或旁敲侧击,循循善诱;或快速激问,三思而答;或重言施压,絮语软磨;或言不由衷,言必有中。出色的谈判人员总是善于鼓动巧舌如簧,调动语言的各种形式,将语言艺术的各要素巧妙搭配,适时地、恰当地抛出己方的谈判筹码,从而取得谈判成功。

从前有个技艺高超的理发师,给宰相修面修到一半时把眉毛刮掉了,他急中生智停下刀看着宰相的肚皮,仿佛要看透对方的五脏六腑。宰相问:"这肚皮人人皆有,有什么好看的?"理发师解释:"人们常说宰相肚里能撑船,我看大人的肚皮并不大,怎样能撑船呢?"宰相哈哈大笑说,那是说宰相的气量大,能容一些小事,从不计较。理发师扑通下跪,声泪俱下请恕罪。宰相一听啼笑皆非,没了眉毛今后怎样见人,正要发怒,又想到不是说宰相气量大吗? 又怎能治罪,于是便温和地说拿毛笔画上即可。

3. 缓和紧张气氛,融洽双方关系

任何谈判都是在一定的气氛中进行的,气氛的发展变化直接影响着整个谈判的前景。友好热烈的气氛能促使双方达成一致的协议,而冷淡紧张的气氛则会把谈判推向严峻的境地,甚至导致谈判的破裂。因此,要尽量创造和谐友好的谈判气氛。

1989 年,苏共中央总书记戈尔巴乔夫来华访问,与邓小平同志在京会晤。当时邓小平同志回顾中苏断交的历史事实,并指出主要是由苏方引起的。戈尔巴乔夫很不自在,当时气氛紧张,在场的工作人员也捏着一把冷汗。可是,邓小平同志只说了八个字"结束过去,开辟未来",话锋一转,气氛马上得到调节,使谈判始终在和谐友好的气氛中进行。

4.3　商务谈判沟通中的语言表达艺术

4.3.1　观点鲜明,措辞准确

谈判中"辩"的目的,就是要说明自己的观点。论辩的过程就是通过摆事实、讲道理,说明自己的观点和立场。法国作家雨果说:"语言就是力量。"准确、巧妙的语言表达能力,是谈判艺术风格的具体体现,谈判中的语言文字必须准确无误,合同的条款要仔细推敲,即使口语也要层次分明、措辞准确。王安石的"春风又绿江南岸"的"绿"字,就是追求用词准确、生动的千古佳话。要使语言精益求精,就必须做到以下三点:一是要下苦功,"吟安一个字,拈断数茎须",不能马虎;二是要高标准、严要求,"有得忌轻出,微瑕须细评",刻意追求最佳表达效果;三是贴切自然,不要堆砌辞藻,要追求"句险语曲""一句能令万古传",无论是句式的选择,还是句意的酝酿,都要千锤百炼,才能炉火纯青,美自天成。

语言是否准确,直接影响到你表达的思想是否准确,要想准确地表情达意,谈判语言的准确性是必备前提。经济合同中一字之差或标点有误,造成巨大的经济损失不乏其例。例如,我国乌鲁木齐市发生的错把"鸟"字做"乌"字,致使价值 18 万元的挂面的包装袋作废,真是"一点失万金"。还有错把"订金"当"定金",一字损失数万元。其原因就是有关谈判人员不懂得"细节中有魔鬼"这一深刻道理。在起草文件时,谈判人员必须有高度的责任感,要一丝不苟,慎之又慎,每一个问题、每一个段落、每一句话、每一个词,甚至每个标点符号、计量单位都必须认真加以斟酌。因为谈判的结果最终要落实到文字上,稍有疏忽就可能造成无法挽回的损失。

4.3.2　思维敏捷,论证严密

商务谈判中的论辩,往往是双方在进行磋商时遇到难解的问题才发生的。因此,一个优秀辩手应该是头脑冷静、思维敏捷、论证严密而富有逻辑性的人。只有具有这种素质的人,才能应付各种各样的难题,从而摆脱困境。任何一个成功的谈判人员都具有辩路敏捷、逻辑性强的特点。为此,谈判人员应加强这方面的基本功训练,培养自己的逻辑思维能力,以便在谈判中随机应变。特别是在谈判条件相当的情况下,谁能在互辩过程中思路敏捷,谁就能在谈判中技高一筹、战胜对手。只要你谙熟逻辑知识、掌握谈判制胜的逻辑技巧,淋漓尽致地发挥你的逻辑才能,你所掌握的信息就会变为一把利矛,直刺对方,无论对手的盾修炼得如何牢固,最终将对你十分有利。逻辑是谈判中批驳谬误、摆脱困境、出奇制胜的武器。

案例 4-6

周恩来巧答记者问

1961 年,一个外国记者以挑衅的口吻问周恩来总理:"中国这么多人口,是否对别国有扩张领土的要求?"周总理严正回答:"你似乎认为一个国家向外扩张,是由于人口太多。我们不同意这种看法。英国的人口在第一次世界大战以前是 4 500 万,不算太多,但是英国在很长时间内曾是'日不落'的殖民帝国。美国的面积略小于中国,而美国的人口还不到中国人口的 1/3,但是美国的军事基地遍布全球,美国的海外驻军达 150 万人。中国人口虽多,但是没有一兵一卒驻在外国的领土,更没有在外国建立一个军事基地。可见一个国家是否向外扩张,并不决定于它的人口多少。"

在这段驳论词中,周恩来借助比较对照的方法,论证严密,思路敏捷,有力地批驳了对方的观点。

由于商务谈判的"谈"占据着重要的地位,自然,语言艺术是商务谈判的主要研究课题之一。但是,对于语言艺术的掌握,绝非只是语言本身问题。陆游说:"汝果欲学诗,功夫在诗外。"这就是说,语言艺术水平的高低,反映出一个人的知识、智慧、能力和思想修养。有人说谈判人员要有哲学家的思维、企业家的头脑、外交家的嘴巴、宣传家的技巧、军事家的谋略。只有从根本上不断提高自己各方面的综合素养,才能得心应手,恰到好处地驾驭语言艺术。说到底,语言艺术只是谈判人员知识、智慧、才华等内在素质的外在表现,谈判人员没有扎实的内在功夫,绝没有高超的语言艺术。

4.3.3　把话说到对方的心坎上

要说服对方,必须寻找对方能接受的谈话起点,即寻求与对方思想上的共鸣,把话说到对方的心坎上。

案例 4-7

三句话说哭常香玉

在"常香玉舞台生涯五十周年庆祝舞会"上,电影导演谢添让作家李准出个节目:用三句话把常香玉说哭。李准看实在推不掉了,只好求常香玉说:香玉,别难为我了,你还是我的救命恩人呢! 我 10 岁那年,跟难民逃荒到西安,捧着您施舍的粥,泪往心里流,想日后见到恩人,一定给叩个响头! 哪想"文化大革命"中,找您找不着,在您被绑在大卡车上游街时却见到了您,我在街旁暗暗流泪,真想喊:"让我替她吧! 她是我的恩人哪!"三句话把常香玉说哭了,在场的人也抹起了眼泪。李准曾说:"没有几下绝招,难得当个作家。"关键是了解对方的伤心史,把话说到对方的伤心处。

"人怕伤心,树怕伤根。"在谈判中,不伤对方的面子与自尊,维护面子与自尊是一个极其敏感而又重要的问题。称谓的艺术也不可忽视。皮埃尔·史密斯好不容易当上了纽约市总督,新官上任三把火,第一把是前往监狱视察,同犯人讲话时称他们"我的公民们",觉得不对,改口为"我的囚犯们",又不对,只好自嘲地说:"嗯,不管怎么样,我很高兴地看到你们这么多人在这里……"越说越不是滋味,究竟如何称呼好呢? 曲啸同志给我们以启示。1983 年,曲啸应邀去某市给少年犯罪分子演讲。他先对开头的称呼仔细斟酌:称"同志"不行,对方没有资格,曲啸也不是犯人;称"犯罪的人"也不行,这就等于揭了他们的秃疮疤。最后在开头时这样说:"触犯了国家法律的年轻朋友们!"全场掌声雷动。他们听到了难以听到的称呼,顿时激动得流下了眼泪,感到人格在升华,人生价值在展现,重新做人的愿望在召唤! 史密斯的失败和曲啸的成功说明小至开场的称谓都不可忽视。

4.3.4　学会运用幽默语言

幽默意为言语或举动生动有趣而含义较深,在生活中,具有幽默感的人总是令人喜欢、受人欢迎的。恩格斯说:"幽默是具有智慧、教养和道德上的优越感的表现。"在谈判这样一个社交的场合,幽默风趣的谈吐是谈判中的润滑剂、兴奋剂、消炎剂。它能够调节气氛、放松心情、打破僵局、化解对立,让谈判双方在轻松愉快的状态下交流思想、沟通信息、谋求一致。幽默作为一种语言艺术,是人的智慧的结晶,其作用是十分巨大的,具体如下。

(1) 有助于创造和谐的谈判气氛。谈判是一项艰苦紧张的工作,偶尔的笑声会使谈判在一瞬间变得轻松、愉快。风趣幽默的语言能使紧张沉闷、扑朔迷离的谈判气氛得到调节,促进谈判双方的合作,提高效率。

(2) 有利于缓解冲突、化解冰霜,甚至化干戈为玉帛。谈判中的冲突是不可避免的。但冲突形式各异,有的是疾风暴雨,也有的是和风细雨,如用幽默的语言代替激烈的言辞,就会化干戈为玉帛。

北京的一辆公共汽车因急刹车,有个知识分子模样的人无意撞到一个女青年身上,女青年责备说"德行",那人解释说"是惯性",引起乘客的笑声,女青年也笑了。

(3) 幽默语言能增添论辩的力量,避开对方的锋芒。商务谈判中辩论是司空见惯的,辩论激烈则咄咄逼人,常导致谈判气氛紧张。因此在辩论中运用幽默的语言,一可避开对方咄咄逼人之态势;二可给运用者增添魅力与力量;三可体现运用者的素质风度与信心。幽默语言如流水之柔,刚中有柔,柔中有刚,刚柔相济,可以在谈判桌上自由驰骋、游刃有余。

那么,如何创造和谐幽默的气氛呢?

1. 快速构想

先确立目标,然后设想分几步达到目标,请看下面的例子:一个顾客在酒店喝啤酒,他喝完第二杯之后,转身问老板:"你这一星期能卖多少桶啤酒?""7 桶",老板因生意不佳有些不悦。顾客说那么还有一个办法,能使你每星期卖掉 70 桶,老板很惊异,忙问什么办法。很简单,每个杯子倒满就行。先询问,然后抛出诱饵,最后实现目标。

2. 超常规联想

幽默产生于语言的反常组合、超常规的思路,思路又来源于超常规的联想。下面是某餐馆内顾客和服务员的对话:

顾客:"我的菜还没做好吗?"

服务员:"您订了什么菜?"

顾客:"炸蜗牛。"

服务员:"我下厨看一下,请稍等片刻。"

顾客:"我已经等了半小时了!"

服务员:"这是因为蜗牛是行动迟缓的动物。"

两人都会意地笑了。

3. 故意曲解

对方的话可能有多种解释,故意在字面上违背对方的意愿。例如:顾客吐米饭中的沙子,服务员说"都是沙子吧",顾客说"不,也有米饭"。

4. 巧妙对接

接过问句,将原有的词语或语序稍加改动,作出形式相似、内容相反的回答。例如:

穷人:"早上好,先生,你今天出来得早啊?"

富人:"我出来散步,看看是否有胃口对付早餐,你在干什么?"

穷人:"我出来转转,看看是否有早餐对付胃口。"

形式变化小,内容变化大,一小一大的反差,造成了幽默的效果。

5. 一语双关

利用词语的多义或谐音给词赋予两个或两个以上的含义,使语言委婉、含蓄、耐人寻味。例如:

罗蒙诺索夫家境贫困,童年时非常穷,他成名之后,仍然保持着朴素而简单的生活,衣着不讲究,每天研究学问。一天他遇到一个不学无术、专门讲究吃穿的人,见罗蒙诺索夫的衣服破了一个洞,那人指着洞说:"从这里可以看到你的学问吗?"面对讽刺,罗蒙诺索夫说:"不,从这里可以看到愚蠢。"一句话说得那人无地自容。

6. 归谬引申

先顺着对方的思路说下去,然后当谬误十分明确时,对方自然明白自己的错误所在,达到说服的效果。例如:

甲:"我家有一面鼓,敲起来方圆百里都能听得见。"

乙:"我家有头牛,在江南喝水,头可以伸到江北。"

甲连连摇头说:"哪有这么大的牛? 这是在吹牛。"

乙说:"你怎么连这一点都不懂,没有这么大的牛,就没有这么大的牛皮蒙你的鼓。"

讽刺了甲的吹牛。

4.3.5 注意说话的方式

在谈判中,交谈陈述是表达立场、澄清事实的基本方法。因此,要做到观点明确、层次清楚、态度诚恳、声调平和、简练流畅;切忌夸夸其谈、故弄玄虚、语气傲慢、强加于人。下面介绍成功交谈陈述的八种态度。

(1) 要感兴趣。对正在进行的谈话、谈话人及其所作所为表现出浓厚的兴趣,不要只对熟人感兴趣,而要对所有参加谈话的人都感兴趣,目光也不是总停留在一个人身上。

(2) 神情愉快。要面带微笑,而不能愁云满面,周恩来在万隆会议上就是用微笑征服了全世界。

(3) 与人友善。不能讥笑、挖苦对方,否则谈判难以顺利进行。

(4) 随机应变。应具有随机应变的能力,固执和僵化在谈判中是没有市场的。例如:

皇上问纪晓岚"忠孝"二字怎么解释。纪晓岚答曰:"'忠孝'二字就是说:君要臣死,臣不得不死。"皇上说:"那我现在下圣旨让你去死。"纪晓岚跑出去"死",可不一会儿又回来了。皇上问:"纪晓岚你怎么没死又回来了?"纪晓岚说:"我正准备跳江而死,可遇上屈原了。屈原说:'我当年投江自尽是没办法,楚王是昏君,当今圣上圣明,你去问皇上是否是昏君,然后再死也不迟,所以我就回来了。'"皇上和众臣都笑了。这真是一席妙语抵圣旨。

(5) 有张有弛,有时活跃,有时紧张严肃,一定的安静是必不可少的。

(6) 三思而后行,谈判也是如此,想好了再说而不是说了再想。

(7) 谦恭有礼,礼貌是有声的力量。

(8) 谈话要适应语境。

4.3.6　应避免的语言

在商务谈判沟通中,要避免以下语言。

(1) 极端性语言。

(2) 针锋相对的语言。如"开价 5 万,一点也不能少""不用讲了,就这样定了"。

(3) 涉及对方隐秘的语言。如"是否你们的公司没点头"。

(4) 有损对方自尊心的语言。如"买不起明讲,开价就低些"。

(5) 催促对方的语言。如"快点答复""马上考虑"。

(6) 赌气的语言。如"上次成交让你们赚了 5 万,这次你们不能再占便宜了"。

(7) 言之无物。如"我还想说,真的吗"?

(8) 以我为中心。如"我"变成"你",效果不同。

(9) 威胁性的语言。如"请考虑后果",这是不给你留后路。

(10) 模棱两可的语言。如"有可能、大概、也许、不一定……"。

案例 4-8

秀才买柴

一个秀才去买柴,他对卖柴的人说:"荷薪者过来!"卖柴的人听不懂"荷薪者"(担柴的人)这三个字,但是听得懂"过来"这两个字,于是把柴担到秀才前面。

秀才问他:"其价如何?"卖柴的人听不太懂这句话,但是听得懂"价"这个字,于是就告诉秀才价钱。

秀才接着说:"外实而内湿,烟多而焰少,请损之(你的柴外表是干的,里头却是湿的,燃烧起来,会浓烟多而火焰小,请减些价钱吧)。"卖柴的人因为听不懂秀才的话,于是担着柴就走了。

谈判人员平时最好用简单的语言、易懂的言辞来传达信息,而且对于说话的对象、时机要有所掌握,有时过分的修饰反而达不到想要达到的目的。

4.4　倾听对方的讲话

谈判中的倾听,不仅指运用耳朵这种听觉器官的听,而且还指运用眼睛去观察对方的表情与动作。这种耳到、眼到、心到、脑到的听,称为倾听。会说不如会听。

4.4.1　倾听的作用

倾听的作用主要有以下几方面。

(1) 倾听是了解对方需要、发现事实真相的最简捷的途径,以达到知己知彼。

(2) 注意倾听是给人留下良好印象、改善双方关系的有效方式之一。它可以使我们不花费任何力气,取得意外的收获。

(3) 倾听使我们掌握许多重要语言的习惯用法。

(4) 倾听可以了解对方态度的变化。

4.4.2　影响倾听的障碍

影响倾听的障碍有以下几个。

(1) 自我表白。

(2) 先入为主。

(3) 急于反驳。

(4) 证据不足就轻易下结论。

(5) 急于记住每一件事情,主次不分。

(6) 不注意,没兴趣。

(7) 其他事分心。

(8) 越过难以对付的。

(9) 主动放弃不喜欢的材料。

(10) 定式思维。

？小思考

当谈判对手在陈述与你不同的观点时,你如何看待?

答:更要认真听,听全。因为喜欢听不同意见,善于处理不同意见,才会获得成功。

4.4.3　学会倾听

学会约束自己,控制自己的言行,要具体做到如下几点。

(1) 积极主动地听。要心胸开阔,抛弃先入为主的观念。在对方发言时为了摸清对方的底细要保持积极的态度,以便在谈话中获取较多的信息。

(2) 有鉴别地听。要全神贯注,努力集中注意力,在专心致志的基础之上,听者要去粗取精、除伪存真、由此及彼、由表及里。

(3) 有领会地听。谈判人员在谈判中必须谨慎行事,关键性话语不要随意出口,要细心领会对方提出问题的实质,才有可能找出解决难题的办法来。

(4) 及时作出反馈性的表示。如欠身、点头、摇头、微笑或重复一些较为重要的句子,或提出几个能够启发对方思路的问题,从而使对方产生被重视感,有利于谈判气氛的融洽。

（5）注意察言观色。对对方的一言一行、举手投足都不放过，并通过目光、脸色、手势、仪表、体态等来了解对方的本意。

（6）做必要的记录。好记性不如烂笔头。

总之，倾听是谈话技巧的重要组成部分，只有听好，才能问好、答好、辩好，从而圆满地完成谈判任务。

4.5　成功地运用发问

要想了解对方的想法和意图，掌握更多的信息，倾听和发问都是必要的，这二者相辅相成。倾听是为了发问，而发问则是为了更好地倾听。商务谈判中经常运用发问技巧作为摸清对方真实意图、掌握对方心理变化以及明确表达自己意见观点的重要手段。通过发问，可以引起对方的注意，为双方的思考提供既定的方向；可以获得自己不知道的信息、不了解的资料；可以传达自己的感受，引起对方的思考；可以鼓励对方继续讲话，转换话题，作出结论；可以控制谈判的方向；等等。

4.5.1　成功发问的方式

发问在商务谈判中扮演着十分重要的角色。发问有助于信息的收集，引导谈判走势，诱导对方思考，同时对方的回答也可相对形成有效的刺激。成功发问的方式有以下几种。

1. 间接发问

间接发问使表达更客气、更礼貌。在商务谈判中，发问几乎贯穿谈判的全过程，大多数的发问都是说话人力求获得信息，有益于说话人的。根据礼貌等级，发问越间接，表达越礼貌。

2. 选择性发问

某商场休息室里经营咖啡和茶，刚开始服务员总是问顾客："先生，喝咖啡吗？"或者是："先生，喝茶吗？"其销售额平平。后来，老板要求服务员换一种问法："先生，喝咖啡还是喝茶？"结果其销售额大增。原因在于，前一种问法容易得到否定回答，而后一种问法是选择式，大多数情况下，顾客会选一种。

3. 把握好发问的难易度

刚开始发问时，最好选择对方容易回答的问题，如"这次假日玩得愉快吗？"这类与主题无关的问话，能够松弛对方紧张、谨慎的情绪。如果一开始就单刀直入提出令人左右为难的问题，很可能使场面僵化，争端白热化，得不偿失，因此可以采用先易后难的发问方式。

4. 使用赞美恭维的语言

在商务谈判的初期很难把握对方的真实意图，很难提出有效的问题，谈判很难有实质性的进展，当务之急就是了解对方的真实意图等相关信息，这时需要适时运用赞美恭维的语言。从语用策略讲，通过赞美恭维有可能探测对方谈判意图，获得相关信息；从心理策略讲，赞美恭维可以缩短谈判双方的心理距离，融洽谈判气氛，有利于达成协议。但是，运用赞美恭维的谈判战略时,需要注意以下几点:第一,在态度上要真诚,尺度上要做到恰如其分,如果过分吹捧,就会变成一种嘲讽。第二,在方式上要尊重对方的个性,考虑对方的自我意识。第三,在效果上要重视对方的反应。如果对方有良好反应,可再次赞美,锦上添花;如果对方显得淡漠或不耐烦,则应适可而止。

4.5.2　发问的技巧

例:一个祈祷者问牧师:"我可以在祈祷时吸烟吗?"牧师说:"不可。"另一个祈祷者问:"我可以在吸烟时祈祷吗?"牧师说:"可以。"同样是一件事情,由于发问的方式不同会收到不同的效果,这就是发问的技巧。

有人主持会议经常愿意这样说:"不知各位对此有何高见?"虽从表示上看这种发问很好听,但效果很不好,与会者都不作声。高见? 众目睽睽,谁敢肯定自己的见解就高人一等呢? 倒不如说:"各位有什么想法呢?"这样的效果会更好一些。由此看来,发问的技巧是很重要的。

发问有如下几个技巧。

1. 把握发问的时机

谈判时要把握发问的时机。发问的时机把握得好,有助于引起对方的注意。一般情况下,发问的时机有三个:一是对方发言完毕之后;二是对方发言停顿、间歇时;三是自己发言前后。前两者是为了不打断对方发言,而第三者则是为了进一步明确对方发言的内容,此目的是探测对方的反应。

(1) 在对方发言完毕之后发问。对方发言时不要随意打断,否则是很不礼貌的,极易引起对方的反感,影响谈判情绪。对方发言时要积极地、认真地倾听,做好记录,待对方发言结束后再问。这样既体现了尊重对方,也反映出自己的修养,还能全面地、完整地了解对方的观点和意图。

(2) 在对方发言停顿、间歇时发问。如果对方发言冗长、纠缠细节而影响谈判进程,可利用对方点烟、喝水的瞬间发问,见缝插针。

(3) 在自己发言前后发问。试探对方的反应,使谈判沿着自己的思路发展。例如:"我们的基本观点和立场就是这些,不知您有什么看法?"

2. 要看发问的对象

谈判对手的性格不同,发问的方法就应有所不同。对手直率,发问要简洁;对手内向,发问要含蓄;对手严肃,发问要认真;对手暴躁,发问要委婉;对手开朗,发问要随意。总之,发问不可千篇一律。

3. 要注意发问的逻辑性

谈判时发问一定要讲究逻辑性。跳跃性不宜太大,按照事物的规律,先从最表面、最易回答的问题问起,或者是先从对方熟悉的问题问起,口子开得小些,然后逐渐由小到大、由表及里、由易到难。

如何"问"是很有讲究的,重视和灵活运用发问的技巧,不仅可以引起双方的讨论,获取信息,而且还可以控制谈判的方向。到底哪些问题可以问、哪些问题不可以问,为了达到某一个目的应该怎样问,以及问的时机、场合、环境等,有许多基本常识和技巧需要了解与掌握。"问"一般包含三个因素:问什么问题、何时问、怎样问。

4.5.3　发问的类型

在商务谈判中,发问的类型有以下几种。

1. 封闭式发问

封闭式发问指在特定的领域中能带出特定的答复(如"是"或"否")的问句。例如:"您是否认为售后服务没有改进的可能?""您第一次发现商品有瑕疵是在什么时候?"等。封闭式发问可令发问者获得特定的资料,而答复这种问句的人并不需要太多的思索即能给予答复。但是,这种问句有时会有相当程度的威胁性。

2. 澄清式发问

澄清式发问是针对对方的答复,重新提出问题以使对方进一步澄清或补充其原先答复的一种问句。例如:"您刚才说对目前进行的这一宗买卖可以取舍,这是不是说您拥有全权跟我们进行谈判?"澄清式问句的作用在于:它可以确保谈判各方能在叙述"同一语言"的基础上进行沟通,而且还是针对对方的话语进行信息反馈的有效方法,是双方密切配合的理想方式。

3. 强调式发问

强调式发问旨在强调自己的观点和己方的立场。例如:"这个协议不是要经过公证之后才生效吗?""我们怎能忘记上次双方愉快的合作呢?"

4. 探索式发问

探索式发问是针对对方答复,要求引申或举例说明,以便探索新问题、找出新方法的一种发问方式。例如:"这样行得通吗?""您说可以如期履约,有什么事实可以证明吗?""假设我们运用这种方案会怎样?"探索式发问不但可以进一步发掘较为充分的信息,而且还可以显示发问者对对方答复的重视。

5. 借助式发问

借助式发问是一种借助第三者意见来影响或改变对方意见的发问方式。例如:"××先生对你方能否如期履约关注吗?""××先生是怎么认为的呢?"采取这种提问方式时,应当注意提出意见的第三者,必须是对方所熟悉而且他们十分尊重的人,这种问句会对对方产生很大的影响力;如果将一个对方不很知晓且谈不上尊重的人作为第三者加以引用,则很可能会引起对方的反感。因此,这种发问方式应当慎重使用。

6. 强迫选择式发问

强迫选择式发问旨在将己方的意见抛给对方,让对方在一个规定的范围内进行选择回答。例如:"付佣金是符合国际贸易惯例的,我们从法国供应商那里一般可以得到3%~5%的佣金,请贵方予以注意好吗?"运用这种提问方式要特别慎重,一般应在己方掌握充分的主动权的情况下使用,否则很容易使谈判出现僵局,甚至破裂。需要注意的是,在使用强迫选择式发问时,要尽量做到语调柔和、措辞达意得体,以免给对方留下强加于人的不良印象。

7．证明式发问

证明式发问旨在通过己方的提问,使对方对问题作出证明或理解。例如:"为什么要更改原已定好的计划呢,请说明理由好吗?"

8．多层次式发问

多层次式发问是含有多种主题的问句,即一个问句中包含多种内容。例如:"你是否就该协议产生的背景、履约情况、违约的责任以及双方的看法和态度作出说明?"这类问句因含过多的主题而使对方难以周全把握。

9．协商式发问

协商式发问是指为使对方同意自己的观点,采用商量的口吻向对方发问。例如:"你看给我方的折扣定为 3% 是否妥当?"这种提问,语气平和,对方容易接受。

大型商务谈判,一般要事先商定谈判议程、设定辩论时间。在双方各自介绍情况和阐述的时间里一般不进行辩论,也不向对方发问。只有在辩论时间里,双方才可自由发问、进行辩论。在这种情况下,要事先做好准备,可以设想对方的几个方案,针对这些方案考虑己方对策,然后再发问。

4.5.4　发问的要诀

为了获得良好的发问效果,需掌握以下几个发问要诀。

(1) 预先准备好问题。

(2) 避免提出那些可能会阻碍对方让步的问题。

(3) 不强行追问。

(4) 既不要以法官的态度来询问对方,也不要接连不断地提问题。

(5) 提出问题后应闭口不言,专心致志地等待对方作出回答。

(6) 以诚恳的态度来发问。

(7) 提出问题的句子应尽量简短。

以上几个要诀,是基于谈判人员之间的诚意与合作程度提出的,切忌将这些变成谈判人员之间为了自己的利益而进行必要竞争的教条。

4.5.5　发问的其他注意事项

1．在谈判中一般不应提出的问题

在谈判中一般不应提出下列问题。

(1) 带有敌意的问题。

(2) 有关对方的个人生活和工作问题。

(3) 直接指责对方品质和信誉方面的问题。

(4) 为了表现自己而故意提出的问题。

2．注意发问的速度

发问太快,容易使对方感到你不耐烦,引起对方的反感;发问太慢,容易使对方感到沉闷、不耐烦,从而减弱你发问的力量,影响发问的效果。

3．注意对方的心境

谈判人员受情绪的影响在所难免。谈判中,要随时留心对方的心境,在你认为适当的时候提出相应的问题。例如,当对方心境好时,常常会比较容易地满足你所提出的要求,而且会变得有些随意,会在不经意间透露一些相关的信息。此时,抓住机会,提出问题,通常会有所收获。

4.5.6　发话的策略

1．诱导发问法

诱导发问法指谈判人员向对方提出问题,以启发对方的心智,了解对方的意图,掌握一手材料,沟通双方的信息,发现需要的方法,其形式如下。

(1) 一般性发问。这是通用的普通问句,例如:"您认为这一安排如何?""您为什么报出这样的价格?""你为什么这样做?"

(2) 引导性发问。这是对答案具有一定暗示性的问句。例如:"我的利润很少,如果不给3%的折扣,您说这笔交易划得来吗?""违约是要受惩罚的,您说是不是?"

(3) 探询性发问。这是针对对方的答复,要求引申或举例说明的问句。例如:"您认为价格合理,那么它的构成是怎样的?""你认为合理,其根据是什么?"

(4) 间接性发问。这是借第三者的意见而提出的问句。例如:"听说铁路上近期车皮没问题,那交货时间可否提前?""专家支持这种方式,不知贵方有何看法?"

运用诱导发问法应注意的事项如下。

(1) 发问态度诚恳,合情合理,只有诚恳发问,对方才乐于回答。

(2) 不可使用盘问、威胁、讽刺、审问式问句,否则会引起对方的反感,破坏谈判的气氛。

2．迂回发问法

迂回发问法指谈判人员运用婉转曲折的手法,向对方发问,以消除对方的紧张心理,轻松地进行谈判的方法。其原因主要是双方贸易交往比较生疏、气氛紧张、交锋激烈等,其形式如下。

(1) 理解性发问。这是中性问句,例如:与谈判主体无关无害的话题,有关气候、社会热点、爱好、旅游观光的话题,衣食住行、保健,等等。

(2) 介绍性发问。这是介绍企业的生产经营、资信状况、市场前景的问句。

(3) 选择性发问。这是将己方的几个意见表达给对方,让对方有选择性地回答的问句。例如:"只有今天可以,您说是上午、下午还是晚上?"

运用迂回发问法应注意的事项如下。

(1) 判断情势。从理论上讲,两点间距离以直线为最短,但有时走直线未必行得通,以迂为直,曲线构图也是良策。

(2) 明确要求,让对方有思考的余地。

3．佯攻发问法

佯攻发问法指谈判人员运用声东击西、指南打北的手法,言辞激烈地向谈判对方提出问题,使对方感到迷惑不解、意外、突然甚至愤怒,匆忙应答,我方从中了解其意图,试探对方的虚实的方法,其方式如下。

（1）试探性发问。这是一种假设条件,让对方直接回答,借以了解对方虚实的问句。例如："如果我们进行现款交易,贵方将给予什么优惠？"

（2）迷惑性发问。这是一种声东击西、指南打北、真真假假、以假为真的问句。

（3）刺激性发问。这是运用一褒一贬、一喜一怒的手法激发对方的喜怒哀乐,轻易暴露其本意的问句。

运用佯攻发问法应注意的事项如下。

（1）要选好方向,佯攻是一种试探,分散对方的注意力,转移对方的视线。

（2）要有限度,语言要委婉,给对方思考和议论的时间,以免引起对方的反感和敌意。

（3）要有应付措施。发问前应事先做好充分准备。事先确定发问的目的、方向、方式、步骤及应对方案,并注意前后问题的逻辑性,这样才有助于问题的逐步深入,并便于对方回答,不至于一开口就为难、卡壳。同时,也有助于自己理解对方的谈话,便于从中总结出规律性的东西。

案例 4-9

推销员推销打包机

某推销员向一家商品包装企业的厂长推销新型打包机,他的目的是让这个企业全换上这种机器,下面是他与厂长的对话。

推销员：王厂长,您好,我带来了一种新型打包机,您一定会感兴趣的。

厂长：我们不缺打包机。

推销员：王厂长,我知道您在打包机方面是个行家。是这样,这种机器刚刚研制出来时间不长,性能相当好,可用户往往不愿用,我来是想请您帮着分析一下看问题出在哪里,占不了您几分钟的时间,您看,这是样品。

厂长：哦,样子倒是挺新的。

推销员：用法也很简单,咱们可以试一试(接通电源,演示操作)。

厂长：这机器还真不错。

推销员：您真有眼力,不愧是行家。您看,它确实很好。这样,我把这台给您留下,您先试用一下,明天我来听您的意见。

厂长：好吧。

推销员：您这么大的厂子,留一台太少了,要一个车间试一台,效果就更明显了。您看,我一共带来 5 台样机,先都留到这吧。如果您用了不满意,明天我一块来取。

厂长：全留下？也行。

推销员：让我们算一下,一台新机器 800 多元,比旧机器可以提高工效 30%,每台一天能多创利 20 多元,40 天就可收回成本。如果您要得多,价格还可以便宜一些。

厂长：便宜多少？

推销员：如果把旧机器全部换掉,至少要 300 台吧？

厂长：310 台。

推销员：那可以按最优价，每台便宜 30 元，310 台就是将近 1 万元了。这有协议书，您看一下。

厂长：好，让我们仔细商量一下。

至此，买卖已经步步逼近成交。

4. 谈判时要注意发问的方式

发问的目的是弄清事实真相，获取信息或启发对方思维，因此，发问时态度要诚恳、合情合理，注意对方的心境，尤其是不能指责对方的人格和荣誉。同时，不要连续发问，要掌握发问的语速和语调，要给对方留出一定的时间让对方思考和表达意见，以免导致对方厌倦、乏味而不愿回答。发问的方式一般可以分为以下几种。

(1) 正问。正问是指开门见山，直接提出你想了解的问题。

(2) 反问。反问是指从相反的方向提出问题，使其不得不回答。

(3) 侧问。侧问是指从侧面入手，通过旁敲侧击，再迁回到正题上来，呈现出"犹抱琵琶半遮面，千呼万唤始出来"的姿态。

(4) 设问。设问是指假设一个结论，启发对方思考，诱使对方回答。

(5) 追问。追问是指循着对方的谈话，打破砂锅问到底。

4.6　回答的技巧

在谈判过程中，回答对方提出的问题是一件很有压力的事情。因为在谈判桌上谈判人员回答的每一句话都有重要意义，对别人来说都认为是一种承诺，对谈判都起着至关重要的作用，所以，谈判人员在回答对方提问时心情都比较紧张，有时会不知所措，陷入被动局面。一个谈判人员水平的高低，很大程度上取决于其回答问题的水平。因此，回答也必须运用一定的技巧。

(1) 回答问题之前，要给自己留有思考的时间。

(2) 把握回答提问的目的和动机，针对提问者的真实心理答复。

(3) 不要彻底地回答对方的提问。

(4) 对于不知道的问题不要回答。

(5) 有些问题可以通过答非所问、以问代答来给自己解围。

(6)"重申"和"打岔"有时也很有效。

对于谈判过程中对方提出的问题，我们有时不便向对方传输自己的信息，对一些问题不愿回答又无法回避。所以，巧妙的应答技巧，不仅有利于谈判的顺利进行，还能活跃谈判气氛。

4.6.1　巧妙的应答语言

1. 使用模糊的语言

模糊语言一般分为两种表达形式：一种是用于减少真实值的程度或改变相关的范围，如有一点、几乎、基本上等；另一种是用于说话者主观判断所说的话或根据一些客观事实间接所说的话，如恐怕、可能、对我来说、我们猜想、据我所知等。在商务谈判中，对一些不便向对方传输的信息或不愿回答的问题,可以运用这些模糊用语闪烁其词、避重就轻、以模糊应对的方式解决。

2. 使用委婉的语言

商务谈判中有些话语虽然正确,但对方却觉得难以接受。如果把言语的"棱角"磨去,也许对方就能愉快地接受。例如,少用"无疑、肯定、必然"等绝对性词语,改用"我认为、也许、我估计"等。若拒绝别人的观点,则少用"不、不行"等直接否定,可以找"这件事,我没有意见,可我得请示一下领导"等托词,可以达到特殊的语用效果。

3. 使用幽默含蓄的语言

商务谈判的过程也是一个智力竞赛、语言技能竞争的过程,而幽默含蓄的表达方式不仅可以传递感情,还可以避开对方的锋芒,是紧张情境中的缓冲剂,为谈判人员树立良好的形象。例如,在谈判中若对方的问题或议论太琐碎、无聊,这时,可以肯定对方是在搞拖延战术。如果我们对那些琐碎、无聊的问题或议论一一答复,就中了对方的圈套,而不答复,就会使自己陷入"不义",从而导致双方关系的紧张。我们可以运用幽默含蓄的语言回应对方:"感谢您对本商品这么有兴趣,我绝对想立即回答您的所有问题。但根据我的安排,您提的这些细节问题在我介绍商品的过程中都能得到解答。我知道您很忙,只要您等上几分钟,等我介绍完之后,您再把我没涉及的问题提出来,我肯定能为您节省不少时间。"或者说:"您说得太快了。请告诉我,在这么多的问题当中,您想首先讨论哪一个?"来营造良好的谈判气氛。

总之,采取一定的谈判手段、谈判方法和谈判原则来达到双赢,是商务谈判的实质追求。但是在商务谈判中,双方的接触、沟通与合作都是通过反复的提问、回答等语言的表达来实现的,巧妙应用语言艺术提出创造性的解决方案,不仅能满足双方利益的需要,也能缓解沉闷的谈判气氛,使谈判双方都有轻松感,有利于谈判的顺利进行。因此,巧妙的语言艺术为谈判增添了成功的砝码,起到事半功倍的效果。

📚 案例 4-10

庄 子 借 粮

庄子的一生大都过着清贫隐居的生活。一天,庄子去他的朋友监河侯那里借点粮食,以解燃眉之急。监河侯说:"这好商量,我正准备进城收租金,等我收回来了,就借给你300两银子。"

庄子说:"我来这里的时候,路上听到有呼救的声音。我四处张望,最后才发现在路旁的一条干水沟里,有一条快要干渴而死的小鱼,正在呼救。"

我问它:'小鱼啊小鱼,你从哪里来?怎么变成这个样了呢?'小鱼回答说:'我是从东海来的,现在快要干死了,你给我一桶水,救我一命吧!'我回答说:'要水吗?这好办,你等着。我去见吴国、越国的大王,请他们设法堵住西江的水,然后,把西江的水引来,迎接你回东海,好吗?'

那条小鱼很生气地说:'我在这干水沟里快要死了。只要一桶水就能活下去,如果照你的打算,等到西江水引来的时候,那就只能到卖干鱼的货摊上找我了。'

听到这里,监河侯羞得满脸通红。他马上叫出家人装了满满一袋粮食借给庄子。庄子以一个小小的故事为喻,充分表达自己的意愿,幽默地暗示监河侯要救人于危急。

这样,庄子在一种轻松的气氛中,取得借粮的成功。

资料来源:互联网:hjxgreat,2021-07-15.

4.6.2　巧妙的回答策略

1. 缜密思考

在谈判中,对于对方的提问在回答之前必须经过缜密考虑,即使是一些需要马上回答的问题,也应借故拖延时间,经过再三思考后作出回答。

2. 准确判断

谈判中高明的回答,是建立在准确了解对方用意的基础之上的。如果没有弄清对方提问的动机和目的,就按常规"是"与"不是"回答,往往会反受其害。在一次要会上,美国诗人艾伦·金斯伯格提出了一个怪问题,请中国作家回答:"把一只 2 500 克重的鸡装进一个只能装 500 毫升水的瓶子里,用什么办法把它拿出来?"一位中国作家回答说:"您怎么放进去,我就怎么拿出来,您凭嘴一说把鸡装进瓶子里去了,那么我就用语言这个工具再把鸡拿出来。"多么美妙的回答。

3. 礼貌拒绝

对一些不值得回答或无关紧要的问题,可以礼貌地拒绝回答或不予理睬,因为回答这些问题不仅浪费时间,而且会扰乱自己的思路。

4. 避正答偏

避正答偏是故意避开问题的实质,而将话题引向歧路,以破解对方进攻的一种策略,常用来对付一些可能对己不利的问题。

5. 以问代答

以问代答用来应付一些不便回答的问题是非常有效的。例如:一位音乐家临处死刑前一天还在拉小提琴,狱卒问:"明天你就要死了,今天你还拉它干什么?"音乐家回答说:"明天我就要死了,今天不拉什么时候拉?"以问代答,发人深思。

6. 答非所问

答非所问是对不能不答的问题的一种行之有效的答复。例如:①人的哪一颗牙最后冒出来? 答:假牙。②闪电与电闪的区别是什么? 答:闪电不付电费。③你的信超重,请再贴张邮票。顾客说:再贴一张邮票不就更超重了吗?

7. 避重就轻

避开问题的要害实质,回答枝节问题。

8. 引起问话者去追问的兴趣

现在讨论这个问题还为时尚早,此问题目前还不能下结论,可用宽泛性语言回答。例如:王若飞被捕后,在法庭上跟伪法官的对话:

你是什么人?

答:共产党人。

你从哪里来?

答：我从江西瑞金来。

谁派你来的？

答：毛泽东。

你来干什么？

答：我来推翻你们！

你们的人在哪里？

答：到处都有。

请你把他们供出来。

答：那比登天还难。

另外,回答问题时要注意几点：①不能不加思考,马上回答；②不能在未完全了解对方提出的问题时就仓促作答；③不要不管什么问题,总是予以彻底回答；④不要不问自答；⑤不要在回答时留下尾巴；⑥不要滥用"无可奉告"。

案例 4-11

一家日本公司要购买美国公司的机器设备,他们先派了一个谈判小组到美国去。谈判小组成员只是提问题,边听美方代表解释边做记录,然后才是提问题。在谈判中,一直是美方代表滔滔不绝地讲,日方代表认真倾听和记录。当美方代表讲完后,征求日方代表的意见,日方代表却迷惘地表示"听不明白",要求"回去研究一下"。数星期后,第一个谈判小组回国,日方又派出了第二个谈判小组,又是提问题、做记录,美方代表照讲不误。然后又派了第三个谈判小组,还是故技重演,美国人已讲得不厌其烦了,但也搞不清日本人耍什么花招。等到美国人几乎对达成协议不抱什么希望时,日本人又派出了前几个小组联合组成的谈判代表团来同美国人谈判,弄得美国人不知所措。因为他们完全不了解日本人的企图、打算,而他们自己的底细则全盘交给了日本人。当然,日本人大获全胜,美国人在谈判中的被动地位便可想而知了。

日本公司的成功,进一步说明商务谈判中倾听与善问的现实意义。倾听不只是尊重对方,更重要的是可以真实地了解对方的实力、立场、观点、态度；而善问,则可以控制谈判的方向,引导对方提供我方所需情报信息,追踪对方的动机、意向、需求、策略等,从而掌握商务谈判的主动权。

知识拓展 4-1

商务谈判语言"七忌"

知识拓展 4-2

为民忧而所思 为民思而所行

自我测试

与人沟通，你行吗

虽然每个人都是作为个体存在的，但在生活中我们并不孤单，因为我们要与不同的人形成不同的关系，如夫妻，父母与子女，同学，朋友，同事……甚至包括对手。在处理这些关系的时候，需要我们具有一定的沟通和交际能力，并采取独特的方式达到交往的目的。

沟通能力，已经成为一个人综合素质的一个方面。你是一个善于沟通的人吗？通过下面的测试，你会对自己的沟通能力有所把握。

1. 你刚刚跳槽到一个新单位，面对陌生的环境，你：

　　A. 主动向新同事了解单位情况，并很快与新同事熟悉起来。

　　B. 先观察一段时间，逐渐接近与自己性格合得来的同事。

　　C. 不在意是否被新同事接受，只在业务上下功夫。

2. 你一个人随着旅游团去旅游，一路上你的表现是：

　　A. 既不请人帮忙，也不和人搭话，自己照顾自己。

　　B. 游到兴致处，才和别人交谈几句，但也只限于同性。

　　C. 和所有人说笑、谈论，也参与他们的游戏。

3. 因为你在工作中的突出表现，领导想把你调到你从未接触过的岗位，而这个岗位你并不喜欢。你会：

　　A. 表明自己的态度，然后听从领导的安排。

　　B. 认为自己做不好，拒绝。

　　C. 欣然接受，有挑战才更有意义。

4. 你与爱人的性格爱好颇为不同，当产生矛盾的时候，你怎么做？

　　A. 把问题暂且放在一边，寻找你们的共同点。

　　B. 妥协，假意服从爱人。

　　C. 非弄明白谁是谁非不可。

5. 假设你是一个部门的主管，你的下属中有两人因为不和常到你面前互说坏话，你怎样处理？

　　A. 当着一个下属的面批评另一个下属。

　　B. 列举他们各自的长处，称赞他们，并说明这正是对方说的。

　　C. 表示你不想听他们说这些，让他们回去做事。

6. 你认为对处于青春期的子女的教育方法应该是:

　　A. 经常发出警告,请老师协助。

　　B. 严加看管,限制交友,监听电话。

　　C. 朋友式对待,把自己的过去讲给孩子听,让他自己判断,并找些书来给他看。

7. 你有一个依赖性很强的朋友,经常打电话与你聊天,当你没有时间陪他的时候,你会:

　　A. 问他是否有重要事,如没有,告诉他你现在正忙,回头再打给他。

　　B. 马上告诉他你很忙,不能与他聊天。

　　C. 干脆不接电话。

8. 因为一次小小的失误,在同事间产生了不好的影响,你怎么办?

　　A. 走人,不再看他们的脸色。

　　B. 保持良好心态,寻找机会挽回影响。

　　C. 自怨自艾,与同事疏远。

9. 有人告诉你××说过你的坏话,你会:

　　A. 从此处处提防他,不与他来往。

　　B. 找他理论,同时揭他的短。

　　C. 有则改之,无则加勉,如果觉得他的能力比你强,则主动与他交往。

10. 看到与你同龄的人都已小有成就,而你尚未有骄人业绩,你的心态如何?

　　A. 人的能力有限,我已做了最大努力,可以说问心无愧了。

　　B. 我没有那样的机遇,否则……

　　C. 他们也没什么真本领,不过是会溜须拍马。

11. 你虽然只是公司的一名普通员工,但你的责任心很强,你如何把自己的意见传达给最高领导?

　　A. 写一封匿名信给他。

　　B. 借送文件的机会,把你的建议写成报告一起送去。

　　C. 全体员工大会上提出。

12. 在同学会上,你发现只有你还是个"白丁",你的情绪会:

　　A. 表面若无其事,实际心情不佳,兴趣全无。

　　B. 并无改变,像来时一样兴致勃勃,甚至和同学谈起自己的宏伟计划。

　　C. 一落千丈,只顾自己喝酒。

13. 在朋友的生日宴会上,你结识了朋友的同学,当你再次看见他时:

　　A. 匆匆打个招呼就过去了。

　　B. 一张口就叫出人的名字,并热情地与之交谈。

　　C. 聊了几句,并留下新的联系方式。

14. 你刚被聘为某部门的主管,你知道还有几个人关注着这个职位,上班第一天,你会:

　　A. 把问题记在心上,但立即投入工作,并开始认识每一个人。

　　B. 忽略这个件事,让它消失在时间之中。

C. 个别谈话以确认关注这个职位的人。

15. 你和小王一同被领导请去吃饭,回来后你会:

A. 比较隐晦地和小王交流几句。

B. 同小王热烈地谈论吃饭时的情景。

C. 绝口不谈,埋头工作。

评分标准

题目	A(得分)	B(得分)	C(得分)
1	1	1	0
2	0	1	2
3	1	0	2
4	2	1	0
5	0	2	1
6	1	0	2
7	2	1	0
8	0	2	1
9	1	0	2
10	2	1	0
11	0	2	1
12	1	2	0
13	0	2	1
14	2	1	0
15	1	0	2
总计:			

结果分析:

0~10 分:与人沟通方面,你还很欠缺。你基本上是个我行我素之人,即使在强调个性的今天,这也是不可取的。可以看出,你性格太内向,这使你不能很好地与人沟通。在与人沟通的过程中,内向的性格是你的一大障碍,你应该在认识到自己的不足的同时尽量改变这种性格。跳出自己的小圈子,多与人接触,凡事看看别人的做法,这样,你就有希望成为一个受欢迎的人。

11~25 分:你的沟通能力,比上不足,比下有余,再加把劲儿,就可以游刃有余地与人交流了。你的缺点是,做事太中庸,总希望问题能解决得两全其美,而实际是不可能的。不管遇到什么事,都要有个态度,中庸是没主见的表现,你肯定不希望别人说你没主意,那就拿出点勇气吧,告诉别人,你就想这样。提高你的沟通能力的法宝是主动出击,这使你在人际交往中赢得主动权,这样,你的沟通能力自然会迈上一个新的台阶了。

26~30 分:你可以大声地对别人说,与人沟通,我行。因为你知道如何表达自己的情感和思想,能够理解和支持别人,所以,无论是同事还是朋友,上级还是下级,你都能和他们保持良好的关系。但值得注意的是,你不可炫耀自己的这种沟通能力,否则会被人认为你是故意讨好别人,是虚伪的。尤其在不善于与人沟通的人面前,要隐而不要显,以真诚去打动别人,你的好人缘才会维持长久。

案例 4-12

认真倾听益处多

思 考 题

1. 商务谈判中的语言表达作用有哪些?
2. 如何倾听对方的讲话?
3. 回答的技巧有哪些?
4. 如何掌握谈判中的语言表达艺术技巧?
5. 如何掌握成功的发问与回答的技巧?

即 测 即 练

第 5 章

国际商务谈判筹划

案例 5-1

日方向我国销售成套炼油设备的环境分析

20 世纪 60 年代初期,我国大庆油田的情况在国内外尚未公开。日本人只是有所耳闻,但始终未明底细。后来,日本人在 1964 年 4 月 26 日《人民日报》上看到"大庆精神 大庆人"的字句,于是判断:中国的大庆确有其事。但他们仍然弄不清楚大庆究竟在什么地方。他们从 1966 年 7 月的《中国画报》上看到一张大庆工人艰苦创业的照片,根据照片上人物的衣着,断定大庆油田是在冬季为零下 30 ℃ 的中国东北地区,大致在哈尔滨与齐齐哈尔之间。1966 年 10 月,他们又从《人民中国》杂志上看到石油工人王进喜的事迹,从分析中知道:最早的钻井是在北安附近着手的,而且从所报道的钻探设备运输情况看,离火车站不会太远。在事迹中有这样一句话:"王进喜一到马家窑看到……"于是日本人立即找来伪满时期的旧地图:马家窑位于黑龙江海伦县东南的一个村子,在北安铁路上一个小车站东边 10 多公里处。这样他们就把大庆油田的位置彻底搞清楚了。搞清楚了位置,日本人又对王进喜的报道进行了分析。王进喜是玉门油矿的工人,是 1959 年 9 月到北京参加国庆之后自愿去大庆的。他们由此判定,大庆油田在 1959 年以前就进行了勘探,并且大体知道了大庆油田的规模。后来,他们又从《中国画报》上发现了一张大庆炼油厂反应塔的照片。根据反应塔上的扶手栏杆的粗细与反应塔的直径比例,得知反应塔的内径长为 5 米。到此他们就比较全面地掌握了大庆油田的各种情报,揭开了大庆油田的一些秘密。

日方就是利用公开的新闻资料中的一句话、一张照片、一条消息,加以综合分析,完成了对我国大庆油田的调查,为商务谈判提供了可靠的依据。因而在向我国销售成套炼油设备的谈判中,日方谈判人员介绍只有他们的设备适合大庆油田质量、日产量,获得了较大的主动权,而我方采购谈判人员因无别的选择只好向日方购买。

资料来源:张国良.商务谈判与沟通[M].北京:机械工业出版社,2015.

(1)日方是如何揭开大庆油田的秘密的?

(2)日方为什么能获取谈判的主动权?

(3)本案例对开展商务谈判调查有何启示?

市场调查大致可分为两大类:一类是文案调查法,另一类是实地调查法。前者是间接调查,后者是直接调查。两种方式都可以获得相关的市场信息:日方尽管无法进行实地调研,但他们通过公开媒体资料(现有资料),经过长时间的跟踪,基本掌握了我国大庆油田的生产情况,所以在向我国推销成套炼油设备的谈判中有备而来、有根有据,获得了谈判的主动权。此案例再次证明文案调查法是一种投资少、见效快、简便易行的商务谈判调查的首选方法,特别是在信息封锁时是一种可行的办法。

"凡事预则立,不预则废。"要想使商务谈判获得圆满成功,需要具备多方面的条件,其中做好谈判的准备工作是重要内容之一。商务谈判的准备工作的内容很多,主要包括三个方面:了解谈判环境、确定谈判人员和制订谈判计划。

5.1 商务谈判的环境情报分析

出门看气候,谈判识环境,生意知行情,信息抵万金。孙子曰:"知彼知己,百战不殆;不知彼而知己,一胜一负;不知彼不知己,每战必殆。"商务谈判如逆水行舟,不进则退。市场经济的海洋潮涨潮落,变化频繁。顺流善变者生,逆流不善变者亡。市场风云,变幻莫测,强手如林,各显神通。商务谈判人员要把握千变万化的市场行情,以变应变,先谋后战,精心策划,高效动作,才能迎风取势,适应环境,夺取最后的胜利,直挂云帆济沧海。对环境与管理的认识要审时度势,与时俱进,不断创新,运筹帷幄,决胜千里。

宏观环境因素分析如图 5-1 所示。

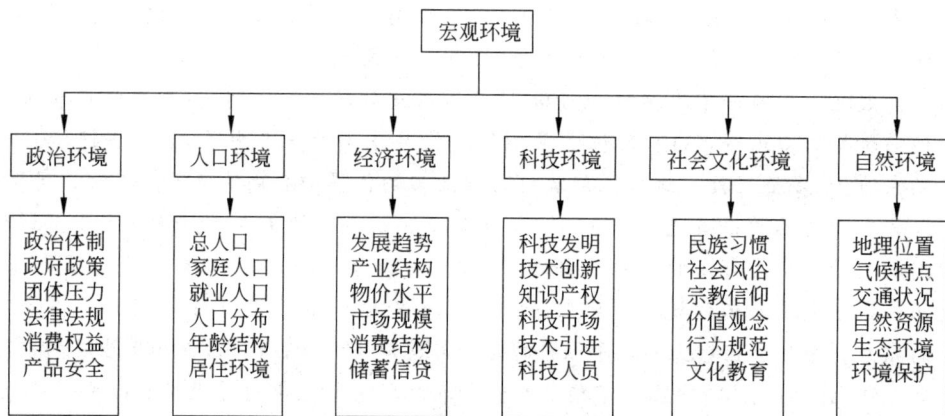

图 5-1 宏观环境因素分析

5.1.1 政治环境因素分析

1. 国内政治环境

国内政治环境指一个国家或地区的政治制度体制、方针政策、法律法规等方面。这些因素常常制约着商务谈判的行为。例如,社会主义初级阶段的方针是"抓住机遇、深化改革、扩大开放、促进发展、保持稳定",是建设有中国特色社会主义的指南,必须长期坚持不动摇。宏观的政治情报主要包括如下内容:首先表现为当地的社会治安的好坏及社会各种力量之间的相处和谐与否。其次表现为政府的态度和行为,政府的态度和行为主要是政府对某一行业领域是否有特殊的政策性倾斜。一个地区的政治局势是否稳定、政府对某种商务活动的态度等对于商务谈判活动确实有着很大的影响。国家的法律及地方的法规等也属于政治范畴,一个国家或地区的法律是否健全,一个国家或地区的居民对法律的态度(法律文化、法制观念)的情况如何,也会在很大程度上影响某一组织进行商务活动的政策和策略。

2．国际政治环境

国际政治环境即有关国家或地区的社会制度,政治体制独立性或附属性战略同盟关系。例如我国加入 WTO,外国资本和技术将涌进中国,意味着"国内竞争国际化,国际竞争国内化,世界经济一体化"。如果说过去的竞争属于"远距离竞争",那么现在则变为"直逼前沿",特别是互联网的出现,使这种竞争成为"零距离竞争"。要参与竞争,首先要做的就是了解竞争规则,并遵从之。WTO 有三项职能:一是制定规则;二是开放市场,即通过商务谈判,相互开放市场,促进世界贸易经济的发展;三是解决争端。中国加入 WTO 就要作出两个最重要的承诺,即遵守规则、开放市场。因此,对于中国各个相关行业来说,怎样认识,权衡利弊,把握机遇,用积极的态度迎接挑战,这才是至关重要的。用一句话来形容我们的境地,那就是"置之死地而后生",只有如此我们才能扬长避短,与狼共舞,获得双赢。

3．商务谈判的法律规范

市场经济就是法制经济,规定人们应该做什么、不应该做什么,对企业来说是不可控的因素,具有强制性和约束力。

(1) 合法的商务谈判是一种法律行为。商务谈判行为本身具有一种双重属性。合法的商务谈判行为,既是一种经济商务行为,同时又是一种法律行为。而非法的商务谈判活动则是一种非法行为。

合法的商务谈判双方所从事的谈判活动是一种以实现某种商务目标为目的的商务活动。本次谈判的最终结果,当事人双方都希望能够得到有效的法律保护和支持,都希望能受到法律的约束。

正因如此,从事商务谈判的当事人应该使自己的商务谈判活动自始至终都符合法律的规范,以免遭受各种不必要的损失。

(2) 合法的商务谈判活动的有效要件。

① 参加商务谈判的法律关系主体和参与谈判活动的直接当事人资格要合法。首先,参与商务谈判的法律关系主体要合法。它们或者是独立的法人组织,或者是经法人组织总部授权的具有独立经营资格的合法有效的法人分支机构。其次,商务谈判的直接参与者(第二层面的主体)也必须合法,要具备法定的自然人权利能力和行为能力。

② 商务谈判的内容要合法。谈判的内容合法是指谈判的过程内容要合法。比如:双方的交易条件、交易方法、交易形式等要合法;双方谈判的成交对象或者谈判的标的要合法。双方交易的标的必须是法律允许的双方具备交易资格的交易对象。

③ 商务谈判双方的意思表示要真实合法。这种规定与商务谈判中的策略和技巧的使用并不矛盾,恰恰是保护了合法的策略与技巧的使用。这一条件要求谈判人员不得使用欺诈、胁迫、虚假、伪装的谈判活动侵害谈判对方的合法权益。

④ 商务谈判的形式和程序要合法。有些谈判活动是可以按当事人自己的意愿进行的,而有些商务谈判在进行前是必须经过审批的。比如:组建中外合资经营企业,按我国的相关法律规定必须经有关部门审核批准以后才可以进行实质性的谈判。不经过审批的

谈判活动是不受法律保护的。

5.1.2　经济环境因素分析

经济环境因素是指一个国家或地区的经济制度、经济结构、物质资源状况、经济发展水平、消费结构与消费水平,以及未来的发展趋势等状况。现代的经济环境正在发生着巨大的变化,每一个商务谈判人员都应充分地掌握这一变化。宏观经济情报主要包括对宏观经济周期的了解。这里的经济周期既包括一个国家整体的经济周期阶段状况,也包括一个地区的经济周期所处的状态。在各个不同经济周期阶段里,商务活动是具有不同的特征的。这种经济周期的有关情报也是必须收集和分析的。在经济的高涨期、危机期、萧条期和复苏期,经济特征不同,商人的经商策略也会有所不同,他们对商务谈判的态度也肯定会有很大的差异性。另外,经济环境因素中还包括以下内容:居民收入因素,这可进一步细分为名义收入、实际收入、可支配收入及可随意支配收入等;消费支出模式和生活费用;金融制度;等等。

因此,商务谈判的经济环境分析就是要对以上的各个要素进行分析,运用各种指标,准确地分析宏观经济环境对企业的影响,从而制订出正确的商务谈判计划。

5.1.3　社会文化环境因素分析

宏观社会情报收集主要包括当地的民俗民风、当地人们的价值观念、各阶层的亚文化理念等。比如:人们习惯上认为我国北方地区的人往往表现为粗犷和豪爽,南方地区的人往往表现比较细腻。即使同为一个地区又分为不同的区位特性。这种特性往往会影响到他们的生活习惯、民俗民风、价值观念以及他们的处世哲学。比如:做商务活动需不需要馈赠礼品,应该送多少;人们见面一般应该用什么词语去问候与沟通;等等。这种社会整体心理特征的了解和认识对于商务谈判活动的开展也是必不可少的。

案例 5-2

我国白族人民的茶文化

我国白族人民热情好客,有宾客临门,立即请进中堂,烤制三道茶招待。烤茶一般敬三次,有"头饮香,二饮味,三饮渴"之说,因此叫"三道茶"。还有一种是接待尊贵宾客的三道茶。头道茶是苦茶,即雷响茶;二道茶是甜茶,茶内加红糖、乳扇丝、核桃仁、佛手、芝麻、橘皮、爆米花等;三道茶是回味茶,取蜂蜜、姜汁、花椒、桂皮末、松子仁等,加冲适量烤茶而成。使用的茶具,一为砂罐;二为瓷盅;三为托盘;四为配制作料的铜茶壶、小推刨、铜丝小漏勺、小羹匙、盛糖罐、作料盘等。敬苦茶寓意做事业要敢于吃苦,也含为客洗尘、盛迎宾客之意;敬甜茶,寓意苦尽甘来,前程似锦;回味茶作料带苦辣麻味,寓意人生需回首往事,温故知新。三道茶寓意着对人生历程头苦、二甜、三回味的生活哲理,让人回味无穷,既继承了白族独特的传统茶俗,又体现了时代精神,反映了白族独特的茶文化。

社会文化环境包括一个国家或地区的社会性质、人们共享的价值观、文化传统、生活方式、人口状况、教育程度、风俗习惯等各个方面。这些因素是人类在长期的生活和成长过程中逐渐形成的,人们总是自觉不自觉地接受这些因素作为商务谈判行动的指南。

1. 文化传统

这是一个国家或地区在较长历史时期内形成的一种社会习惯,是影响商务谈判活动的一个重要因素。例如,中国的春节、西方的圣诞节就会给某些行业(卡片、食品、玩具、服装、礼品等制造及零售业)带来一个生意兴隆的极好时机。

文化环境对商务谈判的影响是间接的、潜在的和持久的。文化的基本要素包括哲学、宗教、语言与文字、文学艺术等,它们共同构筑成文化系统,对企业文化有重大的影响。哲学是文化的核心部分,在整个文化中起着主导作用;宗教作为文化的一个侧面,在长期发展过程中与传统文化有着密切的联系;语言文字和文学艺术是文化的具体表现,是社会现实生活的反映,它们对企业职工的心理、人生观、价值观、性格、道德及审美观点的影响与导向是不容忽视的。

2. 价值观

这是指社会公众评价各种行为的观念标准。不同的国家和地区,其价值观是不同的。例如,西方国家价值观的核心是个人的能力与事业心;东方国家价值观的核心强调集体利益,如日本、韩国企业注重内部关系的融洽、协调与合作,形成了东方企业自己的高效率模式。

3. 社会发展趋向

近一二十年来,社会环境方面的变化日趋增加。这些变化打破了传统习惯,使人们重新审视自己的信仰、追求新颖生活方式,影响着人们对穿着款式、消费倾向、业余爱好,以及产品与服务的需求,从而使企业面临着严峻的挑战。现代社会发展的主要倾向之一,就是人们对物质生活的要求越来越高。一方面,人们已从"重义轻利"转向注重功利、注重实惠,有些人甚至走到唯利是图的地步。产品的更新换代日益加速,无止境的物质需求给企业发展创造了外部条件。另一方面,随着物质水平的提高,人们正在产生更加强烈的社交、自尊、信仰、求知、审美、成就等较高层次的需要。人们希望从事能够充分发挥自己才能的工作,使自己的个人潜力得到充分发挥。

4. 消费者心理

这一因素对企业战略也会产生影响。例如,20 世纪 80 年代中期,美国可口可乐公司领导决定更改沿用了百年之久的配方,消息传出后,引起了轩然大波。老顾客的抗议电报和信雪片般地飞进亚特兰大可口可乐总部。原因是消费者认为,目前市场上的可口可乐是传统和标准的软饮料,不应当改变它的滋味。之后由于新可口可乐的滋味比原来更佳,其受到大部分顾客的欢迎。

💡小知识

异国他乡的风俗

不同的国家、民族对图案、颜色、数字、动植物等都有不同的喜好和不同的使用习惯,像中东地区严禁带六角形的包装;英国忌用大象、山羊装饰图案;再如中国、日本、美国等国家对熊猫特别喜爱,但一些阿拉伯人却对熊猫很反感;墨西哥人视黄花为死亡、红花为晦气,而喜爱白花,认为可驱邪;德国人忌用核桃,认为核桃是不祥之物;匈牙利人忌"13"单数;日本人忌荷花、梅花图案,也忌用绿色,认为不祥;南亚有一些国家忌用狗做商标;在法国,仙鹤是蠢汉和淫秽的代称,法国人还特别厌恶墨绿色,这是基于对第二次世界大战的痛苦回忆;新加坡华人很多,所以对红、绿、蓝色都比较喜好,但视黑色为不吉利,在商品上不能用如来佛的形态,禁止使用宗教语言;日本人在数字上忌用"4"和"9",因在日语发音中"4"同死相近,"9"同苦相近。我国是一个多民族国家,各民族都有自己的风俗习惯,如蒙古族人喜穿蒙袍、住帐篷、饮奶茶、吃牛羊肉、喝烈性酒;朝鲜族人喜食狗肉、辣椒,穿色彩鲜艳的衣服,食物上重素食,群体感强,男子地位较突出。企业营销者应了解和注意不同国家、民族的消费习惯与爱好,要入乡随俗。可以说,这是企业搞好战略营销尤其是国际经营的重要条件。如果不重视各个国家、各个民族之间的文化和风俗习惯的差异,就可能造成难以挽回的损失。

5.人口因素

人口因素主要包括人口总数、年龄构成、人口分布、人口密度、教育水平、家庭状况、居住条件、死亡率、结婚率、离婚率、民族结构、年龄发展趋势、家庭结构变化等。人口因素对企业战略的制定有重大影响。例如,人口总数直接影响着社会生产总规模;人口的地理分布影响着企业的厂址选择;人口的性别比例和年龄结构在一定程度上决定了社会需求结构,进而影响社会供给结构和企业生产;人口的教育文化水平直接影响着企业的人力资源状况;家庭户数及其结构的变化与耐用消费品的需求和变化趋势密切相关,因而也就影响到耐用消费品的生产规模;等等。对人口因素的分析可以使用以下一些变量:离婚率、出生和死亡率,人口的平均寿命,人口的年龄和地区分布,人口在民族和性别上的比例变化,人口和地区在教育水平与生活方式上的差异,等等。所以,企业在制定战略规划时必须予以足够的重视。例如,海尔集团首席执行官张瑞敏认为,市场永远在变,如果只是适应市场,你将永远在市场后面。想走在市场前面,起导向作用,就应该创造市场、创造用户。这就是要按照不同的消费心理、不同消费习惯和不同的消费层次开发不同的产品。比如在上海市场,在北京很畅销的冰箱并不被上海人喜欢,原因有:一是上海家庭住宅面积小;二是上海人习惯上喜欢精致小巧的家电产品,而北方型冰箱占地面积大,显得笨重。于是海尔专门为上海市场设计了一种瘦长型冰箱,命名为"小王子",一下子轰动了上海,非常畅销。再如老年人在人口比例中的增加,截至2021年,我国60岁及以上人口为2.6亿,使老年医疗、滋补品、老年精神生活等成为一种不容忽视的需求。

5.1.4 科技环境因素分析

1.科技环境及其给企业经营带来的影响

科学技术是第一生产力,科教兴国战略正在实施。企业的科技环境指的是企业所处的社会环境中的科技要素及与该要素直接相关的各种社会现象的集合。科学技术是最引人注目的一个因素,新技术革命的兴起影响着社会经济的各个方面,人类社会的每一次重大进步都离不开重大的科技革命。石器工具、青铜器、铁器、蒸汽机、生产流水线、现代通信技术等重大的发明无不将人类社会大大地向前推进一步。企业的发展在很大程度上也受到科学技术方面的影响,包括新材料、新设备、新工艺等物质化的硬技术和体现新技术、新管理的思想、方式、方法等信息化的软技术。一种新技术的出现和成熟可能会导致一个新兴行业的产生。

现代科学技术日新月异、发展迅速,是推动经济发展和社会进步的主要动力。第一次技术革命时蒸汽机使人类进入工业社会;第二次技术革命时电磁理论和化学使石油化工、电力、通信、机械工业振兴;第三次技术革命是电子计算机、原子能、航天工业;第四次技术革命是光导通信、生物工程。新行业、新产品的出现使另外一些行业、产品走向衰退和淘汰。英国人弗莱明发明了青霉素,使人类寿命平均延长 10 岁。因此,技术环境是企业的一个重要外部环境。

2．企业的科技环境因素

企业的科技环境,包括社会科技水平、社会科技力量、科技体制、国家科技政策和科技立法等基本要素。

在企业面临的诸多环境因素中,科学技术本身是强大的动力,科技因素对企业的影响是双重的:一方面,它可能给某些企业带来机遇;另一方面,它会导致社会需求结构发生变化,从而给某些企业甚至整个行业带来威胁。例如科学技术产生汽车、青霉素、电子计算机的同时也产生核弹、神经性毒气、计算机病毒等。每种新技术都是一种破坏性的创造,新技术的出现总会无情地威胁原有的技术,如晶体管威胁了电子管、电视威胁了电影等。如果一个组织固守原有的计划而不采用新技术,它就注定会失败。科技的发展,新技术、新工艺、新材料的推广使用,对企业产品的成本、定价等都有重要影响。这种影响就其本质而言,是不可避免和难以控制的,企业要想取得经营上的成功,就必须预测科学技术发展可能引起的后果和问题,以及可能带来的机遇或威胁;必须十分注意本行业产品的技术状况及科技发展趋势;必须透彻地了解与所研究的技术项目有关的历史、当前发展情况和未来趋势,并进行准确的预测。

5.2　商务谈判环境分析的方法

要研究企业的经营环境必须借助一定的方法,调查和预测是主要的方法。调查是了解历史和现状,预测则是推测未来。调查—预测—决策应该是三位一体的,没有调查和预测,就没有决策的自由。

5.2.1　调查

没有调查就没有发言权,"一切结论产生于调查情况的末尾,而不是在它的先头"。市场经济的海洋潮涨潮落,变化多端,不进行市场调查,不摸清市场行情,在市场经济时代就好像"盲人骑瞎马,夜半临深池"。情况不明决心大,知识不多办法多,不经调研,盲目决策,必然要失败。面对市场,要"吃一拿二眼观三,行情不对早转弯",迅速反应,马上行动,方可取胜。

1．案头调查法

案头调查指借助公开的信息的调查。其中包括报纸、杂志、政府的公告、互联网。特别值得一提的是企业内的信息系统平时要注意收集和整理与本企业业务相关的资料,这些资料包括企业的生产运营活动的上线企业的相关资料、重点上线企业的竞争者的相关资料以及上线企业的相关高层管理人员的背景等相关资料。

2．购买法

花钱购买相关的资料是商务活动中又一条获得资料信息的来源。目前我国这种为企业提供信息资源的服务性组织数量稳步增长,应该在以后的经济生活中对此行业加大培养力度和给予扶持。这种信息资源的获得可以借助服务性组织现有的相关数据资源,也可以委托相关组织做一些专门的情报收集和整理工作。

3．观察法

观察法是情报收集的组织亲自面对自己要得到情报的现场,对要进行交易的环境进行调查,收集信息的调查方法。良好的洞察力的特征如下。

1）客观性

观察客观事物要正确反映其本来面貌、特征,不以假当真、以偏概全,否则就会作出错误的判断。

2）敏锐性

在观察活动中,要迅速抓住那些反映事物的本质而又不易觉察的现象。观察力敏锐,可以提高工作效率。

3）准确性

观察准确是进行预测、决策的重要前提,是纠正谬误的依据。在观察客观事物过程中,要全神贯注、深入细致、追本溯源。

4）全面性

观察客观事物既要看到它的正面,又要看到它的反面;既要看到它的本身,又要了解它与周围事物的一切关系及相互影响;既要看到它的现状,又要了解它的过去,还要预测它的未来,这样才能做到观察的全面性。

5）反复性

客观事物是动态发展的,这种发展又是一个复杂曲折的过程。为了获得可靠、真实的材料并进行正确的判断,往往要经过多次的反复观察。

观察法还可以通过企业间的互访去观察对方企业的经营状况。一些非常典型的管理理念和方法,借助企业的外部行为与表现就可以轻而易举地得到。这种管理深层次的东西,对方企业想隐瞒做假象是做不到的。

4．直接调查法

直接调查是进行调查的企业组织相关的人力、物力和财力进行的一项有组织、有计划、有目的的调查研究工作。直接调查法的使用原因是社会相关信息提供组织不健全,企业无法获得要调查的信息内容,或者是企业要获得最真实的第一手资料,或者是从获得信息的成本角度考虑。

5.2.2　预测

预测是对事物、情况发生之前或对事物未来结果所做的推测、断定。凡事预则立,不预则废。在我国古代,如计然、司马迁就留有"旱则资舟,水则资车""贵出如粪土,贱取如珠玉"等词句。

(1) 预测分析谈判对手的现实需要和意图。对手的需要是指那种目前对手企业急需得到的未被满足的某种心理状态。这种急于要得到的某种未被满足的心态在不同的企业、同一个企业的不同时期、同一时期的不同阶段和环节是不一样的。这种需要既有质的方面的衡量指标,同时又有量的方面的衡量指标。质的方面的衡量指标包括基本需要、正常需要、发展需要等几个方面。量的方面的衡量指标包括急切需要、一般需要、可有可无的需要等。对手的意图是指谈判对手可能会采取的谈判态度以及相应的谈判方式和方法。意图取决于需要。需要是内涵,而意图是一种表象。

(2) 预测分析与对方可能会建立的谈判目标。这里的目标主要是商务活动的交易条件。交易条件包括价格、质量、服务等内容。交易条件是谈判的当事人双方的联结纽带,是商务谈判中的核心问题,是双方当事人利益的载体。交易条件与当事人的需要和意图有着极其密切的联系。当事人的需要等级决定了交易条件的宽松与苛刻程度。

(3) 预测分析双方在谈判中可能存在的障碍,也就是在双方的谈判中可能会出现的矛盾与分歧,并且应该大体上分析出哪些矛盾可能是人为的,哪些矛盾可能是误会产生的,哪些矛盾才是真正的。

5.3　国际商务谈判人员的准备

商务谈判是由谈判人员完成的,谈判人员的素质、谈判班子的组成情况对谈判的结果有直接的影响,决定着谈判的效益与成败。因此,选好谈判人员和组织好谈判班子是谈判准备工作的首要内容。

5.3.1　国际商务谈判队伍的规模

一个谈判队伍的最佳规模是多大?从最理想的角度来看应该是一个人。如果参与谈判的人员增多,诸如信息沟通、角色分担等内部协调问题就会接踵而来,牵扯大家很多精力。然而商务谈判通常需要涉及各方面的专业知识,这是任何某一方面的个别专家力所不能及的,这就要求选择若干人员组成一个谈判班子。

在具体确定谈判队伍的规模时,主要考虑以下因素。

(1) 谈判班子的工作效率。一个集体如要有效地开展工作,内部就必须进行适当而严密的分工和协作,内部的意见交流必须畅通。谈判要求高度的集中统一,必须能对问题作出及时而灵活的反应。谈判人员多,意见就多,要把这些不同的意见全部集中起来,不是一件容易的事。在谈判这种高度紧张、内容复杂多变的活动中,要达到上述要求,谈判班子的规模过大是不可取的。从大多数的谈判实践来看,工作效率比较高时的人数规模在 4 人左右。

（2）有效的管理幅度。任何一个领导者能有效地管理其下属的人数总是有限的,即管理的幅度是有限的。商务谈判活动紧张、复杂、多变,既需要充分发挥个人的独创性和独立的应变能力,又需要内部协调统一、一致对外,其领导者的有效管理幅度只能在 4 人左右。超过这个限度,内部的协调和控制就会发生困难。

（3）谈判所需专业知识的范围。一项谈判特别是一个大型交易项目的谈判,会涉及许多专业知识,但这并不意味着谈判就需要各种具备相应专业知识的人同时参加。因为,谈判的不同阶段所涉及的主要专业知识的种类是有限的,只要谈判班子的成员具备这几种主要的专业知识就可胜任。某些非常专门或具体的细节谈判可以安排另外的小型谈判予以解决,或者请某些方面的专家作为谈判班子的顾问,给谈判人员献计献策或提供咨询服务,不必扩大谈判班子的规模。

总之,无论什么样的谈判,其谈判班子的规模必须符合既能胜任谈判又能获得高效率与便于控制的要求。

5.3.2   国际商务谈判人员应具备的素质

国际商务谈判是一项涉及多方面知识的人际交往工作,是一种智慧和能力的较量,只有具备较高素质的人才能胜任。

那么,一名优秀的国际商务谈判人员应具备怎样的素质呢?

1. 良好的职业道德

这是谈判人员必须具备的首要条件,也是谈判成功的必要条件。谈判人员是作为特定组织的代表出现在谈判桌上的,谈判人员不仅代表组织个体的经济利益,而且在某种意义上还肩负着维护国家利益的义务和责任。因此,作为谈判人员,必须遵纪守法、廉洁奉公,忠于国家、组织和职守,要有强烈的事业心、进取心和责任感。

2. 健全的心理素质

谈判是各方之间精力和智力的较量,较量的环境在不断变化,对方的行为也在不断变化,要在较量中达到特定目标,谈判人员就必须具有健全的心理素质。

健全的心理素质是谈判人员主体素养的重要内容之一,表现为谈判人员主体应具备坚忍顽强的意志力、高度的自制力和良好的协调能力等。

1）坚忍顽强的意志力

许多重大艰辛的谈判,就像马拉松运动一样,考验着参与者的意志力。谈判人员之间的持久交锋,不仅是一种智力、技能和实力的比试,更是一场意志、耐心和毅力的较量。只有具有坚韧毅力的谈判人员,才能在较量中获得最后胜利。

2）高度的自制力

自制力是谈判人员在谈判环境发生巨大变化适时克服心理障碍的能力。由于谈判始终是利益的对决,谈判双方在心理上处于对立,故而僵持、争执的局面不可避免,这会引起谈判人员的情绪波动。如果谈判人员出现明显的情绪变化,如发怒、沮丧等,可能会产生疏忽,给对手以可乘之机。所以作为一个优秀的谈判人员,无论在谈判的高潮阶段还是在谈判的低潮阶段,都能心静如水,特别是当胜利在望或陷入僵局时,更要能够控制自己的情感。喜形于色或愤愤不平,不仅有失风度,而且会让对方抓住弱点与疏漏,给对方可乘之机。

3) 良好的协调能力

协调能力是谈判人员善于与他人和睦相处,建立良好的人际关系的能力。在谈判中,谈判人员之间的协调行动是非常重要的。一个好的谈判人员,既要尊重他人,虚心听取一切有利于谈判进行和谈判目标实现的合理意见,又要善于解决矛盾冲突,善于沟通,调动他人,使谈判人员为实现谈判目标密切合作、统一行动。

3. 合理的学识结构

商务谈判过程是测验谈判人员知识、智慧、勇气、耐力的过程,更是谈判双方才能较量的过程。因此,商务谈判的参加者必须有合理的学识结构。商务谈判人员,既要知识面宽,又要在某些领域有较深的造诣。也就是说,不仅在横向方面有广博的知识,而且在纵向方面也要有较深的专门学问,两者构成一个"T"字形的知识结构。

1) 谈判人员的横向知识结构

从横向方面来说,商务谈判人员应当具备的知识包括:我国有关经济贸易的方针政策及我国政府颁布的有关法律和法规;某种商品在国际、国内的生产状况和市场供求关系;价格水平及其变化趋势的信息;产品的技术要求和质量标准;有关国际贸易和国际惯例知识;国外有关法律知识,包括贸易法、技术转让法、外汇管理法及有关国家税法方面的知识;各国各民族的风土人情和风俗习惯;可能涉及的各种业务知识、金融知识;市场营销知识;等等。

2) 谈判人员的纵向知识结构

从纵向方面来说,作为商务谈判的参与者,应当掌握的知识包括:丰富的专业知识,即熟悉产品的生产过程、性能及技术特点;熟知某种(类)商品的市场潜力或发展前景;丰富的谈判经验及处理突发事件的能力;掌握一门外语,最好能直接用外语与对方进行谈判;懂得谈判的心理学和行为科学;了解谈判对手的性格特点;等等。

上述的"T"字形知识结构,构成了一个称职的商务谈判人员的必备条件,也是一名合格的商务谈判人员应具备的最起码的个体素质要求,否则,将无法应付复杂的谈判局面、承担谈判任务,更谈不上维护本企业和国家的利益。一名称职的商务谈判人员,在力争将自己培养成全才的同时,还应当精通某个专业或领域。否则,对相关产品的专业知识知之甚少,就会导致在谈判技术条款时非常被动,提不出关键意见,这无疑将削弱己方的谈判实力。一个商务谈判人员应该是"全能型专家",所谓"全能",即通晓技术、商务、法律和语言,涵盖上述纵横各方面的知识;所谓"专家",即指能够专长于某一个专业或领域的人。要学成金字塔,既能广大又能高。

总之,拓宽知识视野,深化专业知识,猎取有助于谈判成功的广博而丰富的知识,能使谈判人员在谈判的具体操作中,左右逢源,运用自如,最终取得谈判的成功。

4. 谈判人员的能力素养

谈判人员的能力是指谈判人员驾驭商务谈判这个复杂多变的"竞技场"的能力,是谈判人员在谈判桌上充分发挥作用所应具备的主观条件。它主要包括以下内容。

1) 认知能力

善于思考是一个优秀的谈判人员所应具备的基本素质。谈判的准备阶段和洽谈阶段充满了多种多样、始料未及的问题和假象。谈判人员为了达到自己的目的,往往以各种手段掩饰真实意图,其传达的信息真真假假、虚虚实实。优秀的谈判人员能够通过观察、思考、判断、分析和综合的过程,从对方的言行和行为迹象中判断真伪,了解对方的真实意图。

2) 运筹、计划能力

谈判的进度如何把握?谈判在什么时候、什么情况下可以由准备阶段进入接触阶段、实质阶段,进而到达协议阶段?在谈判的不同阶段将使用怎样的策略?这些都需要谈判人员发挥其运筹、计划的能力,当然,这种运筹和计划离不开对谈判对手背景,以及对需要采取的策略的调查和预测。

3) 语言表达能力

谈判是人类利用语言工具进行交往的一种活动。一个优秀的谈判人员,应像语言大师那样精通语言,通过语言的感染力强化谈判的效果。谈判中的语言包括口头语言和书面语言两类。无论是哪类语言,都要求准确无误地表达自己的思想和感情,使对手正确领悟你的意思,这点是最基本的要求。另外还要突出谈判语言的艺术性。谈判中的语言不仅应当准确、严密,而且应生动形象,富有感染力。巧妙地用语言表达自己的意图,本身就是一门艺术。

4) 应变能力

谈判中发生突发事件和产生隔阂是难以避免的,任何细致的谈判准备都不可能预料到谈判中可能发生的所有情况。千变万化的谈判形势要求谈判人员必须具备沉着、机智、灵活的应变能力,要有冷静的头脑、正确的分析、迅速的决断,善于将灵活性与原则性结合起来,灵活地处理各种矛盾,以控制谈判的局势。应变能力主要包括处理意外事故的能力、化解谈判僵局的能力、巧妙袭击的能力等。

5) 交际能力

商务谈判是一项谈判过程,更是一项交际过程。真正的交际能力是与人沟通感情的能力,绝不是花言巧语的伎俩。

6) 创造性思维能力

创造性思维是以创新为唯一目的,并能产生创见的思维活动。它反映了人们解决问题的灵活性与创新性。谈判人员要具备丰富的创造性思维能力,勇于开拓创新,拓展商务谈判的新思维、新模式和新方法。创造性可以提高谈判的效率。

5.3.3　国际商务谈判人员的配备

在一般的国际商务谈判中,所需的知识大体上可以概括为几个方面:有关技术方面的知识;有关价格、交货、支付条件等商务方面的知识;有关合同法律方面的知识;有关语言翻译方面的知识。

根据谈判对知识方面的要求,谈判班子应配备相应的人员。

1. 技术精湛的专业人员

技术人员是指熟悉生产技术、产品性能和技术发展动态的技术员、工程师,在谈判中负责有关产品技术方面的问题,也可以与商务人员配合,为价格决策做技术参谋。

专业人员是谈判组织的主要成员之一。其基本职责如下。

(1) 同对方进行专业细节方面的磋商。

(2) 修改草拟谈判文书的有关条款。

(3) 向首席代表提出解决专业问题的建议。

(4) 为最后决策提供专业方面的论证。

2. 业务熟练的商务人员

商务人员是谈判组织中的重要成员,由熟悉贸易惯例和价格谈判条件、了解交易行情的有经验的业务人员或公司主管领导担任。其具体职责如下。

(1) 阐明己方参加谈判的愿望和条件。

(2) 弄清对方的意图和条件。

(3) 找出双方的分歧或差距。

(4) 掌握该项谈判总的财务情况。

(5) 了解谈判对手在项目利益方面的期望指标。

(6) 分析、计算修改中的谈判方案所带来的收益变动。

(7) 为首席代表提供财务方面的意见和建议。

(8) 在正式签约前提供合同或协议的财务分析表。

3. 精通经济法的法律人员

法律人员是一项重要谈判项目的必需成员,如果谈判小组中有一位精通法律的专家,将会非常有利于谈判所涉及的法律问题的顺利解决。法律人员一般是由律师,或既掌握经济、又精通法律专业知识的人员担任,通常由特聘律师或企业法律顾问担任。其主要职责如下。

(1) 确认谈判对方经济组织的法人地位。

(2) 监督谈判在法律许可范围内进行。

(3) 检查法律文件的准确性和完整性。

4. 熟练业务的翻译人员

翻译人员一般由熟悉外语和企业相关情况、纪律性强的人员担任。翻译是谈判双方进行沟通的桥梁。翻译人员的职责在于准确地传递谈判双方的意见、立场和态度。一个出色的翻译人员,不仅能起到语言沟通的作用,而且必须能够洞察对方的心理和发言的实质,既能改变谈判气氛,又能挽救谈判失误,增进谈判双方的了解、合作和友谊。因此,对翻译人员有很高的素质要求。

5. 首席代表

首席代表是指那些对谈判负领导责任的高层次谈判人员。他们在谈判中的主要任务是领导谈判组织的工作。这就决定了他们除具备一般谈判人员必须具备的素养外,还应阅历丰富、目光远大,具有审时度势、随机应变、当机立断的能力,以及善于控制与协调谈判小组成员的能力。因此,无论从什么角度来认识他们,都应该是富有经验的谈判高手。其主要职责如下。

(1) 监督谈判程序。

（2）掌握谈判进程。

（3）听取专业人员的建议和说明。

（4）协调谈判班子成员的意见。

（5）决定谈判过程中的重要事项。

（6）代表单位签约。

（7）汇报谈判工作。

6. 记录人员

记录人员在谈判中也是必不可少的。一份完整的谈判记录既是一份重要的资料,也是进一步谈判的依据。为了出色地完成谈判的记录工作,要求记录人员有熟练的文字记录能力,并具有一定的专业基础知识。其具体职责是准确、完整、及时地记录谈判内容。

这样,不同类型和专业的人员就组成了一个分工协作、各负其责的谈判组织群体。

小思考

与外商谈判,我方谈判人员都有熟练地运用该外语的能力,也能与对方直接交谈,还有没有必要配备一名专职翻译?(   )

A. 有必要

B. 没有必要

C. 看谈判人员外语表达能力

5.3.4   国际商务谈判人员的分工和合作

当挑选出合适的人组成谈判班子后,就必须在成员之间,根据谈判内容和目的以及每个人的具体情况作出明确适当的分工,明确各自的职责。此外,各成员在进入谈判角色、尽兴发挥时,还必须按照谈判目的与其他人员彼此相互呼应、相互协调和配合,从而真正赢得谈判。

那么,如何才能使谈判班子成员分工合理、配合默契呢?

具体来讲,就是要确定不同情况下的主谈人与辅谈人,他们的位置与职责以及他们之间的配合关系。

所谓主谈人,就是指在谈判的某一阶段或针对某一个或几个方面的议题,由谁为主进行发言,阐述己方的立场和观点,此人即为主谈人。这时其他人处于辅助的位置,称为辅谈人。一般来讲,谈判班子中应有一名技术主谈、一名商务主谈。

主谈人作为谈判班子的灵魂,应具有上下沟通的能力;有较强的判断、归纳和决断能力;必须能够把握谈判方向和进程,设计规避风险的方法;必须能领导下属齐心合作,群策群力,突破僵局,达到既定的目标。

确定主谈人和辅谈人,以及他们之间的配合是很重要的。主谈人一旦确定,那么,己方的意见、观点都由他来表达,从一个口子对外,避免各吹各的调。在主谈人发言时,自始至终都应得到己方其他人员的支持。例如,口头上的附和"正确""没错""正是这样"等。有时在姿态上也可以做出赞同的姿势,如眼睛看着己方主谈人不住地点头等。辅谈人的这种附和对主谈人的发言是一个有力的支持,会大大加强他说话的力量、提高其可信程度。如果己方主谈人在讲话时,其他成员东张西望、心不在焉,或者坐立不安、交头接耳,就会削弱己方主谈人在对方心目中的分量,影响对方的理解。

有配合就有分工,合理的分工也是很重要的。

1. 洽谈技术条款的分工与合作

在洽谈合同技术条款时,专业技术人员处于主谈的地位,相应的商务人员和法律人员则处于辅谈人的地位。

技术主谈人要对合同技术条款的完整性、准确性负责。在谈判时,对技术主谈人来讲,除了要把主要的注意力和精力放在有关技术方面的问题上外,还必须放眼谈判的全局,从全局的角度来考虑技术问题,要尽可能地为后面的商务条款和法律条款的谈判创造条件。对商务人员和法律人员来讲,他们的主要任务是从商务和法律的角度向技术主谈人提供咨询意见,并适时地回答对方涉及商务和法律方面的问题,支持技术主谈人的意见和观点。

2. 洽谈商务条款时的分工与合作

很显然,在洽谈合同商务条款时,商务人员和经济人员应处于主谈人的地位,而技术人员与法律人员则处于辅谈人的地位。

合同的商务条款在许多方面是以技术条款为基础的。

5.4　国际商务谈判计划的目标

5.4.1　国际商务谈判计划目标的类型

1. 探测性目标

所谓探测性目标,就是指在谈判的开始阶段,谈判的当事人双方需要互相摸底,了解对方的谈判态度和方法。这一阶段是作为谈判的一方要建立的初步的目标体系。这类目标一般来说并不具有很强的实用性,只是一种试探性的目标。

这类目标往往不是最终的成交价格条件。这种试探性的引导目标代表了谈判人员的意图和总体的倾向性。所以,谈判的任何一方当事人都不要把它看得可有可无,一般来说这是一个不可或缺的指标体系。

2. 创造性目标

经过了试探性的工作以后,接下来,谈判的某一方就会提出一个自己最理想的交易条件体系。这个最理想的交易条件体系就是谈判计划中的创造性目标。由于这种目标往往会超出谈判当事人的正常想象,因此称其为创造性目标。

创造性目标的设计作为谈判的一方来说应该突出它的创造性。这种创造性应该是既在意料之外、又在情理之中的一个目标体系。这个目标往往也不是最终的成交目标。它是在双方经过探索性目标的尝试以后提出来的本方利益的最高点。这类目标具有一定的可操作性,但是往往不能得到有效的操作。

3. 论证性目标

创造性目标提出来以后,一般来说当事人的另一方肯定会提出不同意见,甚至可能会坚决地反对。哪怕谈判对方在心理上已经愿意接受本方的交易条件,但是在嘴上也会坚决地反对。这一阶段谈判的一方要极力证明自己的目标是正确的,同时也是有人情味的一种体现。

这种目标的设定作为谈判的一方来说一定要对整个条件体系经过充分的思考和论证,因为理想的交易价格条件就在这里。

4. 处理纷争性目标

处理纷争性目标主要是对对方的谈判目标进行的批判。这种批判的目的在于使双方的目标有所接近。接近的目的在于使谈判的双方都接受这一谈判的目标体系。

在谈判进入谈判桌上的工作之前,当事人的任何一方就应该对这类目标进行有效的分析和设计。否则,在谈判桌上,就可能会使己方处于手忙脚乱的地步。

5. 达成协议性目标

经过一系列的讨价还价以后,可能就要进入谈判的实质性的高潮阶段了。这类达成协议性目标的交易条件体系就是这个阶段要达成的目标体系。

5.4.2　国际商务谈判计划目标的内容

1. 保本条件

保本条件是指谈判主体在本次谈判中的最低防线,是对本次谈判可以接受的最低要求。如果对方连这个条件都不能答应,就可能意味着谈判的破裂。这种保本条件具有双重属性内容。一是心理防线。人们对某一事物的看法都有自己可以容忍的程度,这种可以容忍的最大限度就是最低条件。二是物质底线。作为谈判的另一方决定是否可以接受某些交易条件,一方面是前面说过的心理因素,另一方面就是谈判人员的物质承受能力。

2. 合理要求

合理要求也可以称为可争取目标,是指谈判人员一方设想的较为理想的交易条件目标体系。在谈判人员的计划里,合理要求与保本条件往往是同时设定的。这种条件的设定都是通过细致的综合分析以后得出的结论,而不是谈判人员一厢情愿的遐想。

3. 质量控制

质量控制是指产品交易以后,当事人如何控制产品的质量能够符合当事人的要求。具体地说,往往就是涉及检验方式和方法的问题。检验的方式和方法不同,对于受检验的产品质量控制标准就有所不同。凡是精密程度要求较高的产品,检验的程度就应该高一些。反之亦然。

4. 履行方式问题

各类不同的谈判标的有着不同的履行方式。履行方式问题主要是控制履行的期限、地点、手段等问题。

5. 技术要求

技术要求属于标的自身的各项理化等指标的规范。它与质量控制不同。质量控制问题是实现技术要求的手段,而技术要求是质量控制的标准。技术要求可以是等级、规格、花色、品种以及不同的谈判客体的具体不同技术要求内容。

6．担保与放弃条款

担保问题在各个不同的法律体系的国家里,理解上是不同的。在英国的法律体系中,合同的条款里人们经常把我们说的主要条款称为"条件",而把次要条款称为"担保"。在其他英美法系的国家里有的直接沿用英国的说法,有的改变一些说法,但含义大体相当。担保在英美法系中还可以分为明示担保和默示担保。明示担保是直接写入合同文本中的交易次要条件,默示担保是不写入合同文本中但是当时要承担的必须履行的义务。这种商务的(法律的)理念在国际的商务活动中得到了较为广泛的认可。

因此,在制订商务谈判计划和设定具体的计划内容时,谈判人员必须把这部分内容充分地考虑进来。而且在谈判的计划中还要设定好哪些担保条款是要坚持的,哪些担保条款是需要放弃的。

5.5　国际商务谈判计划的编制程序与方法

5.5.1　国际商务谈判计划的编制程序

1．集中思考

在集中思考这个环节里,要集中思考两个方面的内容。一是与谈判有关的各种想法。不妨把与谈判有关的各种想法都一起在纸上罗列出来,形成一个本次谈判的"想法群"或"想法体系""想法系统",然后从中厘清思路。二是对谈判对方的了解与判断的内容。对谈判对方进行深入浅出的系统全面分析,从中找出己方与对方接触的最佳切入点。

2．确定方向与目标

在这个环节里,确定方向是说谈判的组织者要明确本次谈判活动的目标。这种目标之所以称为方向,是因为其是一种指引的标志,不具有很强的可操作性。

小知识

A 公司欲与 B 公司进行一次购销活动的谈判。B 公司规模较大,而且对 A 公司的产品(一种原材料)消耗量很大。A 公司的老总嘱咐参加谈判的谈判小组负责人说:"一定要善待好这批客人,要让他们在与我们谈判期间生活愉快、工作开心。"并告诉谈判小组负责人,要安排好吃、住、娱乐和休息期间的旅游等活动。

【点评】

让对方在与己方谈判期间"生活愉快、工作开心",这就是一个方向性的指标。这个指标就是要给谈判对手以很美好的感觉与回忆,要让对方感到和我们合作是很舒心、很愉悦的事情。

这个环节里的目标有特定意义。这里的目标是本次谈判的具体定量指标。这种指标既包括指标的量的标准,同时也包括完成指标的质的标准。不同谈判活动有不同的目标,例如:

货物购销谈判包括什么商品、数量多少、什么品牌、规格等级、价格条件的具体内容等。

投资合作谈判包括各方出资的份额、出资的方式、日常企业管理的权力配置、重大决策权的表决方式、各管理层面的职权范围、企业运营的方式方法等。

劳务提供与雇佣的谈判包括用工的时间、数量、工人的技术等级与分布、劳务的价格及结算方式等。

技术转让的谈判包括转让的形式、转让的时间、转让费用的支付方式、深入继续开发转让技术的归属及利益分割比例等。

3. 制定谈判议程表

制定谈判议程表就是要把本次谈的事情做一个位次编排。先做什么,后做什么,某个程序大体应该在什么环节上去操作。

一般情况下都按照下面的思路安排程序的进程。

人们往往习惯上首先选择一个对己方不甚重要的问题进行谈判。在这个问题上给对方以较大的优惠或让步,以表明自己的融通与合作的诚意。

然后就要选择一个对己方利害关系不大,但是对对方来说可能是个重要的问题来进行谈判,以摸清对方的谈判方式以及对方的准备程度和对方可能会作出让步的领域与程度。

第三个大的议题阶段就是要转入己方至关重要的问题来进行讨论,并且一般在转换的过程中都是悄悄的、不露痕迹的、平稳的。

第四个内容就是在讨论了己方至关重要的问题之后,再讨论其他一些较为重要的事项和条款,或再补充一些遗漏的需要做详细说明的问题。

进入尾声时,又需要找到一个较为次要的而且己方可以作出让步的问题来作为谈判的议题。这样做可以进一步表达己方的成交诚意,并且可以让谈判对方在心理上得到一种很大的满足感。

4. 制订计划

任务书加上议程表就是一份整体的商务谈判计划。

5.5.2　国际商务谈判计划的编制方法

国际商务谈判计划的格式要点应该包括以下一些内容。

1. 谈判计划的标题

标题用来说明商务谈判的内容,如《关于引进××项目的谈判计划书》等。

2. 谈判计划的正文

正文包括引文、谈判主题、谈判目标、谈判程序、谈判组织以及时间、地点等。

3. 落款

落款包括计划书制订者的名称、公章、计划书完成时间。

📚 案例 5-3

关于引进日本××公司电子生产线的谈判计划书

由于我公司产品更新换代、提高竞争力的需要,经公司董事会临时会议决定,公司将从日本××公司引进全套自动化电子芯片生产流水线及有关部件的生产技术。双方定于 10 月 20 日在上海××国际大厦举行正式洽谈。

一、谈判主题

以合适的价格引进这条具有 20 世纪 90 年代先进水平的全自动电子芯片流水线及有关部件的生产技术。

二、总体目标

(一)技术要求

1. 该流水线要求使用中国工业用电标准,不再需要相应的电压转换系统。

2. 流水线在正常工作条件下每小时可生产芯片××个,合格率保证在 95％以上。

(二)试用期考核指标

1. 试用周期为 6 个月。

2. 使用温度在－10℃～60℃。

3. 电子焊头在正常使用下,使用寿命为不低于×个工作日。

(三)生产技术转让

1. 日本××公司应该无偿提供机车的部分技术。

2. 日方应提供相应的技术图纸、工艺流程图、专用手册等。

(四)购买价格

1. 购买交易以美元结算。

2. 日方 FOB 报价为 120 万美元/台。

3. 我公司最高能接受的价格为 115 万美元/台。

4. 按照当日的美元汇价,在允许价格 10％上下浮动。

三、谈判程序(略)

四、具体日程安排(略)

五、谈判地点

上海××国际大厦　上海市静安区×号,电话:×××××××××

六、人员分工

主谈:顾某,公司谈判全权代表;

副谈:卞某某,配合主谈工作,并及时做补充和纠正;

成员:欧阳某,翻译;赵某某,负责记录和技术条款;尚某,负责法律和财务支持。

公司谈判小组
年　　月　　日

知识拓展

谈判"三部曲"的概念

📚 案例 5-4

国际商务谈判策划书

📝 自我测试

你有政治家的头脑吗?

许多重要的生意经是从商业学校学不到的。虽然学校教师教授了一些知识与技巧,但那只是些皮毛而已。真正决定成功与失败的是你的政治头脑,而这一点却往往被忽视。

1. 你被派往一个距公司总部 200 公里的地方任职,但你担心在这个遥远的角落会被人遗忘,错过提升机会。你:

　　A. 拒绝任命。

　　B. 接受任命,经常写报告给总部并抄送有关首脑人物。

　　C. 要求工作一段时间后即调回总部。

2. 如果老板在公司聚会时当众开你的玩笑,你是否:

　　A. 满脸阴云,保持沉默。

　　B. 反过来开他的玩笑。

　　C. 甘当笑料,笑得比众人都热烈。

3. 如果你对某位颇有心计的下属挑选的雇员有成见,你:

　　A. 拒绝他的推荐。

　　B. 为平衡关系,同意他的决定。

　　C. 建议他去收集有关此人的材料。

4. 如果老板对你的某个过错很恼火,你:

　　A. 将错误推到别人身上。

　　B. 向他道歉,同时感谢他直言不讳的批评。

　　C. 为自己辩解,强词夺理。

5. 如果某位下属强烈反对你的部门重组计划,而你又无法说服他改变主意,你:

　　A. 向他许诺,只要他收回己见,就在新部门中为他安排一个重要职务。

　　B. 用开除相威胁,逼他合作。

　　C. 请老板批准派他去参加一个月的进修,在此期间你将实施重组计划。

6. 如果两派领导之间的权力之争复杂激烈,两方面都想争取你的支持,你:

　　A. 不偏不倚,保持中立。

　　B. 对双方均表示同情,但不表明立场。

　　C. 支持势力强大的一方。

7. 如果董事长从商业学校培训班归来后,下令在整个公司推行一种新的管理体制,

而你认为这种体制既不可行又无必要,你:

    A. 100％地支持并全力以赴响应。

    B. 服从董事长的指示,但不投入太多热情,以免新体制失败时影响自己的声誉。

    C. 找机会与董事长谈心,请求他三思而后行。

8. 如果上司将你煞费苦心想出的好主意窃为己有,到处张扬,你:

    A. 小心巧妙地让大家知道真相,不与他争吵。

    B. 直接要求他澄清事实。

    C. 向同事大发牢骚,散布辞职打算。

9. 如果你起草了一份降低公司费用和开支的计划,递交公司领导后,你:

    A. 缠着他发表意见。

    B. 争取得到上层领导人士的支持,走“上层路线”。

    C. 递交一份同样的报告给更高一级领导。

10. 如果你认为老板准备推出的某项新产品必定失败,你:

    A. 保持沉默,顺其自然。

    B. 劝老板放弃原计划。

    C. 建议老板先进行市场调研,然后再做决策。

11. 如果你怀疑某位下属机构经理挥霍无度、费用超标,但找不到确凿的证据,你:

    A. 请审计部门立案调查。

    B. 将他调往不属于自己管辖的其他部门。

    C. 将他调回总部,以便监督他的行为。

12. 如果老板夫人在新年舞会上对你频频暗送秋波,你:

    A. 想办法改变话题。

    B. 邀请她和她先生与你们夫妇共饮几杯。

    C. 对她亦眉目传情。

评分标准

题目	A(得分)	B(得分)	C(得分)
1	1	5	3
2	1	3	5
3	1	3	5
4	3	5	1
5	3	1	5
6	3	5	1
7	1	5	3
8	5	3	1
9	1	5	3
10	1	3	5
11	5	1	3
12	3	5	1
总计:			

结果分析：

50～60 分：你是一位足智多谋的政治家,深谙伺机而动之道。你头脑冷静,有耐心,有毅力,不急于求成,不打无把握之仗。

30～49 分：你基本上能妥善地处理各种复杂问题,只是有时与老板的关系还不够融洽。

11～29 分：你就像一块坚硬的钻石,无论讲话还是办事,都显得过于生硬。虽然在某些情况下需要坚决、坦率的作风,但温和、耐心的人更容易成功。假如你志向高远,希望成就一番事业,那么还是应多注意工作方法,切忌过于死板。

10 分或以下：你是一位很不灵活的人,在复杂情形下往往不知所措,除非你吸取以往的失败教训,脚踏实地,否则难以有大进步。只要你能成功地改变自己,无论是在事业上,还是在生活上,必将获益匪浅。

思 考 题

1. 国际商务谈判宏观环境因素有哪些？
2. 国际商务谈判环境分析的方法有哪些？
3. 简述良好的洞察力的特征。
4. 简述国际商务谈判人员应具备的素质。
5. 国际商务谈判计划的目标有哪些？
6. 简述国际商务谈判"三部曲"的概念及内容。

即 测 即 练

第 6 章

国际商务谈判策略

案例 6-1

有理有节，索赔获胜

我国从日本 S 汽车公司进口大批 FP-148 货车，使用时普遍发生严重质量问题，致使我国蒙受巨大经济损失。为此，我国向日方提出索赔。

谈判一开始，中方简明扼要地介绍了 FP-148 货车在中国各地的损坏情况以及用户对此的反映。中方在此虽然只字未提索赔问题，但已为索赔说明了理由和事实根据，展示了中方谈判威势，恰到好处地拉开了谈判的序幕。日方对中方的这一招早有预料，因为货车的质量问题是一个无法回避的事实，日方无心在这一不利的问题上纠缠。日方为避免劣势，便不动声色地说："是的，有的车子轮胎炸裂，有的挡风玻璃炸碎，有的电路有故障，有的铆钉震断，有的车架偶有裂纹。"中方觉察到对方的用意，便反驳道："贵公司代表都到现场看过，经商检和专家小组鉴定，铆钉非属震断，而是剪断，车架出现的不仅仅是裂纹，而是裂缝、断裂！而车架断裂不能用'有的'或'偶有'，最好还是用比例数据表达更科学、更准确……"日方淡然一笑说："请原谅，比例数据尚未准确统计。""那么，对货车质量问题，贵公司能否取得一致意见？"中方对这一关键问题紧追不舍。"中国的道路是有问题的。"日方转了话题，答非所问。中方立即反驳："诸位已去过现场，这种说法是缺乏事实根据的。""当然，我们对贵国实际情况考虑不够……""不，在设计时就应该考虑到中国的实际情况，因为这批车是专门为中国生产的。"中方步步紧逼，日方步步为营，谈判气氛渐趋紧张。中日双方在谈判开始不久，就在如何认定货车质量问题上陷入僵局。日方坚持说中方有意夸大货车的质量问题："货车质量的问题不至于到如此严重的程度吧？这对我们公司来说，是从未发生过的，也是不可理解的。"此时，中方觉得该是举证的时候了，就将有关材料向对方一推说："这里有商检、公证机关的公证结论，还有商检拍摄的录像。如果……""不！不！对商检、公证机关的结论，我们是相信的，我们是说贵国是否能作出适当让步。否则，我们无法向公司交代。"日方在中方所提质量问题攻势下，及时调整了谈判方案，采用以柔克刚的手法，向对方踢皮球，但不管怎么说，日方在质量问题上设下的防线已被攻克了，这就为中方进一步提出索赔价格要求打开了缺口。随后，双方对 FP-148 货车损坏归属问题取得了一致的意见。日方一位部长不得不承认，这属于设计和制作上的质量问题。初战告捷，但是我方代表意识到更艰巨的较量还在后头。索赔金额的谈判才是根本性的。

随即，双方谈判的问题升级到索赔的具体金额上——报价、还价、提价、压价、比价，一场毅力和技巧较量的谈判竞争展开了。中方主谈代表擅长经济管理和统计，精通测算。

他翻阅了许多国内外的有关资料,甚至在技术业务谈判中,也不凭大概和想当然,认为只有事实和科学的数据才能服人。此刻,他的纸笺上,在大大小小的索赔项目旁,写满了密密麻麻的阿拉伯数字。这是技术业务谈判,不能凭大概,只能依靠科学准确的计算。根据多年的经验,他不紧不慢地提出:"贵公司对每辆车支付加工费是多少?这项总额又是多少?""每辆车10万日元,共计5.84亿日元。"日方接着反问道:"贵国报价是多少?"中方立即回答:"每辆16万日元,此项共计9.5亿日元。"精明强干的日方主谈人淡然一笑,与其副手耳语了一阵,问:"贵国报价的依据是什么?"中方主谈人将车辆损坏后各部件需如何修理、加固、花费多少工时等逐一报价。"我们提出的这笔加工费并不高。"接着中方代表又用了欲擒故纵的一招:"如果贵公司感到不合算,派员维修也可以。但这样一来,贵公司的耗费恐怕是这个数的好几倍。"这一招很奏效,顿时把对方将住了。日方被中方如此精确的计算所折服,自知理亏,转而以恳切的态度征询:"贵国能否再压低一点?"此刻,中方意识到,就具体数目的实质性讨价还价开始了。中方答道:"为了表示我们的诚意,可以考虑贵方的要求,那么,贵公司每辆出价多少呢?""12万日元。"日方回答。"13.4万日元怎么样?"中方问。"可以接受。"日方深知,中方在这一问题上已作出了让步。于是双方很快就此项索赔达成了协议。日方在此项目费用上共支付7.76亿日元。

然而,中日双方争论索赔的最大数额的项目却不在此,而在于高达几十亿日元的间接经济损失赔偿金。在这一巨大数目的索赔谈判中,日方率先发言。他们也采用了逐项报价的做法,报完一项就停一下,看看中方代表的反应,但他们的口气却好似报出的每一个数据都是不容打折扣的。最后,日方统计可以给中方支付赔偿金30亿日元。中方对日方的报价一直沉默不语,用心揣摩日方所报数据中的漏洞,把所有的"大概""大约""预计"等含糊不清的字眼都挑了出来,有力地抵制了对方所采用的浑水摸鱼的谈判手段。

在此之前,中方谈判班子昼夜奋战,液晶体数码不停地在电子计算机的荧光屏上跳动着,显示出各种数字。在谈判桌上,我方报完每个项目的金额后,讲明这个数字测算的依据,在那些有理有据的数字上,打的都是惊叹号。最后我方提出间接经济损失费70亿日元!

日方代表听了这个数字后,惊得目瞪口呆,老半天说不出话来,连连说:"差额太大,差额太大!"于是,进行无休止的报价、压价。

"贵国提的索赔额过高,若不压半,我们会被解雇的。我们是有妻儿老小的……"日方代表哀求着。老谋深算的日方主谈人使用了哀兵制胜的谈判策略。

"贵公司生产如此低劣的产品,给我国造成多么大的经济损失啊!"中方主谈接过日方的话头,顺水推舟地使用了欲擒故纵的一招:"我们不愿为难诸位代表,如果你们做不了主,请贵方决策人来与我们谈判。"双方各不相让,只好暂时休会。这种拉锯式的讨价还价,对双方来说是一种毅力和耐心的较量。因为谈判桌上,率先让步的一方就可能被动。

随后,日方代表急用电话与日本S汽车公司的决策人密谈了数小时。接着谈判重新开始了,此轮谈判一接火就进入高潮,双方舌战了几个回合,又沉默下来。此时,中方意识到,己方毕竟是实际经济损失的承受者,如果谈判破裂,就会使己方获得的谈判成果付诸东流;而要诉诸法律,麻烦就更大。为了使谈判已获得的成果得到巩固,并争取有新的突破,适当的让步是打开成功大门的钥匙。中方主谈人与助手们交换了一下眼色,率先打破沉默说："如果贵公司真有诚意的话,彼此均可适当让步。"中方主谈人为了防止由于己方率先让步所带来的不利局面,建议双方采用"计分法",即双方等量让步。"我公司愿意付 40 亿日元。"日方退了一步,并声称:"这是最高突破数了。""我们希望贵公司最低限度必须支付 60 亿日元。"中方坚持说。

这样一来,中日双方各自从己方的立场上退让了 10 亿日元。双方比分相等。谈判又出现了转机。双方界守点之间仍有 20 亿日元的递差。但一个界守点对双方来说,都是虚设的。更准确地说,这不过是双方的一道最后的争取线。该如何解决这"百米赛路"最后冲刺阶段的难题呢? 双方的谈判专家都是精明的,谁也不愿看到一个前功尽弃的局面。几经周折,双方共同接受了由双方最后报价金额相加除以 2,即 50 亿日元的最终谈判方案。除此之外,日方愿意承担下列三项责任。

(1) 确认出售给中国的全部 FP-148 型货车为不合格品,同意全部退货,更换新车。

(2) 新车必须重新设计试验,精工细作,制作优良,并请中方专家检查验收。

(3) 在新车未到之前,对旧车进行应急加固后继续使用,日方提供加固件和加固工具等。

一场罕见的特大索赔案终于公正地交涉成功了!

这是一场包含两项议价谈判议题的复杂谈判,在关于第一项议题的谈判中,中方在掌握充分信息和证据的条件下,有理有据先发制人,争取了谈判的主动权,率先报价,日方为了给下项议题的谈判争取筹码,只进行一次讨价便成交。第二项议题的谈判一开始,日方为争取主动率先报价,并态度坚决,步步为营。中方则沉着冷静,寻找对方价格解释中的漏洞,进行攻势猛烈的价格评论,并迫使对方使用哀兵制胜的策略。中方利用暂时休会,分析利弊,率先让步,促成交易。

商务谈判是"合作的利己主义"的过程。在这个过程中,参与谈判的双方或多方都要为自己获得尽可能多的利益而绞尽脑汁。在这种复杂的智力竞争活动中,谈判高手无不借助谈判策略的运用来显示其才华。在当前竞争激烈的市场环境中,谈判人员中有各种不同素质的人,谈判中的真真假假甚至是坑蒙诈骗等都有可能存在。作为业务人员应当学习适应这些竞争的方法、手段以及残酷性,避免在今后的谈判实践中失误,给个人和公司造成损失。这就要求我们熟练掌握和应用各种谈判策略与手段。在商务谈判中,正确地运用谈判的策略,往往会收到意想不到的效果。因此,谈判策略选用是否得当、能否成功,是衡量谈判人员能力高低、经验丰富与否的主要标准。

6.1 国际商务谈判策略概述

6.1.1 国际商务谈判策略的含义

所谓国际商务谈判策略,就是指谈判人员根据谈判预期目标的要求和谈判情况的变化,灵活地贯彻实施谈判战略所采取的措施的总和。它依据谈判双方的实力,纵观谈判全局的某个方面、某个阶段的关系,规划整个谈判力量的准备和运用,指导谈判的全过程。

国际商务谈判策略是一个集合概念和混合概念。一方面,它表明商务谈判中所运用的单一方式、技巧、措施、战术、手段等,都只是国际商务谈判策略的一部分。对于策略,谈判人员可以从正向来运用,也可以从反向来运用;既可以运用策略的一部分,也可以运用其几部分及其大部分的组合。另一方面,它还表明国际商务谈判中所运用的方式、技巧、措施、战术、手段等是交叉联系的,难以再深入分割与分类。

多数国际商务谈判策略是事前决策的结果,是科学制定策略本身指导思想的反映,也是谈判实践的经验概括。它规定谈判人员在一种能预见和可能发生的情况下,应该做什么,不能做什么。谈判中所采取的许多策略,都要经历酝酿和运筹的过程。酝酿和运筹的过程,也是集思广益的互动过程。只有经过这一过程,才能选择准确、恰当的国际商务谈判策略。

使用策略的关键在于准确把握谈判对手的心理活动特点,分清对手的优势与劣势、长处与短处,抓住对手的劣势与短处,掌握分寸好进攻的时机,攻心斗智,施计用策,从而实现对谈判活动的控制,争取谈判活动中的最大利益。

6.1.2　制定国际商务谈判策略的步骤

制定国际商务谈判策略的步骤是指制定商务谈判策略所应遵循的逻辑顺序,其主要包括以下几个方面。

1. 了解影响谈判的因素

谈判策略制定的前提是对影响谈判的各因素的了解和掌控。影响谈判的各因素包括谈判的背景、谈判中的问题、双方的分歧、态度、趋势、事件或情况等,这些因素共同构成一个谈判组合。首先,谈判人员将这个"组合"分解成不同的部分,并找出每部分的意义。其次,谈判人员进行重新安排、观察分析之后,找出最有利于自己的组合方式。

2. 寻找关键问题

在对相关现象进行科学分析和判断之后,要求对问题特别是关键问题作出明确的陈述与界定,弄清楚问题的性质,以及该问题对整个谈判的成功会造成什么障碍,等等。

3. 确定具体目标

根据现象分析,找出关键问题,调整和修订原来的目标,或确定一个新目标。目标就是行为人要达到的预计标准。这种标准可以分为若干个级次。等级越高的目标越抽象,等级越低的目标越具体。等级越高的目标越是定性、定向的,指导思想性质的目标,而等级越低的目标越具有可操作性。

4. 形成假设性方法

根据谈判中不同问题的不同特点,逐步形成解决问题的途径和具体方法,这需要谈判人员对不同的问题进行深刻分析,突破常规限制,尽力探索出既能满足自己期望的目标、又能解决问题的方法来。

5. 深度分析假设方法

在提出假设性的解决方法后,对少数比较可行的策略进行深入分析。依据"有效""可行"的要求,对这些方法进行分析、比较,权衡利弊,并从中选择若干个比较满意的方法与途径。

6. 形成具体的谈判策略

在进行深度分析得出结果的基础上,对拟定的谈判策略进行评价,得出最终结论。

7．拟订行动计划草案

有了具体的谈判策略，紧接着便是要考虑谈判策略的实施。要从一般到具体提出每位谈判人员必须做到的事项，把它们在时间、空间上安排好，并进行反馈控制和追踪决策。

以上只是从国际商务谈判的一般情况来说明如何制定谈判策略。在具体实施的过程中，上述步骤并非机械地排列，各步骤间也不是截然分开的，它们仅仅是制定谈判策略时所应遵循的逻辑思维。

6.2　国际商务谈判开局阶段的策略

万事开头难，国际商务谈判中，从谈判双方见面商议开始到最后签约或成交为止，整个过程往往呈现出一定的阶段性，并具有很强的阶段性特点。尽管谈判是多种策略的综合运用过程，在每一个阶段往往是多种策略结合在一起，并不能具体明确在这个阶段到底采用哪一个具体策略，而且有的策略可能在谈判的各个阶段都会采用，但是在谈判的每一个阶段，往往会有一些经常使用的策略，这些策略在这个阶段具有明显的主导性。首先，我们学习开局阶段的策略。谈判开局策略是谈判人员谋求谈判开局有利形势和实现对谈判开局的控制而采取的行动方式或手段，其目的就是营造适当的谈判气氛。国际商务谈判开局阶段的策略一般包括以下几个方面。

6.2.1　协商式开局策略

协商式开局策略是指以协商、肯定的语言进行陈述，使对方对己方产生好感，创造双方对谈判的理解充满"一致性"的感觉，从而使谈判双方在友好、愉快的气氛中展开谈判工作的策略。

协商式开局策略比较适用于谈判双方实力比较接近、双方过去没有商务往来，第一次接触，都希望有一个好的开端。要多用外交礼节性语言、中性话题，使双方在平等、合作的气氛中开局。例如，谈判一方以协商的口吻来征求对方的意见，然后对对方意见表示赞同或认可，双方达成共识。要表示充分尊重对方意见的态度，语言要友好礼貌，但又不刻意奉承对方。姿态上应该是不卑不亢，沉稳中不失热情，自信但不自傲，把握住适当的分寸，顺利打开局面。

📚 案例 6-2

异国他乡的家乡乐曲

1972 年 2 月，美国总统尼克松访华，中美双方将要展开一场具有重大历史意义的国际谈判。为了创造一种融洽和谐的谈判环境与气氛，中国方面在周恩来总理的亲自领导下，对谈判过程中的各种环境都做了精心而又周密的准备和安排，甚至对宴会上要演奏的中美两国民间乐曲都进行了精心的挑选。在欢迎尼克松一行的国宴上，当军乐队熟练地演奏起由周总理亲自选定的《美丽的亚美利加》时，尼克松总统简直听呆了，他绝没有想到能在中国的北京听到他如此熟悉的乐曲，因为，这是他最喜爱的并且指定在他的就职典礼上演奏的家乡乐曲。敬酒时,他特地到乐队前表示感谢,此时,国宴达到了高潮,而这种融洽而热烈的气氛也同时感染了美国客人。一个小小的精心安排,赢得了和谐融洽的谈判气氛,这不能不说是一种高超的谈判艺术。

美国前总统杰弗逊曾经针对谈判环境说过这样一句意味深长的话:"在不舒适的环境下,人们可能会违背本意,言不由衷。"英国政界领袖欧内斯特·贝文则说,根据他平生参加的各种会谈的经验,他发现,在舒适明朗、色彩悦目的房间内举行的会谈,大多比较成功。

协商式开局策略的目的在于创造取得谈判成功的条件。协商式开局策略还有一种重要途径,就是在谈判开始时以问询方式或者补充方式诱使对手走入你的既定安排,从而使双方达成一致和共识。所谓问询方式,是指将答案设计成问题来询问对方,例如:"你看我们把价格和付款方式问题放到后面讨论怎么样?"所谓补充方式,是指借以对对方意见的补充,使自己的意见变成对方的意见。

6.2.2　坦诚式开局策略

坦诚式开局策略是指以开诚布公的方式向谈判对手陈述自己的观点或意愿,尽快打开谈判局面的策略。

坦诚式开局策略比较适合双方过去有过商务往来,而且关系很好,互相比较了解,将这种友好关系作为谈判的基础。在陈述中可以真诚、热情地畅谈双方过去的友好合作关系,适当地称赞对方在商务往来中的良好信誉。由于双方关系比较密切,可以省去一些礼节性的外交辞令,坦率地陈述己方的观点以及对对方的期望,使对方产生信任感。

坦诚式开局策略有时也可用于实力不如对方的谈判人员。己方实力弱于对方,这是双方都了解的事实,因此没有必要掩盖。坦率地表明己方存在的弱点,使对方理智地考虑谈判目标。这种坦诚也表达出实力较弱一方不惧怕对手的压力,充满自信和实事求是的精神,这比"打肿脸充胖子"大唱高调掩饰自己的弱点要好得多。

案例 6-3

坦诚合作交朋友

北京某区一位党委书记在同外商谈判时,发现对方对自己的身份持有强烈的戒备心理。这种状态妨碍了谈判的进行。于是,这位党委书记当机立断,站起来对对方说道:"我是党委书记,但也懂经济、搞经济,并且拥有决策权。我们摊子小,并且实力不大,但人实在,愿意真诚与贵方合作。咱们谈得成也好,谈不成也好,至少您这个外来的'洋'先生可以交一个我这样的'土'朋友。"寥寥几句肺腑之言,打消了对方的疑惑,使谈判顺利地向纵深发展。

6.2.3　慎重式开局策略

慎重式开局策略是指以严谨、凝重的语言进行陈述,表达出对谈判的高度重视和鲜明的态度,目的在于使对方放弃某些不适当的意图,以达到把握谈判的目的的策略。慎重式开局策略适用于谈判双方过去有过商务往来,但对方曾有过不太令人满意的表现,己方要通过严谨、慎重的态度,引起对方对某些问题的重视。例如,可以对过去双方业务关系中对方的不妥之处表示遗憾,并希望通过本次合作能够改变这种状况。可以用一些礼貌性的提问来考察对方的态度、想法,不急于拉近关系,注意与对方保持一定的距离。这种策略也适用于己方对谈判对手的某些情况存在疑问,需要经过简短的接触摸底。当然慎重并不等于没有谈判诚意,也不等于冷漠和猜疑,这种策略正是为了寻求更有效的谈判成果而使用的。

6.2.4　进攻式开局策略

进攻式开局策略是指通过语言或行为来表达己方强硬的姿态,从而获得谈判对手必要的尊重,并借以制造心理优势,使谈判顺利进行下去的策略。这种进攻式开局策略只有在特殊情况下使用。例如发现谈判对手居高临下,以某种气势压人,有某种不尊重己方的倾向,如果任其发展下去,对己方是不利的,因此要变被动为主动,不能被对方气势压倒。采取以攻为守的策略,捍卫己方的尊严和正当权益,使双方站在平等的地位上进行谈判。进攻式策略要运用得好,必须注意有理、有利、有节,不能使谈判一开始就陷入僵局。要切中问题要害,对事不对人,既表现出己方的自尊、自信和认真的态度,又不能过于咄咄逼人,使谈判气氛过于紧张,一旦问题表达清楚,对方也有所改观,就应及时调节一下气氛,使双方重新建立起一种友好、轻松的谈判气氛。

案例 6-4

有理有节,破解难题

日本一家著名的汽车公司在美国刚刚"登陆"时,急需找一家美国代理商来为其销售产品,以弥补它不了解美国市场的缺陷。当日本汽车公司准备与美国的一家公司就此问题进行谈判时,日本公司的代表路上塞车迟到了。美国公司的代表抓住这件事紧紧不放,想要以此为手段获取更多的优惠条件。日本公司的代表发现无路可退,于是站起来说:"我们十分抱歉耽误了你的时间,但是这绝非我们的本意,我们对美国的交通状况了解不足,所以导致了这个不愉快的结果,我希望我们不要再为这个无所谓的问题耽误宝贵的时间了,如果因为这件事怀疑到我们合作的诚意,那么,我们只好结束这次谈判。我认为,我们所提出的优惠代理条件是不会在美国找不到合作伙伴的。"

日本公司代表的一席话说得美国公司代表哑口无言,美国公司也不想失去这次赚钱的机会,于是谈判顺利地进行下去。

进攻式开局策略通常只在这种情况下使用:发现谈判对手在刻意制造低调气氛,这种气氛对己方的讨价还价十分不利,如果不把这种气氛扭转过来,将损害己方的切身利益。本案例中,日本谈判代表采取进攻式的开局策略,阻止了美方谋求营造低调气氛的企图。进攻式开局策略可以扭转不利于己方的低调气氛,使之走向自然气氛或高调气氛。但是,进攻式开局策略也可能使谈判一开始就陷入僵局。

6.3 国际商务谈判报价阶段的策略

谈判双方在结束了非实质性交谈之后，就要将话题转向有关交易内容的正题，即开始报价。这里所谓的报价不仅是指产品在价格方面的要求，而且是指包括价格在内的关于整个交易的各项条件（如商品的数量、质量、包装、价格、装运、保险、支付、商检、索赔、仲裁等）。其中价格条件具有重要的地位，是商务谈判的核心。国际商务谈判报价阶段的策略主要有以下几种。

6.3.1 价格起点策略

1. 吊筑高台策略

吊筑高台策略又称欧式报价，是指卖方提出一个高于己方实际要求的谈判起点来与对手讨价还价，最后再作出让步达成协议的谈判策略。

一位美国商业谈判专家曾和2 000位主管人员做过许多试验，结果发现这样的规律：如果卖主出价较低，则往往能以较低的价格成交；如果卖主喊价较高，则往往也能以较高的价格成交；如果卖主喊价出人意料的高，只要能坚持到底，则在谈判不致破裂的情况下，往往会有很好的收获。可见，吊筑高台策略的运用，能使自己处于有利的地位，有时甚至会收到意想不到的效果。

注意：运用这种策略时，喊价要狠，让步要慢。凭借这种方法，谈判人员一开始便可削弱对方的信心，同时还能乘机考验对方的实力并确定对方的立场。

应对方法：要求对方出示报价或还价的依据，或者己方出示报价或还价的依据。

📚 **案例 6-5**

高价也可多销

1945年圣诞节即将来临时，为了欢度战后的第一个圣诞节，美国居民急切希望能买到新颖别致的商品作为圣诞礼物。当年6月，美国有一位名叫朵尔顿·雷诺兹的企业家到阿根廷谈生意时，发现圆珠笔在美国有广阔的市场前景，立即不惜资金和人力从阿根廷引进当时美国人根本没有见过的圆珠笔，只用一个多月便拿出了自己的改进产品，并利用当时人们原子热的情绪，取名为"原子笔"。之后，他立即拿着仅有的一支样笔来到纽约的金贝尔百货公司，向主管们展示这种"原子时代的奇妙笔"的不凡之处："可以在水中写字，也可以在高海拔地区写字。"这些都是雷诺兹根据圆珠笔的特性和美国人追求新奇的性格精心制定的促销策略。果然，公司主管对此深感兴趣，一下订购了2 500支，并同意采用雷诺兹的促销口号作为广告。

当时，这种圆珠笔生产成本仅为0.8美元，但雷诺兹却果断地将售价抬高到20美元，因为只有这个价格才能让人们觉得这种笔与众不同，配得上"原子笔"的名称。1945年10月29日，金贝尔百货公司首次销售雷诺兹圆珠笔，竟然出现了3 000人争购"奇妙笔"的壮观场面。人们以赠送与得到"原子笔"为荣，一时间新颖、奇特、高贵的原子笔风靡美国，大量订单像雪片一样飞向雷诺兹的公司。短短半年时间,雷诺兹生产圆珠笔所投入的 2.6 万美元成本竟然获得 150 多万美元的利润。等到其他对手挤进这个市场,杀价竞争时,雷诺兹已赚足大钱,抽身而去。

2. 抛放低球策略

抛放低球策略又称日式报价,是指先提出一个低于己方实际要求的谈判起点,以让利来吸引对方,试图首先去击败参与竞争的同类对手,然后再与被引诱上钩的卖方进行真正的谈判,迫使其让步,达到自己的目的的策略。

我们知道,商业竞争从某种意义上可分为三大类,即买方之间的竞争、卖方之间的竞争,以及买方与卖方之间的竞争。在买方与卖方之间的竞争中,一方如果能首先击败同类竞争对手,就会占据主动地位。当对方觉得别无所求时,就会委曲求全。

应对方法:其一,把对方的报价内容与其他客商(卖主)的报价内容一一进行比较和计算,并直截了当地提出异议。其二,不为对方的小利所迷惑,自己报出一个"一揽子"交易的价格。

抛放低球策略虽然最初提出的价格是最低的,但它却在价格以外的其他方面提出了最利于己方的条件。对于买方来说,要想取得更好的条件,他就不得不考虑接受更高的价格。因此,低价格并不意味着卖方放弃对高利益的追求。可以说,它实际上与吊筑高台策略殊途同归,两者只有形式上的不同,而没有实质性的区别。一般而言,抛放低球策略有利于竞争,吊筑高台策略则比较符合人们的价格心理。多数人习惯于价格由高到低,逐步下降,而不是相反的变动趋势。

6.3.2　除法报价策略

除法报价策略是一种价格分解术,以商品的数量或使用时间等概念为除数,以商品价格为被除数,得出一种数字很小的价格,使买主对本来不低的价格产生一种便宜、低廉的感觉。

如保险公司为动员液化石油气用户参加保险,宣传说:参加液化气保险,每天只需交保险费 1 元,若遇到事故,则可得到高达 1 万元的保险赔偿金。这种做法,用的就是该策略。相反,如果说每年交保险费 365 元的话,效果就差得多了,因为人们觉得 365 元是个不小的数字。而用"除法报价法"说成每天交 1 元,人们听起来在心理上就容易接受了。

6.3.3　加法报价策略

加法报价策略是指在商务谈判中,有时怕报高价会吓跑客户,就把价格分解成若干层次渐进提出,使若干次的报价最后加起来仍等于当初想一次性报出的高价的策略。

例如:文具商向画家推销一套笔墨纸砚,如果他一次报高价,画家可能根本不会买。但文具商可以先报笔价,要价很低;成交之后再谈墨价,要价也不高;待笔、墨卖出之后,接着谈纸价,再谈砚价,抬高价格。画家已经买了笔和墨,自然想"配套",不忍放弃纸和砚,在谈判中便很难在价格方面作出让步了。

采用加法报价策略,卖方多半是因为所出售的商品具有系列组合性和配套性。买方一旦买了组件 1,就无法割舍组件 2 和组件 3 了。针对这一情况,作为买方,在谈判前就要考虑商品的系列化特点，谈判中及时发现卖方"加法报价"的企图，挫败这种"诱招"。

6.3.4　差别报价策略

差别报价策略是指在国际商务谈判中针对客户性质、购买数量、交易时间、支付方式等方面的不同，采取不同的报价策略。这种价格差别，体现了商品交易中的市场需求导向，在报价策略中应重视运用。例如，对老客户或大批量需求的客户，为巩固良好的客户关系或建立起稳定的交易联系，可适当实行价格折扣；对新客户，有时为开拓新市场，也可给予适当让价；对某些需求弹性较小的商品，可适当实行高价策略；对"等米下锅"的客户，价格则不宜下降。

6.3.5　对比报价策略

对比报价策略是指向对方抛出有利于己方的多个商家同类商品交易的报价单，设立一个价格参照系，然后将所交易的商品与这些商家的同类商品在性能、质量、服务和其他交易条件等方面作出有利于己方的比较，并以此作为己方要价的依据的策略。价格谈判中，使用对比报价策略，往往可以增强报价的可信度和说服力，一般有很好的效果。报价对比可以从多方面进行。例如，将本商品的价格与另一可比商品的价格进行对比，以突出相同使用价值的不同价格；将本商品及其附加各种利益后的价格与可比商品不附加各种利益的价格进行对比，以突出不同使用价值的不同价格；将本商品的价格与竞争者同一商品的价格进行对比，以突出相同商品的不同价格；等等。

应对方法：其一，要求对方提供有关证据，证实其所提供的其他商家的报价单的真实性。其二，仔细查找报价单及其证据的漏洞，如性能、规格型号、质量档次、报价时间和其他交易条件的差异与不可比性，并以此作为突破对方设立的价格参照系屏障的切入点。其三，己方也抛出有利于自己的另外一些商家的报价单，并做相应的比较，以其人之道还治其人之身。其四，找出对方价格参照系的一个漏洞，并予以全盘否定，坚持己方的要价。

6.3.6　最小单位报价策略

最小单位报价策略是指企业把同种商品按不同的数量包装，以最小包装单位量制定基数价格，销售时，参考最小包装单位的基数价格与所购数量收取款项策略。一般情况下，包装越小，实际的单位数量商品的价格越高；包装越大，实际的单位数量商品的价格越低。

对于质量较高的茶叶，就可以采用这种定价方法。如果某种茶叶为 500 克 150 元，消费者就会觉得价格太高而放弃购买；如果缩小定价单位，采用每 50 克为 15 元的定价方法，消费者就会觉得可以买来试一试。如果再将这种茶叶以 125 克来进行包装与定价，则消费者就会嫌麻烦而不愿意去换算出每 500 克应该是多少钱，从而也就无从比较这种茶叶的定价究竟是偏高还是偏低。最小单位报价策略的优点比较明显：一是能满足消费者在不同场合下的不同需要，如便于携带的小包装食品、小包装饮料等；二是利用了消费者的心理错觉，因为小包装的价格容易使消费者误以为廉价，而实际生活中消费者很难也不愿意换算出实际重量单位或数量单位商品的价格。

6.3.7 数字陷阱

数字陷阱是指卖方抛出自己制作的商品成本构成计算表(其项目繁多、计算复杂)给买方,用以支持己方总要价的合理性。在分类成本中"掺水分",以加大总成本,为己方的高出价提供证明与依据。运用此策略可以为己方谋取较大利益,击退或是阻止对方的强大攻势。但是若成本构成计算表被对方找出明显错误,则己方就会处于被动局面,易使谈判复杂化,进程缓慢。

此策略一般在商品交易内容多、成本构成复杂、成本计算方法无统一标准,或是对方攻势太盛的情形下使用。实施此策略时,成本计算方法要有利于己方,成本分类要细化,数据要多,计算公式要尽可能繁杂,"水分"要掺在计算复杂的成本项中,且要掺得适度。一句话,就是要使对方难以核算清楚总成本,难以发现"水分"所在,从而落入己方设计好的"陷阱",接受己方的要价。

应对方法:其一,尽可能弄清与所交易的商品有关的成本计算统一标准、规则与惯例。其二,选择几项分类成本进行核算,寻找突破口,一旦发现问题,就借机大举发动攻势。其三,寻找有力的理由,拒绝接受对方抛出的成本构成计算表,坚持己方原有的立场与要价。

6.4 国际商务谈判磋商阶段的策略

磋商阶段也称讨价还价阶段,它是谈判的核心环节,也是最困难、最紧张的阶段。磋商的过程及其结果直接关系到谈判双方所获利益的大小,决定着双方各自需要的满足程度。因而,选择恰当的策略来规划这一阶段的谈判行为,无疑有着特殊重要的意义。

磋商既是双方求同存异、合作、谅解、让步的过程,也是双方斗智斗勇,在谈判实力、经验和智力等诸多方面展开具体较量的过程,谈判策略和技巧的作用在本阶段得到了充分体现。

本节将以谈判中的情势不同,即优势条件、劣势条件和均势条件,分析这一阶段中较为常见的谈判策略。

6.4.1 优势条件下的谈判策略

1. 不开先例策略

不开先例策略是指在谈判中,握有优势的当事人一方为了坚持和实现自己所提出的交易条件,以没有先例为由来拒绝让步促使对方就范,接受自己条件的一种强硬策略。在谈判中,当双方产生争执时,拒绝是谈判人员不愿采用的方式。因此,人们都十分重视研究怎样回绝对方而又不伤面子、不伤感情,不开先例就是一个两全其美的好办法。

例如,"贵公司的这个报价,我方实在无法接受,因为我们这种型号产品售价一直是××元,此例一开,我们无法向上级和以往的交易伙伴交代。"或者"××公司是我们十几年的老客户,我们一向给它们的回扣是15%,因此,对你们来讲也是一样。此例一开,对别的用户就没有信用可言了,也不公平,以后打交道就难办了。希望贵公司谅解。"等,以回绝对方的要求。

2. 先苦后甜策略

先苦后甜策略是指在谈判中先用苛刻的条件使对方产生疑虑、压抑等心态，以大幅度降低对手的期望值，然后在实际谈判中逐步给予优惠或让步，使对方的心理得到满足而达成一致的策略。

该策略使用的基本原因在于：人们对外界的刺激总是先入为主，如果先入刺激为甜，再加一点苦，则觉得更苦；相反，若先入刺激为苦，再加一点甜，则觉得更甜。该策略就是用"苦"降低对方的期望值，用"甜"满足对方的心理需要，因而很容易实现谈判目标，使对方满意地签订合同，使己方从中获取较大利益。

例如，在一次商品交易中，买方想要卖方在价格上多打些折扣，但同时也估计到如果自己不增加购买数量，卖方很难接受这个要求。于是买方在价格、质量、包装、运输条件、交货期限、支付方式等一系列条款上都提出了十分苛刻的要求，并草拟了有关条款作为洽谈业务的蓝本。然后在讨价还价的过程中，买方会让卖方明显地感到在绝大多数的交易项目上买方都"忍痛"做了重大让步。这时，卖方鉴于买方的慷慨表现，在比较满足的情况下，往往会同意买方在价格上多打些折扣的要求，这样买方并没有多费口舌就实现了自己的目标。

注意：在实际应用中，先苦后甜的应用是有限度的，在决定采用时要注意"过犹不及"的格言，也就是说所提出的条件不能过于苛刻，要掌握分寸。

3. 价格陷阱策略

价格陷阱策略是指谈判中的一方利用市场价格预期上涨的趋势以及人们对之普遍担心的心理，把谈判对手的注意力吸引到价格问题上来，使其忽略对其他重要条款的讨价还价的一种策略。

这一策略，是在价格虽看涨，但到真正上涨还需要较长时间的情况下运用的。例如，某机器销售商对买方说："贵方是我公司的老客户了，因此，对于贵方的利益，我方理应给予特别照顾。现在，我们获悉，今年年底前，我方经营的设备市场价格将要上涨，为了使贵方在价格上免遭不必要的损失，如果贵方打算订购这批货，就可以趁目前价格尚未上涨的时机，在订货合同上将价格条款按现价确定下来，这份合同就具有价格保值作用，不知贵方意下如何？"此时，如果市场价格确实有可能上涨，这个建议就会很有诱惑力。

在谈判中，若要破解这个价格陷阱策略，就必须坚持做到几点：其一，谈判的目标、计划和具体步骤一经确定，就要毫不动摇地坚持去做，绝不受外界情况的干扰而轻易地加以改变，也不要随意迁就。其二，买方要根据实际需要来确定订货单，不要被卖方在价格上的蝇头小利所迷惑，这对于买方来说是至关重要的。

案例 6-6

忍气吞声做"俘虏"

卡特是美国的一个彩照实验室，1988 年推出一个"俘虏"消费者的新招牌，它首先在各大学广泛散发宣传其彩色胶卷新产品的广告，除了说明新彩卷性能优越外，还说明由于是新产品,故定价不高,每卷只要1美元(柯达胶卷价格为每卷2美元多),以便让消费者有机会试一试。经济拮据的大学生们纷纷寄钱去购买。几天后,他们收到了胶卷,以及一张"说明书",其上写道:这种胶卷由于材料特殊、性能优良,因此,一般彩扩中心无法冲印,必须将拍摄后的胶卷寄回该实验室才行。

说明书上还列出了冲印的价格,这些价格比一般的彩照扩印店的价格贵一倍。但是,每冲印一卷,该实验室将无偿赠送一卷新胶卷。精明的大学生仔细一算,发现损益相抵后,胶卷、冲洗、印片三者的总价格仍高于一般水平,无奈已花费了1美元的"投资",只得忍气吞声做了"俘虏"。

4. 期限策略

期限策略是指在商务谈判中,实力强的一方向对方提出的达成协议的时间限期,超过这一限期,提出者将退出谈判,以此给对方施加压力,使其尽快作出决策的一种策略。在这种情况下,对方特别担心谈判破裂,一旦破裂,对方损失最大。事实上,大多数贸易谈判,特别是那种双方争执不下的谈判基本上都是到了谈判的最后期限或者临近这个期限才出现突破并进而达成协议的。最后期限带有明显的威胁性。每一个交易行为中都包含了时间因素,时间就是力量,时间限制的无形力量往往会使对方在不知不觉的情况下接受谈判条件。

5. 软硬兼施策略

软硬兼施策略有多种叫法,如"红脸白脸策略""打拉策略""好人坏人策略""鹰派鸽派策略"等。它是指在谈判进程中,两个人分别扮演"软"的谈判角色和"硬"的谈判角色的一种策略。"软"角色就是谈判中的温和派,而"硬"角色就是谈判中的强硬派。在警匪片中,常常有这样的镜头:当嫌疑人被带入审讯室后,神色凛然,大有一副绝不泄密之神情。第一个警察走过来,长得粗胳膊粗腿,肌肉极其发达,问话嗓门儿粗而且大,一脸怒不可遏的样子。一会儿,这位满面怒容的警察走了,来了一位说话和气的警察,面部表情很轻松,示意嫌疑人坐下,并递给他一支香烟。也许不多久,嫌疑人就供出了他的同伙和他们的老巢。在商务谈判小组中,有意识地安排不同脾性、不同风格的谈判人员扮演此类红白脸戏,也能收到相似的效果。

在谈判过程中,先由"红脸"出场,此人立场强硬、态度严厉、做狮子大开口的要求,遇事不好商量,寸步不让。而他旁边的人则面善语和、态度诚恳,此人通情达理,比较好说话,他扮演的是"白脸"的角色。"红脸"态度傲慢、苛刻,立场坚定,绝不妥协,咄咄逼人的、没有任何商量余地的态度使对方产生很大的反感。这种情况下很容易进入僵持状态,而这时正是"白脸"出场的时机。"白脸"出场表现出体谅对方的态度,以合情合理的条件照顾对方的某些要求,并且放弃己方的一些苛刻条件和要求,尽力促成双方的合作。实际上,在这种条件下双方若能够达成协议,正是原先设计好、希望达成的目标。

在运用软硬兼施策略时,应当注意以下几点。

(1)软、硬扮演者一定要默契配合。强硬派发起强攻,疾言厉色时,温和派要善于掌握好时机,及时地出面调停让强硬派下台,礼貌地请对方中招。从谈判角色上来讲,强硬派一般是李逵式人物,温和派一般是诸葛亮式人物。当然,这两种角色也可以由一个人来扮演,但是,这对其谈判才能要求就很高,扮演强硬派强攻时要给自己留有余地,防止话说得太绝,把自己置于一种尴尬的境地。万一冲动中话说得过了头,补救的方法只有暂时"休会"。

（2）从分工来看,强硬派一般由助手来扮演,温和派由主谈人来担当,这是因为谈判的最后收场或决定都是由主谈人来完成的。

（3）从角色的特征来看,扮演者应当基本符合角色的性格特征。强硬派应当得理不让人、言辞激烈、攻击性强。如果让脾性不相宜的人去扮演,很有可能该强硬的时候"硬"不起来,"硬"话也说得像理亏似的软弱无力,就不能达到预期的效果。这也并不是说一定要找满脸凶相、性情暴烈、粗门大嗓的人来担当,主要还是要求谈判人员的内在功力。

6. "推—推—拉"理论

与其说"推—推—拉"理论是一项明确的技巧,不如说它是应遵守的原则。老练的渔夫懂得如何钓鱼。先抛钓竿,鱼儿上钩之后,让鱼儿随钩先逃一下,有点儿缓冲时间,再加点压力,把鱼钓上来。谈判新手也一样,必须学会成功谈判的步调永远是"推—推—拉",绝不是硬邦邦、气势汹汹的。

硬上、硬来、毫不通融、以气势压人的谈判方式不会有效,因为它忽略了对手的立场,在独裁国家及战俘集中营里无谈判可言,只有权威和必须屈服于权威的人。但是在谈判的舞台上,永远有两方,对谈判的进行和结果均有所贡献,这便说明了"推—推—拉"理论的重要性。因为经由此程序,你才能获得自己想要的利益,同时与你的对手保持互相敬重的关系。

6.4.2　劣势条件下的谈判策略

谈判双方的实力悬殊,对方实力强大,己方实力弱,这种情况下己方在谈判中是无法同对方进行正面对抗的。但这并不一定指己方就在谈判中被对方所控制,谈判结果就一定会对己方不利。当处于弱者的被动地位时,就要想方设法改变这种力量对比情况,变被动为主动,达到尽量保护自己、满足己方利益的目的。

1. 吹毛求疵策略

吹毛求疵策略是指在商务谈判中针对对方的产品或相关问题,再三故意挑剔毛病使对方的信心降低,从而作出让步的策略。使用的关键点在于提出的挑剔问题应恰到好处、把握分寸。生意谈判若碰到对方的要价居高不下,成交价格难以降低,不妨先避开价格问题,而给对方的商品挑毛病。有毛病的商品,其价值、价格在人们心目中就失去了应有的基础。因此,在谈判中讨价还价,要善于将对方的商品挑出毛病来。例如从商品的功能、质量到商品的款式、色泽等方面吹毛求疵。下面是个一般性的例子。

卖主:"鸡蛋一斤 7.2 元,这是市场统一价格。"买主:"是市场统一价格,但不合乎市场统一的质量要求。"卖主:"你凭什么这么说?"买主:"你的鸡蛋不是鲜蛋而是陈蛋。你看你的鸡蛋的空头比人家的大得多;你的鸡蛋颜色有些发乌,而人家的鸡蛋颜色鲜明;你的鸡蛋蛋壳光滑,而人家的鸡蛋蛋壳粗糙。这些都说明你的鸡蛋是陈蛋,不但味道不新鲜,还难以储存,你的鸡蛋同人家的怎能相比呢? 6.6 元怎么样?"卖主:"6.6 元太低了,

6.8 元一斤吧!"

谈判人员要讨价还价,对商品吹毛求疵,就要了解有关商品的技术知识,了解商品的类别、型号、规格、功用及商品构造原理,懂得商品鉴别和选择的方法与技巧。

2. 以柔克刚策略

以柔克刚策略是指在谈判出现危难局面或对方坚持不相让步时,采取软的手法来迎接对方硬的态度,避免正面冲突,从而达到制胜目的的一种策略。谈判中会遇到各种各样的对手,以柔克刚是许多人经常采用的一种方法。学会以柔克刚要求有灵活的思维。

谈判人员在谈判时会遇到各种各样的对手,有的表面上看起来沉默不语,似乎很好对付;而有的则是锋芒毕露、咄咄逼人,毫不掩饰地想做整个谈判的"中心",霸道地使整个谈判围着他的指挥棒转,这属于傲慢自负型的谈判人员!对前一种人需沉着应付,不要相信他表面上的反应,以"兵来将挡,水来土掩"的策略对付可能会有较好的效果;而对后一种人则可以采取以柔克刚策略。

1) 沉默冷静地观察对手

在谈判中,不要急于反驳,不要急于解释,尽可能耐心听对方滔滔不绝地阐述自己的观点和提出自己的要求,必要时甚至可以使谈判出现冷场,让双方展开一场忍耐力的竞争。即便这时,自己仍要头脑清醒、情绪平稳,静观事态发展,直到对方再次申述自己的观点。需要注意的是,这里"沉默不语"不是绝对不说话,一定要把"沉默不语"控制在一个适当的"度"之内。这个"度"就是要使谈判能继续进行下去。因为人们之所以要采用策略,是为了使谈判能获得一定成果,而不是使谈判宣告破裂。

2) 故意转移话题

在谈判中,有一段时间绝不和对方直接交锋,而是对方说东,己方则漫不经心地说西;对方说三,己方则若无其事地说四。在这种故意转移话题的过程中,避其锋芒,然后针对其失误突然出击。

3) 抓住机会提问

面对趾高气扬、盛气凌人的谈判对手,不必和他正面交锋,而是要在他目空一切、自以为是的高谈阔论中,选准机会适时提问,请其回答。这里的提问,可以是针对其发言中的自相矛盾之处,还可以是针对其发言中的违背常理之处,等等。每次提问实际上都能使对方的气势下降,只有当对方的气势降到一定程度时,谈判才能正常地进行。要强忍焦虑,等待时机。涉世的经验会使人们懂得怎样忍耐。年轻人有时会对自己把握不住,很难做到忍耐。生活中的某些因素常常招惹你、刺激你,使你一怒之下贸然行事。然而,在这样的时候,才正是你应当学会忍耐的时候,要克制住自己的行动,才可能得到更大的收获。忍耐的反面是"操之过急",适可而止也是一种忍耐。商务谈判人员应当懂得什么时候该收住。

要点:采用迂回战术、坚持以理服人。

3. 难得糊涂策略

难得糊涂策略是防御性策略,指在出现对谈判或己方不利的局面时,假装糊涂,并以此为掩护来麻痹对方的斗志,以达到蒙混过关的目的的一种策略。

在商务谈判中,假装糊涂也不乏其例,如果据理力争不能成功的话,装聋作哑的方法却往往能达到目的。假装糊涂可以化解谈判对手的步步紧逼,绕开对己方不利的条款,而把谈判话题引到有利于己方的交易条件上。当对方发现你误解了他的意思时,往往会赶紧向你反复解释,在不知不觉中受你的话语的影响,在潜移默化中接受你的要求。所以,谈判老手们总是把"难得糊涂"作为他们的一个信条,必要时就潇洒地"糊涂"一回。泛舟商海,此种"糊涂"之举实不算少,而谈判效果,却是"清醒"之时所难以比拟的。

要点:贵在"巧"、要有度、有范围限制。假装糊涂贵在一个"巧"字,倘若弄巧成拙,结果自然不会好。假装糊涂要有一定的度,倘若超过了这个度,超过了对方的承受范围,势必影响感情,甚至引起谈判的破裂。另外,装糊涂、故意犯错或误解不能超出法律所许可的范围,否则会惹来许多不应有的官司。

案例 6-7

"我不知道"致力无穷

美国一位著名谈判专家有一次替他邻居与保险公司交涉赔偿事宜。谈判是在专家的客厅里进行的,理赔员先发表了意见:"先生,我知道你是交涉专家,一向都是针对巨额款项谈判,恐怕我无法承受你的要价,我们公司若是只出 100 美元的赔偿金,你觉得如何?"

专家表情严肃地沉默着。根据以往经验,不论对方提出的条件如何,都应表示出不满意,因为当对方提出第一个条件后,总是暗示着可以提出第二个,甚至第三个。

理赔员果然沉不住气了:"抱歉,请勿介意我刚才的提议,我再加一点,200 美元如何?"

"加一点,抱歉,无法接受。"

理赔员继续说:"好吧,那么 300 美元如何?"

专家等了一会儿道:"300 美元?嗯……我不知道。"

理赔员显得有点儿惊慌,他说:"好吧,400 美元。"

"400 美元?嗯……我不知道。"

"就赔 500 美元吧!"

"500 美元?嗯……我不知道。"

"这样吧,600 美元。"

专家无疑又用了"嗯……我不知道",最后这件理赔案终于在 950 美元的条件下达成协议,而邻居原本只希望要 300 美元!

这位专家事后认为,"嗯……我不知道"这样的回答真是效力无穷。

谈判是一项双向的交涉活动,双方都在认真地捕捉对方的反应,以随时调整自己原先的方案,一方干脆不表明自己的态度,只用"不知道"这个可以从多种角度去理解的词,竟然使得理赔员心中没了底,价钱一个劲儿自动往上涨。

既然来参加谈判,就不可能对谈判目标不知道,"不知道"的真正含义恐怕是不想告诉你你想知道的吧。这是一种不传达的信息传达。识破这种装糊涂的陷阱,需要十分谨慎、细心。当发现对手在制造这种陷阱时,千万不要默认。对于对手在谈判中的各种口头上的装糊涂,贵在以巧治巧,婉言点出其圈套,既不伤面子,又不至于在谈判中处于下风。谈判对手的假装糊涂不只表现在口头谈判上,更表现在协议或账单的文字上,将各种数字有意加错、乘错、遗漏或更改等。所以,谈判人员在审查协议或账单时应十分仔细、再三检查,避免陷入对手的"糊涂"陷阱之中。

4．疲惫策略

疲惫策略是指通过马拉松式的谈判,逐渐消磨对手的锐气,使其疲惫,以扭转己方在谈判中的不利地位和被动的局面,到了对手精疲力竭、头昏脑涨之时,己方则可反守为攻,抱着以理服人的态度,摆出己方的观点,促使对方接受己方条件的一种策略。研究结果显示,被剥夺睡眠、食物或饮水的人的行动和思维能力十分薄弱。疲倦的人都比较容易被打动,犯下许多愚笨的错误。这就是许多谈判人员喜欢向对手发动疲劳攻势的原因。他们为了达到良好的谈判效果,千方百计地去消耗对方的精力,使其在谈判中失利。这种疲劳攻势在涉外商务谈判时用得相当普遍。谈判人员经过长时间紧张的飞行后,一下飞机就被对手接去赴宴;而后,对方大小负责人轮流亮相与之会面,表现得十分热情、好客;到了晚上,又专门安排舞会或观看演出等娱乐活动,直到深夜才罢休。第二天,也许远道而来的谈判人员还在为主人的热情招待而激动不已时,谈判就已经开始了。可想而知,未能得到很好休息、感情尚处于兴奋状态的人,在艰巨而持久的谈判中表现会如何。

在商务谈判中,有时还会遇到一种锋芒毕露、咄咄逼人的谈判对手,他们以各种方式表现其居高临下、先声夺人的挑战姿态。比如,提高嗓门儿说话;情绪激昂时,离开座席,站起来挥舞着手势叙述自己的观点;以一种自负甚至是略带傲慢的眼神扫视对方;毫不掩饰地想使谈判围着他的指挥棒转,并流露出不屑于倾听对方意见的神情;等等。凡此种种,都表明这是一位趾高气扬型的谈判人员。

对于这类谈判人员,疲劳战术十分有效。这种战术的目的在于通过许多回合的拉锯战,使这位趾高气扬的谈判人员感觉疲劳生厌,逐渐消磨其锐气,使己方的谈判地位从不利和被动的局面中扭转过来,力促对方接受己方的各项条件。

这种疲劳战术要求己方事先对一轮接一轮马拉松式的蘑菇战有足够的思想准备。在谈判刚开始的时候,对于对方提出的种种盛气凌人的要求采取回避、虚与周旋的方针。实行疲劳战术最忌讳的是以硬碰硬,因为这样很容易激起对方的对立情绪,搞不好双方一下子就谈崩了。到了蘑菇战的后期,即使己方在驾驭谈判局面上占了上风,也不能盛气凌人,而应取柔中有刚的态度,做到以柔克刚。为了更好地展开疲劳攻势,常常采取车轮战术,不断更换谈判人员来使谈判对手陷于不断重复谈判的境地,消耗对方的耐力,挫减对方的锐气,以达到迫使对方作出让步的目的。车轮战术中己方以多个谈判班子对付对手一个谈判班子,显然在精力上占了上风。

车轮战术还有一个好处。因为新露面的谈判人员不仅可以从前一轮谈判人员那里了解对手的谈判目标、方法和风格,发现对方的矛盾、失误和短处,而且便于修正甚至不承认己方在谈判中的失误和让步的允诺。而对方则不然,他必须努力向每一轮谈判人员推销自己,重新介绍前面已讨论过的议题和自己的观点。这样,谈判对手就被困在车轮战术的泥坑中了。

有一个购货经理,频频使用此种战术。他向下属指示:"在谈判时要提出强硬要求,绝不让步,甚至不惜使谈判陷入低潮。当双方都精疲力竭,快要形成僵局时,再由我亲自出马上阵。"经理出马,气氛马上转变,乘机向对方要求较低的价格和较多的服务。那个被搞得晕头转向的卖主,很容易作出让步。

5. 反客为主策略

反客为主策略是指谈判中处于劣势的一方,运用让对方为谈判付出更大代价的方法,从而变被动为主动,达到转劣势为优势的目的的策略。

反客为主策略的特点在于,运用在谈判中"谁付出的代价大,谁就不想谈判失败"的原理,使占有谈判优势的一方,在人力、物力、时间等方面消耗更大,进而确立自己的主动地位。一般来说,谈判的动力在于谈判人员的利益需求,但是谈判的各方对利益需求的层次和程度有时是不一样的,这就决定了谈判人员在谈判中的地位不同。对谈判需求较大、依赖程度较深的一方就会处于劣势;相反,对谈判需求较小、依赖程度较浅的一方就会处于优势。处于劣势的一方就可运用反客为主策略扭转被动局面。

📀 小故事 6-1

一位英国商人很不幸地欠了一个放高利贷者一大笔钱,但自己无法还清借贷。这意味着他不仅将破产,而且他必须长期孤独地被关在地方债务人监狱,然而,高利贷者提供了另一种解决方法。他建议,如果此商人愿意把他漂亮的年轻女儿嫁给他,则债务一笔勾销,以作为回报。该放高利贷者既老又丑,而且声名狼藉。商人以及他的女儿对这建议都很吃惊。不过此放高利贷者是个狡猾之人。他建议唯一公平的解决途径是让命运做决定,他提出了以下的建议。他在一个空袋子里放入两颗鹅卵石,一颗是白的,一颗是黑的。商人的女儿必须伸手入袋取一鹅卵石。若她先抓中黑鹅卵石的话,就必须嫁给他,而债务也算偿清了。若她一颗鹅卵石都不选的话,那么就没什么可谈的了,她的父亲必须关在债务人监狱。

商人以及他的女儿不得已只好同意。放高利贷者弯下身拾取两颗鹅卵石放入空袋。商人的女儿用眼角斜视到此狡猾的老头儿选了两颗黑鹅卵石,似乎她的命运已经判定了。想到对策之后,她把手伸入袋子,取一鹅卵石,不过在将可判定颜色之前,她假装笨拙地摸石取石,结果失误,鹅卵石掉到了路上,很快地与路上其他的鹅卵石混在一起,无法辨别。

"哦! 糟糕,"女孩惊呼,继而说道,"我怎么这么不小心,不过没有关系,先生,我们只要看看在你袋子里所留下的鹅卵石是什么颜色,便可知道我所选的鹅卵石的颜色了。"

【点评】

你不得不同意,她似乎没有强大的谈判态势可言。的确,放高利贷者的行为极不道德,但是假如她说穿他的伎俩,采取强硬立场,那么她的父亲必进监狱。如果她不揭穿他而选了一颗鹅卵石的话,她必须嫁给这个既老又丑的放高利贷者。很明显地,此时女孩正是运用杠杆作用的时机。

故事中的女孩不但人美,也很聪明,她了解自己,也了解她的对手。她知道她的对手是一个不择手段的狡猾者。她也知道根本不可能与他面对面地较量机智,最终解决之道必须由她扮演甜美可爱、天真烂漫的少女的角色。

6.4.3　均势条件下的谈判策略

1. 投石问路策略

投石问路策略即在谈判的过程中,谈判人员有意提出一些假设条件,通过对方的反应和回答,来琢磨和探测对方的意向,抓住有利时机达成交易的策略。要想在谈判中掌握主动权,就要尽可能地了解对方的情况,尽可能地了解、掌握某一步骤对对方的影响以及对方的反应,投石问路就是了解对方情况的一种战术。例如,在价格阶段讨论中,想要试探对方对价格有无回旋的余地,就可提议:"如果我方增加购买数额,贵方可否考虑价格优惠呢?"然后,可根据对方的开价,进行选择比较,讨价还价。通常情况下,任何一块"石头"都能让对方进行进一步了解,而且对方难以拒绝。采取"假定……将会"的策略,目的是使谈判的形式不拘泥于固定的模式。例如,在谈判中,不断地提出如下种种问题:"如果我再增加一倍的订货,价格会便宜一点吗?""如果我们自己检验产品质量,你们在技术上会有什么新的要求吗?"在试探和提议阶段,这种发问的方法,不失为一种积极的方式,它将有助于双方为了共同的利益而选择最佳的成交途径。

该策略可以更进一步了解对方的商业习惯和动机,了解对方的要求和意向,以及可能成交的最低价格。通过这种探问的方式,试探对方的价格情况,从而使己方在讨价还价中做到心中有数。

此策略一般是在市场价格行情不稳定、无把握,或是对对方不大了解的情形下使用。实施时要注意:提问要多,且要做到虚虚实实、煞有其事;要让对方难以摸清你的真实意图;不要使双方陷入"捉迷藏",进而使问题复杂化。

例如,有一次某外商想购买我国的香料油,与我方进行谈判。在谈判过程中,外商出价每千克 40 美元,但我方并不了解对方的真实价码。为了试探对方的真实程度,我方代表采用投石问路的方法,开口便要价每千克 48 美元。对方一听我方的要价,急得连连摇头说:"不,不,这要价太昂贵了,你们怎么能指望我方出 45 美元以上的价钱来购买呢?"对方在不经意的情况下,将底露给了我方。我方代表抓住时机,立即追问一句:"这么说,你们是愿意以每千克 45 美元的价格成交了?"外商只得勉强说:"可以考虑。"通过双方的进一步洽谈,结果以每千克 45 美元的价格成交。这个结果比我方原定的成交价要高出数美元。

又如,一个供销公司想从某服装厂购买一批服装,供给所属的销售网点,想要个合理价,但对该服装厂的生产成本、生产能力、最低价格等情况没有摸底。如果直接问厂方,得到的答复肯定是较高的报价和一大堆关于生产成本、生产能力方面的虚假数据。怎么办?供销人员到了工厂,不说明自己要购买的数量和最高价格,而是要求厂方分别就 200 件、2 000 件、10 000 件服装进行估价。厂方不知道来者要购买的数量,只是如实按"多购从优"的原则,分别按买方要求的批量估价。供销人员拿到标价单后,通过仔细的分析和推敲,较为准确地估算出该厂的生产成本、设备费用的分摊情形、生产能力以及价格策略等情况,从而掌握了谈判的主动权,以理想的价格购到 2 000 件服装。

2. 先造势后还价策略

先造势后还价策略是指在对方开价后不急于还价,而是指出市场行情的变化态势(涨价或降价及其原因),或是强调己方的实力与优势(明示或暗示对方的弱势),构筑有利于己方的形势,然后再提出己方的要价的一种策略。

运用此策略可以给对方造成客观存在的心理压力,从而使其松动价格立场,并作出让步。但运用不当,有可能吓跑对方,或使对方产生抵触情绪,从而招致对方的顽强反击,使谈判步履艰难或不欢而散。

此策略一般是在对方急于与己方达成交易,且市场行情明显有利于己方,或己方优势突出的情形下使用。实施时,造势要有客观事实依据,表达的语气要肯定,还价的态度要坚决,同时根据需要,灵活掌握造势的尺度。

应对方法:不为所动,坚持开价,谨慎让步,循序渐进。不被对方的气势所吓倒,尽力去寻找形势的有利方面和对方的弱点,且紧紧抓住不放地去反击对方,化解对方的优势。还有,坚持己方的开价,或做小的让步后,再坚持强硬立场。

3．欲擒故纵策略

欲擒故纵策略是指在谈判中的一方虽然想做成某笔交易,却装出满不在乎的样子,将自己的急切心情掩盖起来,似乎只是为了满足对方的需求而来谈判,使对方急于谈判,主动让步,从而实现先"纵"后"擒"的目的的策略。欲擒故纵策略是基于"谁对谈判急于求成,谁就会在谈判中先让步"的原理发生作用的,主要通过激发对方的谈判需要而淡漠己方的谈判需要,使对方急于谈判、主动让步。具体做法是,注意使自己的态度保持在不冷不热、不紧不慢的地步。比如在日程安排上,不是非常急迫,主要附和对方。在对方态度强硬时,让其表演,不慌不忙,不给对方以回应,让对方摸不着头脑,制造心理战术。本策略"纵"是手段,"擒"是目的。"纵"不是"消极"的纵,而是"积极"、有序的纵;通过"纵"激起对方迫切成交的欲望而降低其谈判的筹码,达到"擒"的目的。

在运用这一策略时应该注意以下几点。

1) 要给对方以希望

谈判中表现得若即若离,每一"离"都应有适当的借口,不让对方轻易得到,也不能让对方轻易放弃。当对方再一次得到机会时,就会倍加珍惜。

2) 要给对方以礼节

注意言谈举止,不要有羞辱对方的行为,避免从情感上伤害对方,转移矛盾的焦点。

3) 要给对方以诱饵

要使对方觉得确实能从谈判中得到实惠,这种实惠足以把对方重新拉回到谈判桌上,不至于让对手稍"纵"即逝,使自己彻底"凉快"了。

4．大智若愚策略

大智若愚策略是指谈判的一方故意装出糊里糊涂、惊慌失措、犹豫不决、反应迟钝的样子,以此来松懈对方的意志,争取充分的时间,达到后发制人的目的的策略。有时候愚笨就是聪明,聪明反而就是愚笨。在回答对方的问题之前,要使自己获得充分的思考时间。为了争取充分的时间,可以让对方重复所提出的问题,或推托自己不能决定要请示领导,或让自己的助手做一些无关紧要、非实质性的答复,或顾左右而言他。有时非常果断、能干、敏捷、博学或者理智的人并不见得聪明,或者说占不到什么便宜,如果能了解得缓慢些,少用一点果断力,可能反而会得到对方更多的让步和更好的价格。

大多数人都希望别人认为自己很聪明,而大智若愚策略则需要让别人认为自己较为愚笨。在运用这一策略时应大胆地说,"我不知道"或"请你再说一遍"。

需要注意的是,大智若愚策略技术性强,运用起来要求谈判人员老谋深算,通过知而示之不知,能而示之不能,在静中观察对方的表演,悄无声息地达到最终大获全胜的目的。

5. 走马换将策略

走马换将策略是指在谈判桌上的一方遇到关键性问题,或与对方有无法解决的分歧,或欲补救己方的失误时,借口自己不能决定或其他理由,转由他人再进行谈判的策略。

这里的"他人"可以是同伴、上级、合伙人、委托人、亲属、朋友等。这样,就会消耗对方的体力、精力,也有意无意地延长了谈判时间,使对方感到身心疲惫。

通过变换主谈人,消耗对方的精力,削弱对方的谈判能力,使己方的回旋余地增大,掌握谈判的主动权。而谈判对方则需要重复地向己方新的主谈人叙述情况、表明观点,实际差不多是重新开始谈判。这样就会付出加倍的精力和体力,时间一长,难免出现漏洞和差错,而这正是己方所希望的。

走马换将策略的另外一个目的是补救己方的失误。前面的主谈人可能会有一些遗漏和失误,或谈判效果不尽如人意,则可由更换的主谈人采取补救措施,并且顺势抓住对方的漏洞发起进攻,最终获得更好的谈判效果。

6. 浑水摸鱼策略

浑水摸鱼策略是指在谈判中,故意扰乱正常的谈判秩序,将许多问题一股脑儿地摊到桌面上,使人难以应付,借以达到使对方慌乱失误的目的的策略。这也是在业务谈判中比较流行的一种策略。

研究结果表明,当一个人面临一大堆难题,精神紧张的时候,就会信心不足,甚至自暴自弃。比如,有人就愿意很快把事情搅和到一起,会谈开始没多久就提出质量标准、数量、价格、包装、运输工具、支付方式、送货日期和售后服务等一大堆问题,把事情弄得很复杂。有人会提出一大堆琐碎资料和繁杂的数字,使对方考虑没有思想准备的问题,促使对方屈服或犯错误。

防御这一策略的要诀是,在你尚未充分了解之前,不要与对方讨论和决断任何问题。具体说来,要做到以下几点。

(1) 坚持事情必须逐项讨论,不给对方施展计谋的机会。

(2) 坚持自己的意见,用自己的意识和能力影响谈判的进程与变化,以防被别人牵着鼻子走。

(3) 拒绝节外生枝的讨论,对不清楚的问题要敢于说不了解情况。

(4) 当对方拿出一大堆资料和数据时,要有勇气迎接挑战,对这些资料和数据进行仔细研究与分析,既不要怕耽误时间,也不要担心谈判的失败,以免一着不慎,满盘皆输。

(5) 对方可能也和你一样困惑不解,此时应攻其不备。

7. 情感转移策略

情感转移策略是指当正式谈判中出现僵局或碰到难以解决的谈判障碍时,谈判组织者就应该有意识地通过转换谈判的环境、气氛及形式,使谈判对手的情感发生转移的一种策略。在这种情况下,谈判双方通常能比较坦率地谈及真正的问题,这样就为克服障碍、推动以后的谈判铺平道路。

当然,高明的谈判家往往并非等到谈判出现僵局时才这样做,而是在谈判全过程中始终注意运用情感转移的方法,在使对手情感不断转移的动态过程中,逐渐缩小双方的差距,最后达成谈判协议。国外有谈判专家专门对此进行过十多年的研究,结果发现,在大型商业谈判中常出现这种局面,即越到谈判的最后阶段,正式谈判的会期往往变得越短,而分散的非正式的谈判则变得越长,场外的交易也跟着频繁起来。

另外,在使用情感转移策略时,要告诫手下谈判人员在非正式谈判场合值得警惕的问题。例如,不要做单方面的告白,防止泄露己方谈判机密;防止对方利用这种手法对己方人员进行收买;对私下传播的信息要进行认真分析,防止受骗上当;等等。

总之,从谈判控制的角度,巧妙地进行谈判情景的选择和运用,以期取得谈判的主动权,进而获得最优结局,这是值得谈判人员从理论和实践上不断深入探讨的问题。它与谈判人员的言语表达及交流有直接联系,共同对谈判现场发生作用,是谈判双方能否获得双赢的重要的情感基石。

8. 沉默寡言策略

沉默寡言策略是谈判中最有效的防御策略之一,其含义是:在谈判中先不开口,让对方尽情表演,或多向对方提问并设法促使对方继续沿着正题谈论下去,以此暴露其真实的动机和最低的谈判目标,然后根据对方的动机和目标并结合己方的意图采取有针对性的回答。

这种谈判策略之所以有效,其根据在于:谈判中说得越多,就有可能将自己的底细暴露得越多,从而越有可能处于被动境地。同时也会使对方受到冷遇,造成心理恐慌,不知所措,甚至乱了方寸,从而达到削弱谈判力量的目的。

细心地聆听对方吐出的每一个字,注意对方谈判人员的措辞、表达方式、语气和声调,都可以为己方提供有效的信息。

9. 以硬碰硬策略

商务谈判中,当对方无理提出过高要求、向己方施加高压或故意制造僵局,妥协退让也无法满足对方的欲望要求时,应当采用以硬碰硬的方法向对方反击,以达到使对方放弃过高要求的目的。例如,可以直接挑明对方制造僵局的目的,要求对方自动放弃所要求的不合理条件。这种情况下,有些谈判对手就会降低要求,使谈判能够继续进行下去。如果还不能奏效,可以站起身来或离开谈判桌,以宁肯结束谈判、使谈判无果而终来显示己方的强硬立场。如果对方真的想与你做成这笔交易,他们会来找你的,他们的要求也会改变。如果出现了这样的情况,谈判的主动权就掌握在己方的手中。

🏛 小故事 6-2

农户与财主

古代日本有一个财主,非常吝啬。每次他们家吃烤鱼片时,他便跑到吃不起鱼的穷邻居家里,索要闻到鱼香味的钱,并在他的账本上记录下闻到鱼香味的次数和总金额。到了年底,财主又来索要鱼香款了。这个穷邻居便拿了一个铜板跑到财主家里,将铜板扔到一个空的瓷杯里,告诉财主,每扔一次便索要听到声音的价款 500 日元。

穷邻居以硬碰硬、针锋相对地还击了财主的无理要求。

6.5　国际商务谈判让步与成交阶段的策略

6.5.1　让步的策略

在讨价还价中,让步是一种必然的、普遍的现象。如果谈判双方都坚守各自的边界,互不让步,那么,协议将永远无法达成,双方追求的经济利益也就无从实现。只有在价格磋商中,伴随着双方的让步,进行多轮的讨价和还价,直至互相靠拢,才能最终实现交易目的。因此,从这个意义上,不断讨价还价的过程,就是双方不断让步的过程。也可以说,谈判就是相互让步。没有让步,谈判就会失去意义和存在的可能。

从价格谈判来看,谈判各方不仅要明确各自追求的目标,同时,还应当明确为了达到这一目标作出必需的让步。可见,让步本身就是一种策略,它体现了谈判人员以满足对方需要的方式来换取自身需要的满足这一实质。然而,价格谈判中的具体让步方式是多种多样的,下面我们通过一个卖方让步的实例来加以说明。

某卖方,初始报价160元,理想价格为100元,该卖方为达到预期目标需作出的让步即为60元(160−100)。假定双方共经历四轮让步,常见的让步方式可归结为八种,见表6-1。

表 6-1　常见的八种让步方式

序号	第一轮让步	第二轮让步	第三轮让步	第四轮让步	让步方式
1	0	0	0	60	冒险型
2	15	15	15	15	刺激型
3	8	13	17	22	诱发型
4	22	17	13	8	希望型
5	40	12	6	2	妥协型
6	59	0	0	1	危险型
7	50	10	−1	1	虚伪型
8	60	0	0	0	低劣型

第一种让步方式:这是一种较坚定的让步方式。它的特点是在价格谈判的前期和中期,无论买方做何表示,卖方始终坚持初始报价,不愿作出丝毫的退让。而到了谈判后期才迫不得已作出大的退让。这种让步方式容易使谈判形成僵局,甚至可能导致谈判的中断。我们把这种让步方式称为"冒险型"。

第二种让步方式:这是一种以相等或近似相等的幅度逐轮让步的方式。这种方式的特点是使买方每次的要求和努力都能得到满意的结果,但也会因此刺激买方坚持不懈地努力,以取得卖方的继续让步。而一旦停止让步,就很难说服买方,并有可能造成谈判的中止或破裂。我们把这种让步方式称为"刺激型"。

第三种让步方式:这是一种让步幅度逐轮增大的方式。在实际价格谈判中,应尽量避免采取这种让步方式。因为这样会使买方的期望值越来越大,并会认为卖方软弱可欺,从而助长买方的谈判气势,很可能使卖方遭受重大损失。这种让步方式可以称为"诱发型"。

第四种让步方式:这是一种让步幅度逐轮递减的方式。这种让步方式的特点在于,一方面表现出卖方的立场越来越强硬；另一方面又会使买方感到卖方仍留有余地，从而始终抱有继续讨价还价的希望。我们把这种让步方式称为"希望型"。

第五种让步方式：这是一种开始先作出一次大的退让，然后让步幅度逐轮急剧减少的方式。这种让步方式的特点是，它既向买方显示出卖方的谈判诚意和妥协意愿，同时又巧妙地暗示出卖方已作出了巨大的牺牲和尽了最大的努力，进一步的退让已近乎不可能。这种让步方式可以称为"妥协型"。

第六种让步方式：这是一种开始让步幅度极大，接下来则坚守立场、毫不退让，最后一轮又做了小小的让步的方式。这种让步方式，充分表明了卖方的成交愿望，也表明进一步的讨价还价是徒劳的；但开始的巨大让步也会大幅度地提高买方的期望，虽然之后卖方态度转为骤硬会很快消除这一期望，可是买方很高的期望一旦化为泡影往往又会难以承受，从而将影响谈判的顺利进行。另外，开始就作出巨大让步，可能会使卖方丧失在较高价位成交的机会。我们把这种让步方式称为"危险型"。

第七种让步方式：这是一种开始作出大的让步，接下来又作出让步，之后安排小小的回升，最后又被迫做一点让步的方式。这是一种较为奇特和巧妙的让步技法，往往能操纵买方心理。它既可表明卖方的交易诚意和让步已达到极限，又可通过"一升一降"使买方得到一种心理上的满足。我们把这种让步方式称为"虚伪型"。

第八种让步方式：这是一种开始便把自己所能作出的全部让步和盘托出的方式。这种让步方式，不仅会在谈判初期大大提高买方的期望值，而且也没有给卖方留出丝毫的余地。而后几轮完全拒绝让步，既缺乏灵活性，又容易使谈判陷入僵局。另外，开始即作出全部让步，也会使卖方可能损失不该损失的利益。这种让步方式可以称为"低劣型"。

从表 6-1 中的八种让步方式可以看出：不同的让步方式传递着不同的信息，对对方形成不同的心理作用，也对谈判进程和结果具有不同的影响。在实际的价格谈判中，较为普遍采用的让步方式，是上面第四种"希望型"和第五种"妥协型"的让步方式。它们的特点是：让步的幅度是逐轮递减的，以此向对方暗示正在逼近让步的极限值，同时，为顺利达到或接近双方的成交价格铺平了道路。

最后需要说明，由于交易的内容和性质不同，双方的利益需求和谈判实力不同，以及其他各方面因素的差异，价格谈判中的让步方式不存在固定的模式，而通常表现为几种让步方式的组合。并且，这种组合还要在谈判中根据具体的实际情况不断地调整。然而，无论具体情况如何，让步策略的运用都要注意遵循一些基本的原则。这些原则大体是：①注意选择让步的时机；②在重要的关键性问题上要力争使对方先作出让步；③不要让对方轻易从你手中获得让步的许诺；④不要承诺作出与对方同等幅度的让步；⑤让步要有明确的导向性和暗示性；⑥要注意使己方的让步同步于对方的让步；⑦一次让步的幅度不宜过大，让步的节奏也不宜过快；⑧让步之后如觉得不妥，可以寻找合理的借口推倒重来。

📚 案例 6-8

促使谈判对方让步的策略

20 世纪 80 年代，蛇口招商局负责人袁庚，同美国 PPC 集团签订合资生产浮法玻璃的协议。谈判时,在蛇口方面每年所付给美方的知识产权费用所占销售总额的比率上,双方产生了较大的分歧。美方要价是 6%,而蛇口方面还价是 4%,经过一番讨价还价的争论,美方被迫降下来一个百分点,要价为 5%,而蛇口方面还价是 4.5%。这时,双方都不肯再让步了,于是谈判出现了僵局。怎么办呢? 休会期间,袁庚出席美方的午餐会,在应邀发表演讲时,他念念不忘台下的 PPC 集团的谈判对手,于是故意将话题转向谈论中国文化上。他充满豪情地说:"早在千年以前,我们民族的祖先就将四大发明——指南针、造纸术、印刷术和火药无条件地贡献给了全人类,而他们的后代子孙却从未埋怨过不要专利权是愚蠢的;恰恰相反,他们盛赞祖先具有伟大的风格和远见。"一席豪情奔放的讲话,把会场的气氛激活了。接下去,袁庚转到正题上,说:"我们招商局在同 PPC 集团的合作中,并不是要求你们也无条件地让出专利,不,我们只要求你们要价合理——只要价格合理,我们一个钱也不会少给!"

这番话,虽然是在谈判桌外说的,却深深触动了在座的 PPC 集团的谈判人员。回到谈判桌以后,PPC 集团很快作出了让步,同意以 4.75% 达成协议,为期 10 年。蛇口的这个协议,比其他城市的同类协议开价低出了一大截。从达成的协议上不难看出,与最初的要价相对比,美方让步是 1.25 个百分点,而我方让步仅 0.75 个百分点。

谈判中除了必不可少的"火力侦察"以外,有时候还可辅以某种自傲之情,即让自己的语言流露出一定的豪气和胆气,借以攻破对方的心理底线,迫使其作出最大限度的让步。

小思考

让步的意义有(　　)。

A. 是讨价还价中必然的、普遍的现象

B. 本身就是达到谈判目标的一种策略

C. 应能把握时机和控制分寸

D. 对方不做让步,己方不做无谓的让步

E. 开始幅度应小,形成僵局再逐步加大

【答案】　ABCD

6.5.2　对付假出价的技巧

假出价也是一种不道德的谈判伎俩。使用者一方利用虚假报价的手段,排除同行的竞争,以获得与对方谈判的机会,可是一旦进入实质性的谈判阶段,就会改变原先的报价,提出新的苛刻要求。这时,对方很可能已放弃考虑其他谈判对手,不得已而同意他的新要求。例如,一个工程项目,当一方登出广告进行项目招标时,一些感兴趣的投标者争相投标,其中一位以低于其他竞争者的价格投标,结果他被确定为中标者。一旦他坐到谈判桌边与对方开谈,他就千方百计地寻找种种理由与借口,说明最初的报价太低了,要重新估算。等到双方就主要条款取得一致意见后,他的报价已提高了 5%,对方想要反悔为时已晚,否则,先前的全部劳动就会付诸东流了。这样一来,承包商就达到了他的目的。

假出价与抬价策略大同小异,其差别主要是:假出价的目的在于消除竞争价,排除其他竞争对手,使自己成为交易的唯一对象。也正是因为这一点,假出价被视为一种诡计,具有欺骗的性质,如果我们不能对此有所认识,难免会吃亏上当。

如何对付对方的欺骗呢?要认识到耍这种手腕的人大都是在价格上做文章,先报虚价,再一步步修改,以达到他原先预想的目标。因此要围绕这一点采取对策。

(1)要求对方预付大笔的订金,使他不敢轻易反悔。

(2)如果对方提出的交易条件十分优厚,你就应考虑是否对方在使用这一伎俩,可以在几个关键问题上试探对方,摸出他的底细。

(3)当某些迹象显示出有这种可能时,要注意随时保持两三个其他的交易对象,以便一旦出现问题,进退主动。

(4)必要时,提出一个截止的日期,如到期尚不能与对方就主要条款达成协议,那么就应毫不犹豫地放弃谈判。

(5)只要可能,最好请第三者在谈判的合同上签名做证,防止对方反悔。

6.5.3　成交阶段的策略

1. 场外交易策略

场外交易策略是指当谈判进入成交阶段,双方将最后遗留的个别问题的分歧意见放下,东道主一方安排一些旅游、酒宴、娱乐项目,以缓解谈判气氛,争取达成协议的做法。

在谈判后期,如果仍然把个别分歧问题摆到谈判桌上来商讨,往往难以达成协议。一是长时间的谈判,已经令人很烦闷,影响谈判人员的情绪,相应地还会影响谈判协商的结果;二是谈判桌上紧张、激烈、对立的气氛及情绪迫使谈判人员自然地去争取对方让步。而即使是正常的、应该的,但在最后的一个环节上让步,让步方也会认为丢了面子,可能会被对方视为战败方;三是即使某一方主谈或领导人头脑很清楚、冷静,认为作出适当的让步以求尽快达成协议是符合本方利益的,但也会因同伴态度坚决、情绪激昂而难以当场作出让步的决定。此时,运用场外交易策略是最为恰当的。

场外轻松、友好、融洽的气氛与情绪则很容易缓和双方剑拔弩张的紧张局面。轻松自在地谈论自己感兴趣的话题,交流私人感情,有助于化解谈判桌上激烈交锋带来的种种不快。这时适时巧妙地将话题引回到谈判桌上遗留的问题上来,双方往往会很大度地相互作出让步而达成协议。需要指出的是,在运用场外交易策略时,一定要注意谈判对手的不同习惯。有的国家的商人忌讳在酒席上谈生意,为此必须事先弄清,以防弄巧成拙。

2. 成交迹象判断策略

如何判断对方的成交迹象呢?主要有以下几个方面。

(1)对手由对一般问题的探讨延伸到对细节问题的探讨。例如,当你向他推销某种商品时,他忽然问:"你们的交货期是多长时间?"这是一种有意表现出来的成交迹象,你要抓住时机明确地要求他购买。

(2)以建议的形式表示他的遗憾。当客户仔细打量、反复查看商品后,像是自言自语地说:"要是再加上一个支架就好了。"这说明他对商品很中意,但却发现有不理想之处,只是枝节问题或小毛病,无碍大局。你最好马上承诺做些改进,同时要求与他成交。

(3)当对方对你介绍的商品的使用功能随声附和,甚至接过话头讲得比你还要具体时,这也是可能成交的信号。你就要鼓励他试用一下,以证明他的"伟大设想"。例如,当你介绍某一款家用切削器的功能时,对方说:"我以前也曾用过类似的,但功能没这么多,你这东西能打豆浆吗? 要是那样,每天都可以喝新鲜豆浆,还可以节省 15 分钟的购买时间,不是吗?"下一步,就是你怎么接过他的话头了。

(4) 当谈判小组成员由开始的紧张转向松弛,相互间会意地点头、用眼睛示意时,也是你要求成交的好时机。你可以将话题向这方面引,即使不能马上成交,也会加速成交进程。

(5) 抓住一切显示成交的机会。特别是对方讲话时所发出的信号,也许他是无意识的,这样对你更有利。例如,一家油漆公司与其经销商谈判经销价格问题,油漆公司认为经销商要价太高,派财务经理与他压价,但财务经理与他沟通时,却同时问他,这项计划什么时间开始执行? 这立刻暴露出油漆公司已准备与经销商成交了,在这种情况下再指望他降价已是不可能的了。

需要指出的是,仅仅知道策略还不够,策略的运用要同整个谈判的战略部署结合起来。策略的目标和策略的实施甚至要比策略本身还重要,运用策略是为了达到谈判的目标,取得谈判成功。

6.5.4　促进成交的行为策略

采取以下行为,将有助于将谈判对手推向达成协议的一方。

1. 适时展现对"结束谈判"的积极态度

可以反复询问对方:"既然我们对所有的问题都已达成共识,何不现在就签署协议呢?"

2. 设法采取不同的方式向对方渗透

达成协议是相当明智的选择,尽量将理由解释充分并"冠冕堂皇"。

3. 采取假定谈判已经顺利达成协议的方式

如果你是买方,将协议要点记下来,并询问对方支票开立的日期;如果你是卖方,询问买家货品该送往何处。

4. 与对方商量协议的具体内容

如收款时间、送货方式等,表示谈判双方在主要议题和价格上已取得共识。

5. 以行动表示达成协议

如业务人员开始动笔填写订单,买方则给卖方购货凭证,相互握手以示成交等,行动可以具体展现你对达成协议的诚意。

6. 提供一项特别的优惠

诱使对方提早结束谈判。诸如再提供一定比例的折扣,承诺分期付款,提供设备,等等。

6.5.5　不遗余"利"策略

1. 不忘最后的获利

通常,在双方将交易的内容、条件大致确定,即将签约的时候,精明的谈判人员往往还要利用最后的时刻,去争取最后的一点收获。在成交阶段最后收获的常规做法是:在签约之前,突然提出一个小小的请求,要求对方再让出一点点。由于谈判已进展到签约的阶段,谈判人员已付出很大的代价,也不愿为这一点点小利而伤了友谊,更不愿为这点小利而重新回到磋商阶段,因此往往会很快答应这个请求,以求尽快签约。

2. 争取最后的让步

针对磋商阶段遗留的最后一两个有分歧的问题,需要通过最后的让步才能求得一致。在许多情况下,到谈判的最后关头,往往对方管理部门中的重要高级主管会出面,参加或主持谈判,这时便可争取最后让步。

3. 注意为双方庆贺

在商务谈判即将签约或已经签约的时候,可谓大功告成。此时,己方可能心中暗喜,以为自己在交易中比对方得到的更多,但这时己方一定要注意为双方庆贺,强调谈判的结果是共同努力的结晶,满足了双方的需要。同时,不要忘记赞扬对方谈判人员的才干。这样做会使对方心理得到平衡和安慰,并感到某种欣慰,为以后双方的履约和往来打下良好基础。

4. 慎重地对待协议谈判的成果

要靠严密的协议来确认和保证谈判成果,协议是以法律形式对谈判成果的记录和确认,它们之间应该完全一致,不得有任何误差。

案例 6-9

某钢铁企业与某锚链厂的谈判

某钢铁企业与某锚链厂就锚链钢的交易问题进行谈判。谈判过程中双方并没有仅仅在价格上一味地讨价还价,而是就质量、价格、市场销售等问题进行了广泛的交谈。双方认识到,进一步提高锚链钢及终端产品锚链的质量将能够给双方带来可观的效益。双方谈判达成一致,充分发挥双方技术人员的互补优势,共同联合攻关。在接下来的日子里,双方密切合作,努力工作研究,经过不懈的努力,通过上百次的试验,终于使锚链钢的质量有了很大的提高,通过了中国、英国、美国、德国、挪威、韩国和日本七国的认证。锚链钢质量的提高,相应地也将船用锚链的质量提升了档次,售价提高,市场占有率上升,在国内的市场占有率达到70%以上,同时在国际上也有相当的市场份额。双方都获得了非常满意的经济利益和市场声誉。双方成了长期密切合作的贸易伙伴。

5. 寸土必争

在现代商务谈判中,对等原则是一个非常重要的原则,即己方的让步要同步于对方的让步。如果对方未做任何让步或让步承诺,己方就主动让步,那只会让对方步步紧逼,使己方更为被动。

不轻易让步,不做无谓的让步,其结果可以获得谈判对手必要的尊重。对于处于谈判弱势的一方,赢得谈判对手必要的尊重是非常必要的。只有赢得了对方的尊重,对方才会珍惜己方所作出的让步。不然的话,对方会认为让步是他们实力占优的必然结果,是理所应当的。如果对方形成了这种心态,就很难作出相应的让步。

知识拓展

商贸谈判中的辩证技法

案例 6-10

依靠数据，步步为营

思　考　题

1. 制定商务谈判策略的步骤有哪些？
2. 开局阶段的策略有哪些？
3. 报价阶段的策略有哪些？
4. 优势条件下的谈判策略有哪些？
5. 劣势条件下的谈判策略有哪些？
6. 均势条件下的谈判策略有哪些？
7. 对付假出价的技巧有哪些？
8. 成交阶段的策略有哪些？

即 测 即 练

第 7 章

国际商务谈判技巧

案例 7-1

"退步"的策略

美国钢铁大王卡内基,曾经高明地运用"退步"的策略,打败了目中无人的摩根。

1898 年,美国总统麦金利趁古巴发生动乱之际,以缅因号战舰在哈瓦那海湾发生爆炸为借口,发动了美西战争(当时古巴是西班牙领地)。而与此同时,华尔街的龙头大哥摩根与钢铁大王卡内基也展开了一场激烈的搏斗。

美西战争的爆发,使得匹兹堡的钢铁需求猛涨,而美西战争最后以美国的胜利而告终,从而使得美国在国际上声名大振。在这样的背景下,摩根向卡内基发动钢铁大战的意义就更加大了。

由于看到了钢铁工业的前途无量,所以摩根也想在钢铁生意上作出成就,并把安插高级管理人员作为融资条件,送入伊利钢铁公司和明尼苏达钢铁公司,从而掌握了这两家钢铁公司的实权。

但这两家钢铁公司与卡内基的钢铁公司相比,只能算是小巫见大巫。由于美西之战导致钢铁价格猛烈上涨,摩根对钢铁产生更浓厚的兴趣,决定向卡内基发起进攻。

摩根一心想要主宰全美的钢铁公司,于是开始明目张胆地向卡内基开刀。他首先答应了号称"百万赌徒"的茨茨的融资请求,合并了美国中西部的一系列中小型钢铁公司,成立了联邦钢铁公司,同时拉拢了国家钢管公司和美国钢网公司。接着,摩根又操纵联邦钢铁公司的关系企业和自己所属的全部铁路,取消了对卡内基的订货。

摩根认为卡内基这次肯定会作出巨大反应。但事情恰恰相反,卡内基不但没有反应,而且还出奇平静。玩股票起家的卡内基,他比任何人更明白一点:冷静是最好的对策,特别是在这种关键时刻,自己面临的对手是能够在美国呼风唤雨的金融巨头,如果此时匆忙应战,最后吃亏的人肯定是自己。

摩根很快就意识到自己碰钉子了,于是他马上采取第二个策略。他扬言:美国钢铁业必须合作,是否合并贝斯拉赫姆尚在考虑之中。但合并卡内基公司,那是迟早的事情。这等于摩根向卡内基发出了挑战,他还威胁道:如果卡内基拒绝的话,我将找贝斯拉赫姆。

别人挑战也算不了什么,但是如果摩根真的与贝斯拉赫姆联手,那么卡内基就会被困在不利之地。在分析了局势后,卡内基终于作出了反应:这种合并真的有趣,参加一下也没什么不好。至于条件,我只要合并后新公司的公司债,不要股票。至于新公司的公司债方面,对卡内基钢铁资产的时价额以 1 美元比 1.5 美元计算。

1 美元比 1.5 美元,这个条件对摩根来说太苛刻了。但摩根经过考虑,最终还是答应了。摩根到底是怎么想的,我们无人知道,可能是他此时已经骑虎难下,而更为可能的是,摩根考虑的是垄断后自己将得到诱人的高额利润。谈判很快达成了协议,卡内基的钢铁公司归到了摩根的名下。按照合约,卡内基钢铁公司的价额以合并后新组建的联邦钢铁公司的公司债还清。

卡内基看准了摩根的心理,同时也抓住了摩根的弱点。摩根不是要迫不及待地合并吗?行,合并就合并,但是我还是要牵着你的鼻子走,这样,以 1 美元比 1.5 美元的比率兑换了卡内基钢铁公司资产的时价额后,卡内基的资产一下子从当时的 2 亿多美元上升至近 4 亿美元,几乎翻了 1 倍。

莎士比亚曾经说过:"人们满意时,就会付出高价。"满意是人们的一种心理表现,让步就意味着提高了对方的满意程度。退让的幅度有多大,对方的满意程度就有多大。让步的幅度要有上限和下限,如果能在上限和下限中间谈判成功,就达到了以退为进的目的。

面对摩根的步步紧逼,卡内基选择退让、沉默、不发表评论,因为摩根初期的作为并无法对卡内基的钢铁企业产生真正的伤害。但如果卡内基这时候回攻摩根,面对有备而来的大资本,必然造成巨大损伤,这是第一次退让。

到摩根发出"合作"呼喊的时候,卡内基及时察觉了此时已经进入抉择之地,如果反对,势必会受到摩根与另一钢铁巨头的联合攻击,故主动答应合作。而在合作时,捕捉到摩根追求合作的迫切心理,第二次退步,主动提出放弃股份,而要求得到公司债,并在公司债中提出高比例要求,成功令资产翻番。

卡内基知晓自己的让步幅度,并善于通过忍耐、退让,观察对手,捕捉对手弱点,在最正确的时机出手,获取最大利益。

商务谈判是一场高智力的较量,在这个过程中,谈判人员如果能恰到好处地运用一些技巧,就会对整个谈判结局产生重要乃至关键性的影响。因此,谈判人员必须对常用的谈判技巧熟练掌握,如对己方有利型的谈判技巧,对双方有利型的谈判技巧,处理僵局和争端的谈判技巧以及终止谈判的技巧,等等。

7.1　对己方有利型的谈判技巧

国际商务谈判中,对己方有利型的谈判技巧包括以下几个方面。

7.1.1　出其不意

从古至今,兵家无人不知:水趋下则顺,兵击虚则利。在商务谈判中应避对手长处之实,击对手短处之虚。实以虚之,虚以实之;化虚为实的奇妙之处在于以假乱真、假中有真、由假达真、乱中取胜。这种策略表现为手段、观点或方法的突然改变。兵法中的"攻其不备"是两军对垒时掌握主动权的重要谋略,而此谋略运用成功的先决条件则是"出其不意"。出敌之意外,才能攻敌之不备。

案例 7-2

出其不意占主动

毛泽东在指挥战争中曾多次成功地运用了这一策略。解放战争开始的第二年,当国民党还在向解放区发动"哑铃"式重点进攻,并认为我军正在节节败退时,毛泽东审时度势,命我中原野战军实施中央突破,千里挺进大别山,一举粉碎了蒋介石的"黄河战略"。此举大出蒋的意料,使其匆忙应付,不得要领。而我军则夺得了经略中原、战略反攻的主动权。

"出其不意"作为交战之术,是人类战争实践的理论总结。它不仅适用于军事领域,也同样适用于其他方面。谈判从某种意义上讲是一场没有硝烟的战争,因此,诸如"出其不意"这样的军事谋略也同样可用于谈判中。它的主要作用在于攻对手于不备,置对手于被动地位,使对手猝不及防或无回旋余地,从而使己方处于主动地位,并进而获得尽可能大的利益。

出其不意在谈判中可从不同的角度、不同的方面加以运用,概括起来如下。

1. 出其不意的行动

在谈判中采取一些突然的、超常的、对方意想不到的行动,往往会一举置对手于被动地位。这种策略通常用于谈判开局时较为有效。因为谈判开始前,双方一般都会对对手有一个基本估计,并据此制定谈判方略。如果一方的行动从一开始就超乎对手的估计,那么,对手事先拟定的方略一下就无用武之地,临阵磨枪乃兵家大忌,处于被动地位则是显而易见的了。

案例 7-3

最后期限巧制胜

一位名叫荷伯的专家赴日本东京参加为期 14 天的谈判。一下飞机,两个日本人就非常客气地迎接他,带他通过海关,然后一起上了一辆大型豪华轿车。荷伯靠在舒适的锦绒座背上,两个日本人则笔直地坐在两个折叠椅上。荷伯大大咧咧地问:"你们为什么不和我坐在一起,后面有的是地方。"两个日本人恭敬地说:"不!您是重要人物,显然您需要休息。"在汽车行驶途中,一个日本人突然问:"先生,您懂这儿的语言吗?"荷伯说:"噢,不懂,但是我想学几句,我随身带了一本字典。"日本人又问:"您是否关心您返回的乘飞机时间?我们可以安排车子送到机场。"荷伯觉得日本方面很会体谅人,于是从口袋里掏出返程机票给他们看,当时荷伯没有料到日本方面就此知道了他的谈判截止日期。其后,日本方面并没有立刻开始谈判,而是先安排荷伯参观游览,为此就花费了一星期的时间。日本方面甚至还给荷伯安排了一次坐禅英语课,以便学习他们的宗教。每晚有 4 个半小时,日本人让荷伯坐在软垫上进晚餐和欣赏文艺。每当荷伯要求开始谈判时,他们就说:"有的是时间!有的是时间!"到第 12 天,谈判才正式开始,但又提前结束,以便能玩高尔夫球,第 13 天的谈判又提前结束,因为要举行告别宴会,晚上,还请了几位漂亮小姐陪他跳舞。

到了最后一天的早上,他们恢复了认真的谈判。正当谈到实质性问题时,小汽车开来了,接荷伯去机场。于是,日本人和荷伯都挤进汽车里,继续商谈条款。正好在汽车到达机场时,荷伯和日本人达成了协议。荷伯为了完成上司交给的任务,只好草草签订了协议。

荷伯之所以失败,就在于他万万没有料到对方会把谈判安排在时间死线(dead-line)上,这对他来说太意外了,也超出了一般的谈判常规。而日方正是利用了这一点,取得了出其不意的效果。

当然,行动上的出其不意并不局限于开局,在谈判过程中也可运用。例如砍价策略中的假出价,在实施中就会产生出其不意的效果。

2. 出其不意的态度

在谈判中一反常态,会使对方捉摸不定,不好作出肯定性的应对选择,而比较易于认同和接受己方随后表达的立场。例如,中美知识产权第四轮北京谈判时,中方一开始就由每个方面的专业代表分别做了长达45分钟的发言,不许美国人插话,并口气强硬地撤回以前谈判中的一切承诺。这种态度令美国方面目瞪口呆、不知所措。到谈判陷入僵局后,中方又表达了"还可以谈"的意思。

这种态度的反复变化,产生了实际效果。首先,表明了中国对知识产权是着力保护的,但也要考虑中国国情,这一点美国后来实际是认可了;其次,如果美国单方面决定关税报复,那么,谈判破裂责任不在中方;最后,中方获得了公众舆论的支持。

3. 出其不意的人选

谈判成果的多少、效果的好坏,与谈判主体各方面的素质、特点、背景、地位等有一定的关系。所以,谈判开始前,双方都希望对对手的情况有所了解、有所估计,并作为制定对策的依据之一。如果一方在人员选派上出乎对手的预料,那就会使对手在应战时处于缺少准备、较为被动的地位。例如,朝鲜停战谈判时,美国方面对谈判桌上的几位中朝代表还较为熟悉,但对实际幕后主谈李克农将军就不是很清楚了,他们只知道李克农将军长期从事秘密工作。因此,李克农将军对美国方面来讲是一个神秘人物,难以捉摸,这样无形增加了美国方面的谈判难度。

4. 出其不意的时间

这种谋略最初运用于军事,以达到战役或战斗的突然性。谈判无限期进行的情况是不多见的,尤其商务谈判的时间往往有一定的限制,因此,居于东道主地位的一方,在谈判时间安排上有可能要一些手段,令对方猝不及防,草草签约。

以上只是介绍了出其不意策略在几方面的运用。这里还要指出的是,"出其不意"并非屡试不爽。比如在商业谈判中,一方出其不意的行动,有时会造成不信任的气氛,或使对手破釜沉舟,最后有可能两败俱伤。因此,该策略要依据具体情况确定运用与否,尤其是要避免一些不讲商业道德的做法,不能因一次谈判的小利而失掉长远的商业信誉。

7.1.2　造成既成事实

既成事实可以理解为先斩后奏,先做后商量。俗话说:生米已经做成熟饭了。在谈判中运用这一战术是指不顾对方,先为自己取得有利的地位,或争取某种做法,然后考虑对方可能的反应和反击,在此基础上再进行谈判。这在国际上,特别是政治交易中经常采用。如先动用武力,然后再坐下来谈判,这时的局势对某一方可能会有利,有利于取得理想的谈判效果。当然,采取这一策略,必须充分考虑如果行动失败可能导致的后果。

在贸易交往中,交易的两方或某一方常常是先与对方接触,但不一定马上进入实质性洽商阶段,而是在各方面(外围)做工作,如了解情况、增进友谊、寻找权威人物、筹措必要资金,待时机成熟再与对方进行实质性洽商,迫使或诱使对方签合同。这种方法十分有效,既避免了与对方的正面冲突,又巧妙地达到了己方的目的。

📚 案例 7-4

既成事实无怨言

谈判专家荷伯·科恩的亲身经历证明了这一点。荷伯的妻子打算另买一处房子,所以每到周六、周日她都约上荷伯去看房子。最后,不胜其烦的荷伯告诉他妻子,买房子事宜由你全权处理,只要买好了,告诉我一声,我与孩子搬进去就是了。荷伯很得意,认为"把球打到了她的场上"。几周之后,妻子打电话给他,说她买了一所房子。荷伯以为听错了,纠正她说:"你是看中了一所房子。"他妻子说:"已经写了合同,但得你同意才行。"

荷伯便放下心来,与妻子一同去看房子。在路上,妻子告诉他,邻居、朋友们都知道他们要搬家了,他们双方的父母也都通知了,甚至连新房的窗帘都已经做好了,孩子们都选择了自己的房间,告诉了他们的老师,新家具也已订购了。结果怎么样呢?正如荷伯所说:"我妻子告诉我的是一个已经完成了的事实,为了维持我的面子,我只得同意,而且毫无怨言。"

在商业上,运用最为普遍的既成事实是:如果你接到一份不同意的合约,最简捷有效的方法是,把不同意的条文画掉,签上名字,然后寄还给对方。一般情况下,对方都会接受这种既成事实。

采取既成事实策略,许多情况下,会严重损害对方利益,因此,一般不提倡这种做法,运用时所要掌握的度也非常重要,否则可能造成非常严重的后果。因此,有些人认为,既成事实属于一种商业欺骗或阴谋诡计。

如对方采用这种策略,应有所警惕。最重要的一点是,在买卖合约中严格规定:双方应承担的责任、违约条款、处罚措施。在必要的条件下,果断采取法律行动。其他诸如要求数目可观的预付款、寻找可靠的担保人等都是较好的办法。

7.1.3 逆向行动

这种策略就是采取与公认的一般倾向和目标恰恰相反的行动,即反其道而行之。例如,在股票市场上获利的总是那些最先吃进而又最先抛出的人。也就是说,当别人尚在消极观望之时,你应该果断买入;一旦乐观情绪四处弥漫起来,你就该趁热脱手了。这种策略听起来好像很容易,但实际做起来极为困难。

7.1.4 设立限制

法国人一向以惯用时间限制作为策略手段而著称。严格的议事日程是一种限制。你只能就某一问题进行谈判,或者只能以某一特定的方式进行谈判,也是一种限制。这项策略的另一种用法是限制信息交流:你只能通过代理人来交涉,或者有话只能在谈判桌上说。这种方法一旦发展到极端,就会造成所谓的"哑交易"。中非的一些部落有一种奇特的讨价还价方式,即想做交易的部落把自己的货物留在河边,邻近的部落取走这些货物,留下他们认为等值的交换品。如果前者对此不满意,他们就不去取那堆东西,等它一点点加多;如果后者不予以增加,他们以后就可以不来此交易了。

7.1.5　声东击西

　　声东击西策略又称佯攻策略,简单地说,就是在谈判过程中出于种种需要,把对方的注意力集中在己方不甚感兴趣的问题上,使对方增加满足感,以引起对方的错觉。这在商务谈判中是经常被采用的。声东击西作为一种谈判策略,实用性很强。它的主要做法是在商务谈判桌上变换谈判目标,通过转移对方注意力的方法,达到谈判的目的。具体地说,就是谈判人员在谈判议题进行不下去时,既不强攻硬战,也不终止谈判,而是巧妙地将议题转移到无关紧要的事情且纠缠不休,或在自己不成问题的问题上大做文章,迷惑对方,使对方顾此失彼。这种谈判策略的特点是富有变化,灵活机动,避开对方的锋芒,且不破坏谈判的和谐气氛,从而在对方毫无警觉的情况下实现预期谈判目标。它也是皆大欢喜谈判中最重要的策略之一,能使己方与对方保持积极的关系,能在谋得己方利益的同时,使对方获得最大的满足。采用声东击西策略一般来说主要有以下几个目的:①尽管所集中讨论的问题对己方来说是次要的,但通过这种方式表明己方对其的重视,因而在此做了轻微的让步之后,使对方感觉到你已在重要的问题上做了让步,使其产生满足感。②利用这种策略来转移对方的视线。例如,对方关心的是价格,而己方最关心的是交货问题,那么己方采用声东击西策略可把双方的议题转移到其他问题上,如谈支付条件等,从而分散对方对前述两个问题的注意力。③利用这种策略,使得某一议题的讨论暂时搁置起来,而转向另一议题,这样,己方即可腾出更多的时间对有关问题做更深入的了解。获取更多的信息,做更深入的讨论和研究,这实质上是一种缓兵之计。在商务谈判中,己方不但要较好地采用声东击西策略,而且还要注意对方是否采用这种策略来拖延时间或分散己方的注意力等,如果有迹象表明对方在"声东击西",己方就应及时地调整策略,如进行休息、规定最后期限等。

案例 7-5

制造虚假情报,声东击西

　　我国某厂要从日本 A 公司引进收音机生产线,在引进过程中双方进行谈判。在谈判开始之后,日本 A 公司坚持要按过去卖给某厂的价格来定价,坚决不让步,谈判进入僵局。某厂为了占据主动地位,开始与日本 B 公司频频接触,洽谈相同的项目,并有意将此情报传播,同时通过有关人员向 A 公司传递价格信息,A 公司信以为真,不愿失去这笔交易,很快接受某厂提出的价格,这个价格比过去其他厂引进的价格低 26%。

7.1.6 "意大利香肠"

"意大利香肠"策略又称蚕食计。这种策略的内容是,要取得全部的胜利,必须循序渐进,一口一口地吃,直到最后胜利。采取这一策略,不能露出你想从对方手中获取什么的意图。你必须不露声色,哪怕是一点蛛丝马迹也不要暴露。一位高明的谈判人员在谈判之初并不提出自己全部的、真正的要求,而是随着谈判的不断深入,采取"挤牙膏"的方法,顺顺当当地使对方作出一个又一个的承诺,直到满足自己的所有欲求为止,就好像蚕吃桑叶一样,一点一点、一片一片地统统吃光。

💡小知识

"意大利香肠"出自这样一个典故:在意大利,一个乞讨者想得到某人手中的一根香肠,但对方不给,这个乞讨者乞求对方可怜他,给他切一薄片。对方认为这个要求可以,于是答应了。第二天,乞讨者又去乞求他切一片,第三天又是如此,最后这根香肠全被乞讨者得到了。"意大利香肠"策略一词据说源于前匈牙利共产党总书记拉科西·马加什,他在谈到使用这一策略时说:"假如你想得到一根意大利香肠,而你的对手把它抓得很牢,这时你一定不要去抢。你先恳求他给你薄薄的一片,这样对方才不会在意,至少不会十分计较。第二天你再求他给你薄薄的一片,第三天还是如此。这样日复一日,一片接着一片,整根香肠就会归你所有。"

【点评】

科拉西·马加什的形象解说深刻地揭示了"意大利香肠"策略的精髓。一般来说,人们对对方比较小的要求容易给予满足,而对较高的要求就会感到比较困难。该策略在商务谈判中运用得十分广泛。谈判桌上常常听到"不就是一角钱吗?""不就多运一站路吗?""不就是耽误一天吗?"等,遇到这种情况应当警觉,也许对方正在使用"意大利香肠"策略。特别是当谈判经过双方的讨价还价阶段之后,有的谈判人员总是试探着前进,不断地巩固阵地,不动声色地推行自己的方案,让人难以觉察,最终产生得寸进尺的效果。

"意大利香肠"策略给我们的启示是:在商务谈判中,与其总是盯着最高目标,倒不如从最容易实现的物质条件开始,一点一滴地去争取。谈判中采用此种策略时必须注意要有耐心,要小心谨慎,否则不会获得成功。因为最常见、最有效的策略,也往往是最易被人识破的策略。因此,仅仅懂得策略还是很不够的,须知,策略运用的技巧要比策略本身更重要。

7.1.7 留有余地

在国际商务谈判中,我们既要坚持原则,又要留有余地。中国有句成语:"行百里者半九十。"对对方提出的某项要求不要马上作出答复,必要时答复其主要内容,留有余地,以备讨价还价之用,防止对方得寸进尺。凡涉及我国对外经贸活动的政策法令及国家或企业根本利益的原则问题,我们必须寸步不让,据理力争,但又要避免简单粗暴,要不卑不亢,从实际出发,耐心地反复说明立场,争取对方接受。对某些非原则性问题,必要时则可以在不损害根本利益的前提下做某些让步。自始至终,坚持贯彻"有理、有利、有节"的方针,以理服人。

7.1.8　寻找代理

寻找代理人谈判,有时比亲自交涉效果好。进有进路,退有退路,使自己有思考和回旋的余地。

在聘请中间人或代理人时注意要选择:

(1) 懂业务、有感情、商业信誉好的人。

(2) 对你忠实可靠的人。

(3) 有能力,说服力、应变能力很强的人。

7.1.9　无中生有

谈判中,有时可找一些借口,使自己更具灵活性,掌握谈判主动权,在购买东西时,与老板讨价还价,就可以似有似无地为自己制造一个"后台老板"。说明自己在这次交易中不能完全做主,而把"后台老板"的各种要求和压力作用于对方,以此增加对方的压力,加强自己的攻势。

"后台老板"可以是上司,也可以是家长,或是朋友,现实生活中,常有这样的实例:

买方:"请问,苹果多少钱一斤?"

卖方:"3.5 元一斤。"

买方:"我朋友说,3 元以上就不要买。"

卖方:"如果你确实想买,给你稍微便宜一点,2.7 元一斤。"

买方:"太贵了,按这个价钱买,街上到处都是,我何苦跑到这边。"

卖方:"唉,现在生意很难做,你朋友根本不懂行情。"

买方:"我朋友对这行情太了解了。"

卖方:"算了,如果要,就 2.5 元一斤。"

买方:"那就来 10 斤吧!"

来自"后台老板"的压力可以是金额的限制,也可以是质量的要求等。

事实上,"后台老板"是经常不存在的,只不过是一种策略而已。

7.1.10　权威效应

狐假虎威,狐狸借威于虎,而又取信于虎,以小胜大,以弱胜强,即利用权威人士提升自己的地位。

某学校心理学教授曾做了一个试验。他向学生介绍了一位"世界著名化学家","化学家"带来一瓶据说具有某种说不出什么气味的液体,而且一打开瓶塞,这种气味就会弥漫整个教室,要求学生闻到后立即举手,以测定自己是否有正常的嗅觉。结果,学生们纷纷举手表示自己嗅到了气味。其实,"化学家"只是由一个普通教师扮演的,瓶中是无色无味的蒸馏水。这便是权威效应。

同样,在谈判活动中,同一个问题,说法不同,效果也就不一样。所以在谈判桌上,要让对方相信自己,使自己在对手心中树立可靠的形象,使谈判态势有利于己方。

例 1:促使外商决定投资。

普通人:我想,中国的投资环境将会得到改善。

权威人士:我国领导人已一再强调,要动用一切力量改善我国的投资环境。

例 2:说服对方买产品。

普通人:草珊瑚含片得到很多人的青睐。

权威人士:草珊瑚含片是中央人民广播电台播音员护嗓专用品。

事实上,权威人士说的话具有权威效应,所以更具有说服力,更能使人相信。

7.2 对双方有利型的谈判技巧

互利型谈判策略是建立在互利互惠、彼此合作的基础之上的谈判方式与技巧。在此种策略中,可以采取以下一些具体措施。

7.2.1 开诚布公

谈心要交心,交心要知心,知心要诚心。开诚布公是指谈判人员在谈判过程中,均持诚恳、坦率的合作态度向对方吐露己方的真实思想和观点,客观地介绍己方情况,提出要求,以促使对方进行合作,使双方能够在坦诚、友好的氛围中达成协议。当然,开诚布公并不意味着己方将自己的所有情况都毫无保留地暴露给对方,因为百分之百地"开放"自己是不可能的,也是不现实的,如何采用这一策略,也是要视具体情况而定。

(1) 并不是在任何谈判中均适用这一策略。适用这一策略的前提是:双方必须都对谈判抱有诚意,都视对方为己方唯一的谈判对象,不能进行多方谈判。

(2) 注意在什么时机运用此策略。通常是在谈判的探测阶段结束或者报价阶段开始时适用此策略。因为在此阶段,对方的立场、观点、态度、风格等各方面情况,己方已有掌握和了解,双方处于诚恳、坦率而友好的谈判气氛中。这时提出己方要求,坦露己方观点,应是较为行之有效的。

(3) 运用这一策略时,应针对双方洽商的具体内容介绍有关情况,不要什么问题都涉及。如果你在某一方面有困难,就应针对这一方面进行侧重介绍,使对方了解你在这方面的难处以及解决的方案。因为这易唤起对方的共鸣,认为你很有诚意,但应使对方感到,只要双方通力合作,就能战胜困难,并使之受益。这样,才会使双方更好地合作。

7.2.2 休会缓解

谈判讲的是妥协,不是非白即黑,而是灰色的,不是黑马、白马而是斑马。在谈判中双方因观点产生差异,情感上出现裂痕,一方提出休会以缓和情绪、化解僵局,如同法院的"休庭"、运动比赛的"暂停"。休会缓解策略是指在谈判进行中遇到某种障碍或在谈判的某一阶段,谈判一方或双方提出中断谈判、暂时休会的一种策略。这能使谈判人员有机会重新思考和调整对策,促进谈判的顺利进行。休会缓解策略运用得当,能起到调节谈判人员的精力、控制进程、缓和谈判气氛的作用。休会缓解策略一般在以下时段使用较合适。

（1）在谈判某一阶段接近尾声时。此时的休会,可使双方借休息之机,分析讨论这一阶段的情况,预测下一阶段谈判的发展,提出新的对策。

（2）当谈判出现低潮时。谈判人员如果疲劳,精力难以集中,显然不利于谈判,可适当休息,再继续谈判。

（3）在谈判出现僵局时。由于谈判各方的分歧加大,出现僵持不下的局面时,可采用休会缓解策略,这样能使双方有机会冷静下来,客观分析问题,而不至于一味沉浸于紧张的气氛中,不利于问题有效地解决。

（4）在一方不满现状时。如果对方出现不满情绪,为避免对方采取消极态度应对谈判,就应进行休会,调整气氛,改变影响情绪之处,有利于顺利谈判。

（5）在谈判出现疑难问题时。如出现难以解决的新情况,休会后,各自进行协商,提出处理办法是一种很好的避免谈判障碍的方法。

7.2.3　以退为进

从表面上看,谈判的一方是退让妥协或委曲求全,但实际上退却是为了以后更好地进攻或实现更大的目标,退一步海阔天空,进一步万丈深渊。但要慎重行事,具体做法有以下几种。

1. 先肯定,后否定

例如,需方:"这种包装的产品我们不要。"

供方:"是呀,许多用户初步跟你认识相同,但深入了解这种包装后,加大宣传力度,后来很畅销,你也没问题。"

2. 先重复,后削弱

陈述对方的反对意见再改变。

例如,甲方:"贵公司价格太不合理了,不可能接受。我方要退出谈判。"

乙方:"是的,是比去年高,但原料涨价,我们产品跟着涨,这叫水涨船高。您可咨询一下。"

3. 先利用,后转化

例如,甲方:"你方购买的数量虽然很大,但要求折扣太大,这笔生意无法做。"

乙方:"你说得太实际了,正如贵方所讲,我们用的数量之大是其他企业无法比拟的,所以折扣也要大于其他企业,这是正常的。另外,我们的成功合作从长远看对双方都是有好处的,要互利互惠,眼光放远一些。"

对方使用这一策略时的应对策略如下。

（1）替己方留下讨价还价的余地,如果己方是卖方,报价要高些;如果己方是买方,还价应低些,但无论何种情况,报价务必在合理的范围内。

（2）不要急于坦露己方的要求,应诱导对方先发表其观点和要求,伺机而动。

（3）让步有策略,可以先在较小的问题上让步,让对方在重要的问题上让步,但让步不要太快,因为对方等得越久,就会越珍惜。

（4）在谈判中遇到棘手问题时,应表示出愿意考虑对方的要求,使对方在感情上有被接受的感觉。

7.2.4 润滑策略

润滑策略是指谈判人员在相互交往过程中,互相馈赠礼品,以表示友好和联络感情的策略。可以理解为:不抹油自转,抹上油转得更快。具体做法:尊重习惯,赠送礼品,感情投资,拉近距离,考虑文化因素。西方人幽默地称之为"润滑策略"。

人们对这一策略的褒贬评价各不相同。反对者认为,赠送礼品者有行贿之嫌,而接受礼品者有受贿之嫌。赞成者认为,赠送礼品是人之常情,也是表达双方感情的一种方式,有助于谈判成功。我们同意后者的观点。特别是在涉外谈判中,就许多国家的习俗来讲,互赠礼品同互致问候一样,是双方友好交往的必要手段。因此,在涉外谈判中,应当学会掌握运用这一策略。

由于各民族的风俗习惯不同,在赠送礼品上有较大的差异。

赠送礼品是一个十分敏感而又微妙的问题,一定要慎重行事,否则会适得其反。如对方赠送礼品,出于礼貌,应回赠礼品。如赠礼对象是一对夫妇,其夫人则是受礼的对象。

但在使用此策略时,应注意以下几个问题。

(1) 所赠礼品不应带有功利性,而完全是为了联络感情,否则,会给对方一种"行贿"的感觉,使对方警觉,也破坏了己方的形象。

(2) 要尊重谈判对方的风俗习惯及个人兴趣,使对方感到意外的惊喜。

(3) 馈赠礼品也要选择适当的时机和场合,使对方感到很自然,易于接受。

7.2.5 假设条件

假设条件是指在谈判的探测阶段,提出某种假设条件,来试探对方的虚实,提出假设条件可以从两方面考虑:一是在己方认为不太重要的问题上提出假设,如果对方对此反应敏感,则说明他对这一问题比较重视;二是在己方认为比较重要的问题上提出假设条件。还应注意提出时机,如果对一个已经商讨多时,几乎可以定下来的问题,就不应再提假设条件,这会打乱已谈妥的方案。只有在双方出现分歧,均在设想解决方法时,提出假设条件,才能收到好的效果。它可以试探对方的底细和打算,例如,"如果扩大订货,你们打算在价格上作出什么让步?""如果把价格降低 20%,你能事先给我们确定的订单吗?"在让步之前做假设性提议,可试探对方的灵活性。

同时,在提出假设条件之前,应对假设成真后可能产生的结果有正确的估计,否则,一旦假设条件变成现实,或对方努力地实现这一假设条件,而你又有其他的变动和要求,则会处于非常被动的局面。

7.2.6 私下接触

私下接触是一种非正式会谈的方式。在谈判过程中,除休息时间,如果谈判人员有意识、有目的地与对方私下接触,不仅可以增加双方友谊,融洽双方关系,还可以得到谈判桌上难以得到的东西。私下接触的形式很多,如电话联系、拜访、共同娱乐、宴请等,多在会外活动。

电话联系是私下交往的一种常用交际方式。打电话之前应做好准备,打好腹稿,选择好表达方式、语言声调,注意礼貌。无论在多么紧急的情况下,都不可一接通就进行实质性交谈,而要先寒暄问候。

拜访一般是主方为联络感情,关心食宿,及时满足其生活需求,或表示尊重等,而到客方住所进行的拜望和访问。这种做法同我国传统的"住客看过客"是相同的,可分为礼节性拜访和事务性拜访。礼节性拜访不一定有预定的目的,交谈的范围可以很广,方式也可以多样。事务性拜访应事先商定时间,不可突如其来,或强求对方会见。赴约要严格遵守时间。拜访的时间一般不宜过长,通常要依对方谈话的兴致、情绪、双方观点是否一致等,适时告退。

共同娱乐是谈判双方人员为工作而交好私人朋友的有效手段,如游览名胜、打球下棋、看戏娱乐等。共同娱乐的形式很多,皆无不可,但各国、各地区商人往往有独特的偏好。例如,日本人喜欢在澡堂一起洗澡闲谈;芬兰人乐于在蒸汽浴室一起消磨时间;而英国人则倾向于一同去绅士俱乐部坐坐;我国的广东人喜欢晨起在茶楼聊天。对于不同的谈判对手要了解习俗,兼顾偏好,才更有利于联络感情。共同娱乐策略更适用于各方首席代表,它有许多好处,它不像正式谈判,可以无拘无束地交谈,气氛融洽灵活。特别是谈判桌上难以启齿求和时,在共同娱乐中就能轻松地把愿意妥协的方面表达出来。此外,对于细节问题的研究,可以更加深入等。

案例 7-6

不怕"鬼"的故事

在《中华人民共和国和美利坚合众国联合公报》将要发表的前夕,美国国务卿罗杰斯对已达成协议的公报草案不满,说要在上海"大闹天宫"。周总理考虑再三,决定去拜访罗杰斯。当周总理来到罗杰斯居住的上海某饭店时发现,罗杰斯被安排住在 13 层,而西方人特别忌讳"13"。周总理面对满脸怒容的罗杰斯以及他手下的专家们说:"中美两国建交,是得到您主持的国务院的大力支持的。几十年来,美国国务院做了不少工作。我尤其记得,当我们邀请贵国乒乓球队访华时,贵国驻日本使馆就英明地打开绿灯,你们的外交官很有见地。"罗杰斯转怒为笑,说:"周总理也很英明。我真佩服你们想出邀请乒乓球的招儿,太漂亮了!"

"有件很抱歉的事,我们疏忽了,没有想到西方风俗对'13'的避讳。"周总理转而风趣地说,"我们中国有个笑话,一个人怕鬼的时候,越想越可怕,等他心里不怕鬼了,到处上门找鬼,鬼也就不见了,西方的'13'就像中国的'鬼'。"众人哈哈大笑。

周总理走后,罗杰斯的助手问:"怎么办?还找麻烦吗?"罗杰斯摇摇头说:"算了吧,周恩来这个人,真是令人钦佩。"

为了说服罗杰斯,周总理先采用赞美的方法,消除他的怒气,紧接着,用诙谐幽默的语言,风趣机智地讲了中国"怕鬼"与"不怕鬼"的故事,引出了众人的笑声。在笑声中,取得了谅解。

采用私下接触策略时,也有许多注意事项:①小心谨慎,谨防失言,不要单方面地告白,以免泄露己方的秘密;②在气氛很好的时候,不能十分慷慨而丧失原则;③要提高警惕,因为对方也会运用此策略,很可能在轻松的气氛里,在你没有防备的时候,轻易地使你相信了虚假的消息。

7.2.7　有限权力

有限权力是指谈判人员使用权力的有限性,权力受到限制的谈判人员比大权在握的谈判人员处于更有利的地位。

当谈判双方就某些问题进行协商,一方提出某种要求,企图让对方让步时,另一方反击的策略就是使用有限权力,可向对方宣称,在此问题上,他无权向对方作出这样的让步,或无法争论既定事实。这样,既维护了己方利益,又给对方留了面子。

一般而言,谈判人员权力受到限制的原因是多方面的。就金额限制来讲有:标准成本的限制,最高、最低价格的限制,购买数额的限制,预算限制等。另外,还有诸如公司政策的限制,以及法律和保险的限制等。会利用限制的谈判人员,并不把这些看成是对自己的约束,相反倒更能方便行事。

有限权力的作用如下。

(1) 以限制作为借口,拒绝对方某些要求、提议,但不伤其面子。

(2) 利用限制,借与高层决策人联系请示之机,更好地商讨处理问题的办法。另外,利用有限权力,迫使对方向己方让步,在有限权力的条件下进行谈判。

当然,有限权力也不能滥用,过多使用这一策略或选择时机欠妥会使对方怀疑你的身份、能力。如果对方认为你不具有谈判中主要问题的决策权,就会失去与你谈判的兴趣和诚意,这样双方只会浪费时间,无法达成有效协议。

7.2.8　寻找契机

寻找契机是指寻找和创造有利条件刻意制造出某一印象来实现某种目的的策略,要掌握契机。

(1) 要具有耐心。没有耐心就发现不了对己方有利的机会,会被别人利用。

(2) 要了解对方。在各项活动中观察、了解对方,发现其特点,尤其是弱点,以便己方正确决断。

(3) 要善于判断形势。只有善于判断形势,才会寻找和发现有利时机。一个优秀的谈判人员必须清楚地知道在何种场合下,谈论付款条件最有利;在何种情况下,生意谈到何种程度;在何种情况下,最好是放弃所坚持的。

(4) 在出现危机时,努力将危机变为生机。任何事物都有两个方面,从危机的角度讲,人们只有面对危机时,才会感受到它,才会比其他任何时候更有动力和干劲儿。有的背水一战,反倒起死回生了,这就是危机的积极一面。当谈判出现危机时,不要急于反应,应根据潜在的机会分析危机,控制情绪,正确对待危机并寻找出适当的解决办法。

7.3　处理僵局和争端的谈判技巧

商务谈判常常会遇到僵局。如果商务谈判人员不善于探究僵局产生的原因,不积极主动地寻找解决的方案,一味任相持不下的僵局越谈越僵,就有可能导致谈判的失败,谈判双方之前所做的各种努力也就付诸东流。所有的交易都包含着冲突的胚胎。当双方一起周旋时,各自的选择自由都受到了限制,彼此之间越来越要求对方承担义务,要求对方作出许诺,最后,变得难解难分,陷入纠纷的死胡同里,以致无论哪方都很难从这些承担义务的要求中脱身,在这个时候,冲突就可能发生。

7.3.1　僵局易发生的时间

僵局几乎总是在接近谈判终止的时候发生。在此之前,双方有许多选择余地,而且每一方都煞费苦心地想把对手拖到谈判桌边来。为了达到这一点,最简单、最合适、最令人愉快的方式,就是让渡一些各自的利益。然而,在接近终止时,几乎每一件事都可能导致冲突。通常,一方在他们自己虚弱的时候,对对方采取的过火行为感到可怕。对方可能采取如下的话威胁他们:“要是下星期三之前,你还做不成这桩买卖,我们就不得不全部离开了。”像这样强行施加压力的声明很可能使对方重新审查迄今为止的全部过程。他们会联想到更多值得怀疑的实例,会感到自己上当受骗了。这时谈判双方共同建立起来的相互信任的局面会毁于一旦,于是对方反击开始,双方冲突严重化,冲突代替了彼此之间的友好接触。

如果双方都有所克制,没有陷入死胡同,以便将来能继续与对方做买卖,那么,这种冲突就变成了双方联系的内在因素;如果一方发现了对方不可信任,那么在下一次谈判中,他们在自己的要求上的态度也会变得强硬起来,他们将更加明显地使用自己的实力。如果他们受到了伤害,也会寻求报复的机会,这样一直继续下去,直到最后,冲突在谈判开始前就会以公开显示实力和发出威胁信号的形式而爆发。因此,在处理冲突时谈判人员必须注意,不可露骨地威吓对方。除非你是作为一种策略而有意运用,你必须保证别人绝对确切地知道你所说的意图是什么,他还必须明白,收到这种效果有赖于他自己。你的帮助,还应使他们看到有一个最大地保证他们自己利益的合作手段,绝不允许他们存有通过简单粗糙的洽谈就可以获得更多的好处这种希望。尽管要做到这些,需要花费你的体力和精力,即使这桩交易对你来说是毫无指望的、不经济的,但只要你想合作,就必须付出这些代价。

谈判中的冲突通常是激烈的,很少顾及对方,如果一方得到些什么,那么对方就将此看作自己所失去的一部分,因而必然展开竞争。这样的竞争使谈判之间的关系令人厌烦。很显然,冲突的谈判是一件坏事。同样,冲突只能通过谈判才能解决。谈判双方的互不相信,是冲突形成的根本原因。在对方看来,谈判的这一方没有把一些东西交给他,他没有得到他所应得到的这部分,这也可能是因为双方真正存在误会,一方的认识超过了对手的许诺或曲解了协议。冲突还或许起因于一方可能对对方施加了压力,或者使用了太过火的力量,甚至威胁的手段,这些情况一旦出现,冲突不仅可能发生,而且势不可免。

事实上,谈判之所以陷入僵局,一般并非因为谈判双方之间存在不可解决的矛盾,也就是说,谈判本身不属于那种没有可行性的谈判。没有可行性的谈判主要包括以下三种情况。

(1) 客观条件不具备。有些谈判由于客观上不具备履约条件,或虽能履约但不可能达到目的。但谈判方开始并未认识到这一点,随着谈判的深入,这一问题逐渐明朗化,随之谈判也陷入僵局,最终导致谈判的破裂。

(2) 没有谈判的价值。由于谈判之前没有做好调查研究和可行性分析,在谈判中,双方讨价还价后才发现,该谈判耗资费神,但双方均受益甚微,谈判人员进退两难,最终不得不停止谈判。

(3) 不具备谈判的协议区。谈判主体间开局的利益要求是大相径庭的,但谈判不可能是单方面利益的满足,而是一种相互满足的过程。如果买方愿出的最高价为2万元,卖方愿出的最低价为1.5万元,显然双方是具备协议区的,经过讨价还价,他们可能在1.5万~2万元某个价格点上成交。但如果买方愿出的最高价为2万元,卖方愿出的最低价为2.5万元,显然双方是不具备协议区的,根本不可能成交。在商务谈判中,协议区并非谈判伊始就很明朗,而是一个双方逐步探索的过程。在激烈的讨价还价之后,双方可能发现各自愿意成交的价格迥异,根本不可能交易,因而谈判陷入僵局并导致最终破裂也就在所难免。

自然,由于谈判本身不具备可行性而导致的僵局很容易转化为死局。但是,许多谈判之所以陷入僵局,并非因为谈判本身不具有可行性,而是因为双方感情、立场、原则之上的主观因素所致。这些原因通过谈判人员的努力,可以克服,使谈判双方打通心理渠道,逾越人为的谈判障碍,以促成谈判的成功。当谈判人员遇到谈判僵局的时候,切不可灰心丧气。

7.3.2 处理僵局的策略

谈判在进入交锋阶段、妥协阶段等实质性的磋商阶段之后,谈判双方往往会由于某种原因而相持不下,陷于进退两难的僵局境地。面对僵局,可采用以下策略。

1. 诚恳态度

谈判高手善于用诚恳去征服对手的心,他们不仅将诚恳视为一个克服僵局的手段,也将诚恳视为每次谈判的基础和继续合作的条件。为了谈成更多的交易,他们将诚恳的态度作为自己经商的必备条件。乔·吉拉德便是这么一个精明人,因为售出1.3万多辆汽车,乔创造了商品销售最高纪录而被载入吉尼斯大全。他曾连续15年成为世界上售出汽车最多的人,其中6年平均售出汽车1 300辆。"你只要赶走一个顾客,就等于赶走了潜在的250个顾客。"这是乔的250定律,也是他的座右铭。他认为,在每位顾客的背后,都大约站着250个人,这是与他关系比较亲近的人,如同事、邻居、亲戚、朋友等。如果一个推销员在年初的一个星期里见到50个人,其中只要有两个顾客对他的态度感到不愉快,到了年底,由于连锁影响就可能有5 000个人不愿意和这个推销员打交道,他们知道一件事:不要跟这个推销员做生意。由此,乔得出结论:在任何情况下,都不能得罪哪怕是一个顾客。

乔每天都将250定律牢记在心,抱定生意至上的态度,时刻控制着自己的情绪,不因顾客的刁难,或是不喜欢对方,或是自己心绪不佳等原因而怠慢顾客。乔认为,诚恳是上策,这是推销员所能遵循的最佳策略。他说:"任何一个头脑清醒的人都不会卖给顾客一辆六气缸的车,而告诉对方他买的车有八个气缸。顾客只要一掀开车盖,数数配电线,你就死定了。"

乔将诚恳贯穿在自己的整个推销生涯中,贯穿于每一次生意洽谈的始终。乔说:"不论你推销的是任何东西,最有效的办法就是让顾客相信——真心相信——你喜欢他、关心他。"如果顾客对你有好感,你成交的希望就增加了。要使顾客相信你喜欢他、关心他,那你就必须了解顾客,收集顾客的各种有关资料。这是诚恳待人的基础。

刚开始工作时,乔把收集到的顾客资料写在纸上,塞进抽屉里。后来,有几次因为缺乏整理而忘记追踪某一位顾客,他开始意识到自己动手建立顾客档案的重要性。他去文具店买了日记本和一个小小的卡片夹,把原来写在纸片上的资料全部做成记录,建立了他的顾客档案。

乔的诚恳是非歧视性的,这集中表现在他满天飞的名片上。许多人都使用名片,但乔的做法与众不同:他到处递名片,在餐馆付账时,他把名片夹在账单中;在运动场上,他将名片大把大把地抛向空中,名片漫天飞舞,飘散到运动场的每一个角落。乔确信,他这样做,会使人们需要买汽车时,自然想起那个抛撒名片的推销员,想起名片上的名字:乔·吉拉德。乔的诚恳还表现在他的售后活动上。乔有一句名言:"我相信推销活动真正的开始在于成交之后,而不是之前。"推销是一个连续的过程,成交既是本次推销活动的结束,又是下次推销活动的开始。推销员在成交之后继续关心顾客,将会赢得老顾客,又能吸引新顾客,使生意越做越大。乔每月要给他的 1 万多名顾客寄去一张贺卡。1 月祝贺新年;2 月纪念华盛顿诞辰日;3 月祝贺圣帕特里克日……凡是在乔那里买了汽车的人,都收得到乔的贺卡。正因为乔没有忘记自己的顾客,顾客才不会忘记乔·吉拉德。乔的诚恳获得了回报,他也善于去获取这种回报,这充分体现在他的"猎犬"计划中。乔认为,干推销这一行,无论你干得多好,别人的帮助总是有用的。他的很多生意都是由于"猎犬"(那些会让别人到他那里买东西的顾客)帮助的结果。乔的一句名言就是"买过我汽车的顾客都会帮我推销"。在生意成交之后,乔总是把一叠名片和"猎犬"计划的说明书交给顾客。说明书告诉顾客,如果他介绍别人来买车,成交之后,他会得到每辆车 25 美元的酬劳。几天之后,乔会寄给顾客感谢卡和一沓名片,以后至少每年顾客会收到乔的一封附有"猎犬"计划的信件,以提醒他乔的承诺仍然有效。如果乔发现顾客是一位领导人物,其他人会听他的话,那么,乔会更加努力促成交易并设法使他成为"猎犬"。实施"猎犬"计划的关键是守信用,一定要付给顾客 25 美元。乔的原则是:宁可错付 50 人,也不要漏掉一个该付的人。

"猎犬"计划使乔的收益很大。1976 年,"猎犬"计划为乔带来了 150 笔生意,约占总交易额的 1/3。乔付出了 3 750 美元的"猎犬"费用,收获了 7.5 万美元的佣金。当然,诚恳并非一切直来直去,推销中容许善意谎言。乔对此认识深刻,也深谙此道。如果顾客和他的太太、儿子一起来看车,乔会对顾客说:"你这个小孩真可爱。"而事实上,这个小孩并不属于可爱的行列,但如果想赚到钱,绝对需要这么说。乔善于把握诚恳与奉承的关系,少许几句赞美,可以使气氛变得更愉快,没有敌意,洽谈也就更顺利。意欲在生意场上大展身手的朋友,你能从乔·吉拉德身上学到多少呢?

2. 强硬手段

并非所有的僵局都可以靠诚恳破解。也许你推心置腹地向对手交了底,反而让对手抓住了把柄,作为进一步向你讨价还价的根据。所以,遇到态度特别强硬的对手,有时倒不妨以硬对硬,对手倒有可能作出让步。有句名言说得好:"你要变成绵羊,狼是不会反对的"，正是这个道理。有人打过一个比喻，正是这种手法的生动写照。两辆载运炸药的卡车在单车道上轰隆隆地相向而行。现在的问题是哪辆车礼让靠边以免造成车祸，两辆车越驶越近，其中一位司机拔下方向盘往窗外一扔，另一位司机见状，只有两种选择：要么相撞爆炸，同归于尽；要么赶快让到路边。如果他稍稍还有点儿理智的话，毫无疑问，他作出的必然是第二种选择。第一个司机所使用的是一种破釜沉舟的策略，根本没法子通融。自相矛盾的是，虽然他暂时削弱了对局势的控制，但在对方态度也十分强硬、不肯相让的情况下，却反而加强了他讨价还价的地位，对方不能不退让。

当然，要使这一破解僵局的手段发挥作用，必须满足以下条件：首先，应对己方的实力有充分的认识。只有在己方有较强的实力时，此种方法才能显示出其威力。其次，应对强硬态度的风险有足够的认识。强硬的手段隐藏着极大的风险，可能导致前功尽弃、谈判破裂。谈判人员只有在风险较小的情况下，才能使用这一策略。他必须确认，谈判对手也极希望做成这笔交易，对这笔交易寄予很大的期望值。谈判一旦破裂，对双方都极为不利，也是双方所不愿看到的。最后，谈判人员要注意硬中带软，不要一味生硬，要给对手留有退路。如果谈判人员只知道强硬这一手，很可能让谈判对手下不了台而导致谈判的彻底破裂。在条件成熟的情况下，强硬不失为一个较好的破解僵局的办法。

3．暂停缓冲

夫妻吵架，分开一段时间，待双方冷静之后，也许就和好了。谈判双方由于一时冲动，在感情上较劲儿，这时，应当从谈判的实际利益出发，考虑暂停谈判，等气氛缓和下来再谈。在冷静、缓和的气氛中，谈判各方才会为了自身的利益求同存异。

有经验的推销人员均深谙此道，他们懂得在需要的时候及时采取撤退战略，尤其是看到局势将要爆炸之时。例如，买主可能刚刚跟他的上司干了一仗，他这会儿正想找个替罪羊出气，刚好碰上了上门来的推销人员。这时他会把失意的怨气转移到对方和对方产品的头上。在这种情况下去和他斗嘴，推销人员永远不会得胜。上策是退避三舍，免得不慎说出什么难听的话，将来追悔莫及，等到买主怨气消失殆尽之后，推销人员再登门拜访。商务谈判过程大都紧张而激烈，需要谈判人员耗费大量的精力。在紧张而激烈的气氛中，谈判双方极其容易产生情绪，常常钻入牛角尖而很难钻出来，于是双方争得面红耳赤，互不相让。此时若适时地暂停谈判，可以使双方冷静地考虑自己的处境和对方的情势，作出让步的决定或者考虑采用第三方案，化解已经出现的僵局。当然，暂停谈判不仅仅起一个镇静剂的作用，它还可能成为双方关系的融合剂。在正式谈判场上关系极其紧张时，暂时中止谈判，让双方谈判人员在一些非正式场合接触，往往有利于缓和双方紧张的关系，使问题迎刃而解。此种情况在商务谈判中并不少见。

4．换将易人

在球类比赛中，当球队左冲右突比赛却没有进展时，教练往往向裁判申请运动员易人，以此来打开局面。在商务谈判陷入僵局时，易人的办法也常常发挥作用。不少谈判的僵局是由主谈人的感情色彩导致的。僵局一旦形成，主谈人的态度便不易改变，有时会潜在地滋生起抵触情绪，不利于谈判。这时，最好是改换主谈人。新的主谈人不受前主谈人的感情左右，会以新的姿态来到谈判桌前，使僵局得以化解。这种以易人来化解僵局的办法，古已有之。看过《三国演义》的人都知道，刘备并吞西川后，孙权打发诸葛亮之兄诸葛瑾到成都,哭诉全家老小已被监禁,要诸葛亮念同胞之情,找刘备归还当日向孙权所借之荆州。诸葛亮不愧是位出色的外交活动家、谈判能手,得知诸葛瑾到,教刘备"只须如此如此"。诸葛瑾到达成都后,哭诉于诸葛亮前,诸葛亮满口答应道:"兄休忧虑,弟自有计还荆州便了。"

随即,诸葛亮引诸葛瑾见刘备。刘备先是不允,诸葛亮为表示对其兄的手足之情,竟"哭拜于地"。刘备再三不肯,诸葛亮"只是哭求"。这时候,刘备开始"动摇"了,在诸葛亮的苦苦哀求下,勉强答应道:"既如此,看军师面,分荆州一半还之,将长沙、零陵、桂阳三郡与他。"这时,诸葛亮做了一个小小的点拨:"既蒙见允,便可写书与云长令交割三郡。"刘备心领神会,给关羽修书一封,并叮嘱诸葛瑾:"子瑜到彼,须用善言求吾弟,吾弟性如烈火,吾尚惧之。切宜仔细。"诸葛瑾携书到了荆州,关羽看了后不买账,说:"吾与吾兄桃园结义,誓共匡扶汉室。荆州本大汉疆土,岂得妄以尺寸与人?'将在外,君命有所不受。'虽吾兄有书来,我却只不还。"

诸葛瑾碰了一鼻子灰,只好再往西川见诸葛亮,而此时诸葛亮已"自出巡去了"。诸葛瑾只好再去见刘备。刘备仍未破坏其形象,对诸葛瑾说:"吾弟性急,极难与言。子瑜可暂回,容吾取了东川、汉中诸郡,调云长往守之,那时方得交付荆州。"诸葛瑾悻悻而归,终未索回荆州。在诸葛亮导演的这场谈判之中,刘备一方四易其人,化解了一个又一个僵局,既未伤诸葛瑾的面子,又未归还荆州,谈判以刘备一方彻底胜利而告终。意欲在谈判桌上获取更多实惠的商家,难道不可以从这出外交谈判中借鉴一二吗?

7.3.3　处理争端的"四部曲"

下面是指导你处理争端的"四部曲"。

(1) 迅速地收集记录,即谈话的细节和会谈的备忘录。让己方人员起草一份他们在上面签了名的关于情况发生的报告书,立即把它摆在你的面前。估算一下,己方应花费多少,对方应出多少。为了解决这个争端,己方可能损失多少,对方又可能损失多少。

(2) 估量一下你的谈判实力和优劣势。要是你所处的地位较弱,那么,你不得不采取一些措施,在谈判开始前,增强你的实力。考虑一下,什么时间开始谈判对你有利,何时商谈于对方有利。

(3) 在不暴露你的全部计谋的前提下,实事求是地向对方介绍你的方案。如果你是较强的一方,那就把你们之间的差距写给对方,让对方知道。相反,若你居于弱势,那么,不仅不要去威胁对方,而且还需要做好劝说工作来吸引对方。

(4) 保持冷静的头脑。即使是面对强大的压力和你直接受到非难,也一定要镇静;甚至当对方争辩的理由站不住脚时,你在答辩中,在回答他们的要求时,还是要小心谨慎,不可鲁莽。

总之,不要陷在争端之中,要诚实,你的实际付出要多于你的许诺,把难处向对方讲清楚,与正派的人做交易。无论如何,首要因素是实力,这适合于所有的谈判情况。同时需要记住的是,实力是能够用若干方法建立起来的。实力使你与对方打交道时,胸有成竹和自信。实力也有利于你首先说服对方按你所希望的那样来解决冲突。

小思考

1. 商务谈判双方的关系是( )。
   A. 敌对的较量　　　　B. 高度的竞争　　　　C. 以竞争为主的合作
2. 你赞成的交易是( )。
   A. 对自己有利的交易　B. 各自为自己打算的交易　C. 对双方有利的交易
3. "生意不成友谊在"体现了商务谈判的( )原则。
   A. 平等　　　　　　　B. 互利　　　　　　　C. 相容

案例 7-7

金盾大厦设计方案谈判

案例 7-8

处理僵局的策略

柯泰伦曾是苏联派驻挪威的全权代表。她精明强干,可谓女中豪杰。她的才华多次在外交和商务谈判上得以展示。有一次,她就进口挪威鲱鱼的有关事项与挪威商人谈判。挪威商人精于谈判技巧,狮子大开口,出了个大价钱,想迫使买方把出价抬高后再与买方讨价还价。而柯泰伦久经商场,一下识破了对方的用意。她坚持出价要低、让步要慢的原则。买卖双方坚持自己的出价,谈判气氛十分紧张。各方都拿出了极大的耐心,不肯调整己方的出价,都希望削弱对方的信心,迫使对方作出让步。谈判进入僵持的状态。

柯泰伦为了打破僵局,决定运用谈判技巧,迂回逼近。她对挪威商人说:"好吧,我只好同意你们的价格啦,但如果我方政府不批准的话,我愿意以自己的工资支付差额,当然还要分期支付,可能要支付一辈子的。"柯泰伦这一番话表面上是接受了对方的价格,但实际上却是以退为进,巧妙地拒绝对方的要求。挪威商人对这样的谈判对手无可奈何。他们怎么能让贸易代表自己出工资支付合同货款呢? 只好把鲱鱼的价格降下来。

柯泰伦一番话的含义是什么? 为什么挪威商人只好接受柯泰伦的条件?

这句话的含义为:政府没有给我这么大的权限,但我可以答应你们的报价,差额就由我的工资来抵销。因为是工资,也就是说,只能分期偿付,可能我这辈子都偿还不了。

这其实是有条件的答应,看似答应,其实是让挪威商人陷入困境,是一招以退为进加以威胁的策略。

柯泰伦等挪威商人报价,推测出卖方狮子大开口的心理后,还以低价,继而实行缓慢让步策略,磨去挪威商人的耐心。当谈判陷入僵局,对于顽固的挪威商人,柯泰伦及时调整策略,采取迂回法,以退为进,开出有条件的同意。表示同意挪威商人的报价,但是政府授权不够,只能使用自己工资花一辈子时间偿还。这样以退为进,实则驳回了挪威商人的报价,却也使挪威商人找不到回击的筹码,只能接受柯泰伦的条件。

【实训题】

1. 在生活中找一个喜欢狮子大开口的人,尝试说服他以较合理的价格出让他的东西。

2. 理赔谈判。

刘×在一家外企工作,他欲为自己上保险,于是找到保险公司,一位姓赵的业务员接待了他,在详细了解各种人寿保险后,刘×为自己上了意外伤害等 5 个险种,并交纳第一年保险金近 1 万元。

4 个月后,刘×夜晚出行,因黑暗处下水道井盖没有盖好,掉入下水道中,左腿摔成骨折。临手术前,他没有忘记通知赵业务员,但多次传呼均如石沉大海,电话联系也无人应答。3 个月后,刘×带着初愈的腿来到保险公司,但此时保险公司已搬迁,于是又找到其上级公司,并出示了投保单据,要求索赔。但保险公司说:"你的保单是我们公司签出的,但有两个问题要说明:第一,我们保险公司没有你这张保单的存根,也就是说,我们没有收到你的保费,赵业务员已被我公司辞退,暂时无法核实;第二,出险时你没有立即与我们联系,你看病的医院又不是我们指定的医院,你的索赔问题我们需要研究一下再答复你。"刘×再说什么,公司也只是让其回去听信。

要求:模拟刘×与保险公司进行索赔谈判。

(1) 拟订索赔计划。

(2) 找出对方谈判的漏洞据理力争。

(3) 运用规定时限策略和最后通牒策略给对方施压。

(4) 对方实施吹毛求疵策略时要正确应付。

案例 7-9

中韩丁苯橡胶出口讨价还价策略

思 考 题

1. 对己方有利型的谈判技巧有哪些?

2. "出其不意"的具体策略有哪些?

3. 对双方有利型的谈判技巧有哪些?

4. 在什么情况下使用休会缓解策略?

5. 以退为进的具体做法有哪些?

6. "意大利香肠"策略给我们带来的启示是什么？

7. 处理僵局和争端的策略有哪些？

即 测 即 练

第 8 章

国际商务谈判礼仪

案例 8-1

有一批应届毕业生22个人,实习时被老师带到北京的国家某部委实验室里参观。全体学生坐在会议室里等待部长的到来,这时有秘书给大家倒水,大家表情木然地看着她忙活儿,其中一个还问了句:"有绿茶吗?天太热了。"秘书回答说:"抱歉,刚刚用完了。"林晖看着有点儿别扭,心里嘀咕:人家给你倒水还挑三拣四。轮到他时,他轻声说:"谢谢,大热天的,辛苦了。"秘书抬头看了他一眼,满眼含着惊奇,虽然这是很普通的客气话,却是她今天唯一听到的一句。门开了,部长走进来和大家打招呼,不知怎么回事,静悄悄的,没有一个人回应。林晖左右看了看,犹犹豫豫地鼓了几下掌,大家这才稀稀落落地跟着拍手,由于不齐,越发显得零乱起来。部长挥了挥手:"欢迎同学们到这里来参观。平时这些事一般都是由办公室负责接待,因为我和你们的导师是老同学,非常要好,所以这次我亲自来给大家讲一些情况。我看同学们都好像没有带笔记本,这样吧,王秘书,请你去拿一些我们部里印的纪念手册,送给同学们做纪念。"接下来,更尴尬的事情发生了,大家都坐在那里,很随意地用一只手接过部长双手递过来的手册。部长的脸色越来越难看,来到林晖面前时,已经快要没有耐心了。就在这时,林晖礼貌地站起来,身体微倾,双手握住手册,恭敬地说了一声:"谢谢您!"部长闻听此言,不觉眼前一亮,伸手拍了拍林晖的肩膀:"你叫什么名字?"林晖照实回答,部长微笑点头,回到自己的座位上。早已汗颜的老师看到此情景,微微松了一口气。

两个月后,毕业分配表上,林晖的去向栏里赫然写着国家某部委实验室。有几位颇感不满的同学找到老师:"林晖的学习成绩最多算是中等,凭什么选他不选我们?"老师看了看这几张尚属幼稚的脸,笑道:"是人家点名来要的。其实,你们的机会是完全一样的,你们的成绩甚至比林晖还要好,但是除了学习之外,你们需要学的东西太多了,修养是第一课。"

生活中最重要的是有礼貌,它是最高的智慧,比一切学识都重要。人无礼则不生,事无礼则不成,国无礼则不宁。礼貌体现习惯,更能体现品德。在交流沟通中都需要人与人之间的平等相待和尊重,怎样才能体现对他人的尊重呢?人类需要寻找一种规范,这就是礼仪。

礼仪作为重要的生活规范和道德规范,是对他人表示尊敬的方式与体现,同时也是人类文明的重要表现形式,它在一定程度上反映了一个国家、一个民族、一个地区或个人的文明文化程度和社会风尚。礼仪是人类社会发展的产物,是人们进行交往的行为规范与准则。礼仪具体表现为礼貌、礼节、仪表、仪式等。

谈判是有关双方和多方相互交往的重要活动，谈判各方都希望在谈判过程中获得谈判对手的尊重和理解。因此，懂得并掌握必要的礼仪与礼节，是商务谈判人员必须具备的基本素养。

礼仪和礼节是人们自重与尊重他人的生活规范，是对别人表示尊重的方式。商务谈判中的礼仪主要表现为：端庄的仪表仪容，礼貌的言谈举止，彬彬有礼的态度，周到、合作的礼节。它是保障谈判过程得以顺利进行的重要因素之一，因此，每一位谈判人员都应当掌握和讲究谈判礼仪，以便谈判顺利进行并取得成功。为此，本章着重介绍与商务谈判和经济交往有密切联系的一些礼仪。

8.1　礼仪的起源及发展

8.1.1　中国古代礼仪的起源

礼仪起源于人类最原始的两大信仰：一是天地信仰；二是祖先信仰。"礼仪"是原始人为祭祀天地神明、保佑风调雨顺、祈祷祖先显灵、拜求降福免灾而举行的一项敬神拜祖的仪式。

8.1.2　中国古代礼仪的形成与发展

1. 奴隶社会的礼仪

礼仪正式形成，其形式符合奴隶社会政治需要的礼制，并专门制定了系统完备的礼的形式和制度，如周代《周礼》《仪礼》《礼记》等。

特征：从单纯的祭祀到全面制约人们行为。

目的：不断地强化人们的尊卑意识，以维护统治阶级的利益，巩固其统治地位。对后世的治国安邦、施政教化、规范行为、培养人格，起到了不可估量的作用。

2. 封建社会的礼仪

形式：尊君的观念，"君权神授说"的完整体系，即"惟天子受命于天，天下受命于天子，天不变，道亦不变"。并将"道"具体化为"三纲五常"。"三纲"："君为臣纲""父为子纲""夫为妻纲"；"五常"：仁、义、礼、智、信，是五种封建伦理道德的准则。

特征：进入一个发展、变革的时期。将人们的行为纳入封建道德的轨道，形成了以儒家学派为主导的正统的封建礼教。礼仪在这一时期成为制约人们思想自由的精神枷锁。

3. 中国古代礼仪的特点

（1）礼仪涉及内容广泛，原始礼仪以崇拜为主。

（2）强调尊君，将人划分为不同的尊卑等级。

（3）强调男权思想，歧视妇女。

8.1.3　现代礼仪

现代礼仪是指现代人们在社会交往中共同遵守的行为准则和规范。它既可以单指为表示敬意而隆重举行的某种仪式,又可以泛指人们交往的礼节、礼貌。

礼仪作为人类社会活动的行为规范和社交活动中应该遵守的行为准则,实际上包含了三层含义,即礼节、礼貌、仪式。

礼仪作为一种文化现象,属于上层建筑领域。它随着社会经济的发展而变化,随着人类文明的进步而不断发展和完善。

礼仪从属于伦理道德,必须符合伦理道德的准则规范。礼仪影响社会风化,社会的文明程度主要是通过礼仪来体现的。所以,国民是否按礼仪的规范立身处世,直接反映出国家文明程度的高低。礼仪规范着每个人的行为,所以,是否懂礼节、讲礼貌直接反映出一个人的综合素养。与“礼”相关的三个词:礼貌、礼节、礼仪。

礼貌:指人际交往中,通过语言、动作,向交往对象表示谦虚、恭敬。它侧重人的品质和素养。

礼节:指人际交往中,相互表示尊重、友好的惯用形式,是礼貌的具体表现形式。没有礼节就没有礼貌,有了礼貌,就必须有具体的礼节。

礼仪:是礼节、仪式的统称。它是指人际交往中,自始至终地以一定的、约定俗成的程序、方式来表现的律己、敬人的完整行为。

三者关系:礼貌是礼仪的基础,礼节是礼仪的基本组成部分。礼节是一种做法,礼仪是一个表示礼貌的系统的、完整的过程。礼仪层次上高于礼貌、礼节,其内涵更深、更广。

社交礼仪:亦称交际礼仪。它指的是社会各界人士,在一般性的交际应酬之中所应当遵守的礼仪。

案例 8-2

少年养成好习惯

一次在瑞士,龙永图与几个朋友去公园散步,上厕所时,听到隔壁的隔间里“砰砰”地响,他有点儿纳闷儿。出来之后,一位女士很着急地问他有没有看到她的孩子,她的孩子进厕所十多分钟了还没有出来,她又不能进去找。龙永图想起了隔壁隔间的响声,便进去打开隔间门,看到一个七八岁的孩子在修抽水马桶,怎么弄都抽不出水来,急得他满头大汗,这个孩子觉得他上完厕所不冲水是违背规范的。

这个孩子自觉遵守礼仪规范的精神是值得人们学习的。

8.2　国际商务谈判礼仪的一般要求

8.2.1　谈判人员的服饰要求

在谈判活动的正式场合,服饰的颜色、样式及搭配等合适与否,给从事谈判人员的精神面貌及其给对方的印象和感觉都带来一定的影响。所以,商务谈判人员的服饰有其个性的原则和要求。出入谈判场合者,应当讲究着装艺术。整洁、美观的服装不仅可以美化一个人的外表,而且也反映出着装者的个性、审美情趣和文化品位等。一位衣冠整洁的谈判人员,能给谈判对手留下良好的第一印象;而一位衣着不整的谈判人员,不仅有失身份,会给人邋遢的感觉,还易被谈判对手轻视。因此,谈判人员应重视服饰。穿衣服不一定非要穿品牌驰名、式样时髦、质地优良的高级服装,但着装应合体(不长不短、不肥不瘦)、合适(与时间、场地相协调)、合意(穿出个人的风格,或庄重,或潇洒)。此外,要按规范着装。例如穿西装必须穿长袖衬衣,还应配上皮鞋。如果穿的是双排扣西服,要扣好纽扣;若是单排两个扣子,一般只扣上扣;若是三个扣子,则扣中扣。另外,不宜在西服衣裤兜内放太多太沉的物品,以免显得鼓鼓囊囊,不雅观。服饰礼仪是国际商务谈判中最基本的礼仪。得体的服饰,不仅是个人仪表美、素质高的表现,而且是对他人的尊重。商界历来重视服饰规范,服饰是商人成功的关键。国际商务谈判这种正规场合更是要求穿得传统、庄重、高雅。对于男性,一般应穿西装系领带,一套非常合体的深色套服,通常是蓝色、灰色或黑色,会适合大多数国家,甚至包括出席谈判宴会或看演出。对于女性,职业套装则是最佳选择,这在世界任何地方都适用。男性切忌穿非正式的休闲装、运动装;女性切忌穿得太露、太透,也切忌佩戴太多首饰,适当点缀一两件即可。无论男性或女性,稀奇的发型、过分的化妆、大量的珠宝、浓浓的香水味都会损坏商务职业人员的形象,给外国商人传递错误的信号。

中国有句俗话:穿衣戴帽,各有所好。在日常生活中是这样的,可在国际商务谈判中却是大忌。

📚 案例 8-3

割草机谈判

中国某企业与德国一公司洽谈割草机出口事宜。按礼节,中方提前 5 分钟到达公司会议室。客人到后,中方人员全体起立,鼓掌欢迎。不料,德方脸上不但没有出现期待的笑容,反而均显示出一丝不快的表情。更令人不解的是,按计划一上午的谈判日程,半个小时便草草结束,德方匆匆离去。

事后了解到:德方之所以提前离开,是因为中方谈判人员的穿着。德方谈判人员中男士个个西装革履,女士个个都穿职业装,而中方人员呢? 除经理和翻译穿西装外,其他人有穿夹克衫的,有穿牛仔服的,有一位工程师甚至穿着工作服。

德国是个重礼仪的国家,德国人素以办事认真而闻名于世。在德国人眼里,商务谈判是一个极其正式和重大的活动,中方穿着太随便说明了两个问题:一是不尊重他人;二是不重视此活动。既然你既不尊重人,又不重视事,那还有必要谈吗? 所以,德方在发现中方服饰不规范时脸上出现不快,并且提前离去就不足为奇了。

1. 服饰的总原则

服饰应与穿着者的年龄、身份、地位及所处场合相符。服饰应整洁、挺括;发型、化妆应较正规,不应标新立异;指甲、胡须要修净、清洁。

2．服饰的要求

1）基本特点

高雅大方。

2）基本要求

踏实、端庄、严肃。

3）着装色彩

男士外装应为较深的颜色,全身上下的颜色不应多于三种。

4）着装样式

男士应穿西装套装或深色中山装,女士可着西装套裙或礼装。

5）佩戴饰物

酌情佩戴,饰物应档次高、款式新、做工精。

6）女士化妆

浓淡适宜,与环境相协调,力戒浓妆艳抹。

7）发型设计

精心修饰,与实际身份相符。

8.2.2　谈判人员的举止要求

举止是指行为者的坐姿、站姿、行姿及其他姿态,它直接作用于交往者,影响人们交往的结果。在谈判中,对举止的总体要求是举止得体,给他人的印象是:自信而不显孤傲;热情友好又不显曲意逢迎;落落大方、挥洒自如又不显粗野放肆、有悖常规;对不利于自己的局面不垂头丧气、心烦意乱,应成竹在胸、处变不惊。

1．坐姿

要求落座后身体尽量端正,挺腰笔直。

2．站姿

要求挺拔,优美典雅。站立时,竖看要有直立感,即以鼻子为中线的人体应大体成直线;横看要有开阔感,即肢体及身段应给人舒展的感觉;侧看要有垂直感,即从耳至脚踝骨应大体成直线。男女的站姿亦应形成不同的风格。男子的站姿应刚毅洒脱、挺拔向上;女子应站得庄重大方、秀雅优美。

站立时切忌东倒西歪、耸肩驼背、左摇右晃、两脚间距过大。站立交谈时,身体不要倚门、靠墙、靠柱,双手可随说话的内容做一些手势,但不能太多、太大,以免显得粗鲁。在正式场合站立时,不要将手插入裤袋或交叉在胸前,更不能下意识地做小动作,如摆弄衣角、咬手指甲等,否则不仅显得拘谨,而且给人一种缺乏自信、缺乏经验的感觉。良好的站姿应该有挺、直、高的感觉,真正像松树一样舒展、挺拔、俊秀。

8.3　国际商务谈判见面礼仪

见面打招呼是人际交往中的起码常识。招呼合于礼节,不仅表达出对交际双方关系的认定,而且是良好交际或进行有效交谈的起始点。见面是商务谈判中的一项重要活动。

见面礼仪主要包括介绍礼仪和握手礼仪。介绍一般是双方主谈各自介绍自己小组的成员。顺序是女士优先,职位高的优先,称呼通常为"女士""小姐""先生"。中国有一个称呼叫"同志",翻译成英语是"comrade",在西方的某些国家,意思是"同性恋",所以为避免误会,在商务谈判中应禁用此词。

8.3.1 称呼与寒暄

1. 称呼礼节

称呼礼节主要体现在称呼用语上。称呼用语是随着交际双方相互关系的性质变化而变化的,因此,应根据具体情况和国内外的习惯灵活运用。称呼根据对象的具体情况(如性别、年龄、身份等)和关系亲密程度,可分为尊称与泛称。

尊称是指对人尊敬的称呼。它在初次见面和正式场合中经常被采用,如"贵姓""贵公司""贵方"等。

泛称是对人的一般称呼。它根据具体情况,又分为正式场合中的泛称与非正式场合中的泛称。谈判正式场合中的泛称有姓+职务/职称/职业、姓名+先生/女士/小姐。

2. 寒暄礼节

寒暄,是社会交往中双方见面时为了沟通彼此之间的感情,创造友好与和谐的气氛,以天气冷暖、生活琐事及相互问候之类为内容的应酬话。较常见的寒暄形式有以下三种。

1) 致意型

此形式表达人们相互尊重、相互致意和相互祝愿的情谊,是最常用的寒暄形式,如"旅途辛苦了!"

2) 问候型

此形式以一种貌似提问的话语表达一种对人关心和友好的态度,如"休息得好吗?"

3) 攀认型

此形式是在交往过程中,寻找契机,发掘双方的共同点,从情感上靠拢对方,如"张先生祖籍广州,这么说我们还是同乡呢!"

4) 敬慕型

此形式是对初次见面者表示敬重、仰慕,这是热情有礼的表现,如"见到您,不胜荣幸!"

8.3.2 介绍

介绍的一般规则是:把别人或自己介绍给你所尊敬的人。谈判人员的介绍,通常分为互相介绍、他人介绍和自我介绍三种。在一定场合中究竟采用哪种方式,要根据当时具体情况,合乎礼仪规范地灵活运用。

1. 互相介绍

介绍者为被介绍者介绍之前,一定要征求一下被介绍双方的意见,切勿上去开口即讲,显得很唐突,让被介绍者感到措手不及。被介绍者在介绍者询问自己是否有意认识某人时,一般不应拒绝,而应欣然应允;实在不愿意时,则应说明理由。介绍人和被介绍人都应起立,以示尊重和礼貌,待介绍人介绍完毕后,被介绍双方应微笑点头示意或握手致意。

2．他人介绍

他人介绍是指作为中介人的接待者为主客双方引见并加以介绍。介绍中一般遵循以下三种原则:其一,把年轻的或地位偏低的介绍给年长者或地位较高者;其二,介绍洽谈双方相见;其三,把男性介绍给女性。

3．自我介绍

自我介绍亦称为"自我推销"。人与人之间的相识,人们对你的良好印象,往往是从自我介绍开始的。自我介绍作为成功谈判的良好开端,应当给予足够的重视。掌握自我介绍的礼仪,首先应了解以下几条原则。

(1) 必须镇定而充满自信。

(2) 根据不同的交往目的,注意介绍的繁、简。

(3) 自我评价要掌握分寸。

🔍 小思考

应　　聘

小李:(推门进来,重重地关上门。坐在主考官面前,默不作声。)

主考官:你是李东吧? 请问,你是从哪所学校毕业的? 什么时候毕业的?

小李:(不解地)您没有看我的简历吗? 您问的这些问题简历上都写着呢。

主考官:看了。不过我还是想听你说说。那么,请用一分钟叙述一下你的简单情况。

小李:(快速地)我在大学里学的是文秘专业,实习时在一家广告公司负责文案工作。这几年,我报考了英语专业的自学考试,目前已通过五门功课的考试。我很想到贵公司工作,因为贵公司的工作环境很适合年轻人的发展。我希望贵公司给我一个机会,而我将回报贵公司一个惊喜。

主考官:(皱起眉头)好吧,回去等通知吧。

小李:(急匆匆走出去,又急匆匆返回来拿放在椅子脚旁的帆布包。)

【问题】

小李这次面试为什么失败?

8.3.3　握手

💡 小知识

握 手 起 源

起源说一:

握手礼起源于古代。在刀耕火种的原始社会,人们用以防身和狩猎的主要武器就是棍棒与石头。传说当人们在路上遭遇陌生人时,如果双方都无恶意,就放下手中的东西,伸开双手让对方抚摸掌心,以示亲善。这种表示友好的习惯沿袭下来就成为今天的握手礼。

起源说二:

握手礼源于中世纪,当时打仗的骑兵都披挂盔甲,全身除了两只眼睛外都包裹在盔甲中,如果想表示友好,互相接近时就脱去右手的甲胄,伸出右手表示没有武器,消除对方的戒心,互相握一下右手,即为和平的象征。沿袭下来到今天,便演变成了握手礼。

1. 握手礼的作用

(1) 体现交往双方对对方的态度。

(2) 体现人们的礼仪修养。

(3) 促进人们的交往。

握手是国内外通用的交际礼节,一般是在相互介绍和会面或离别时进行,表示友好、祝贺、感谢或相互鼓励之意。

2. 握手的姿势

身体以标准站姿站立;上体略前倾;右手手臂前伸,肘关节屈;拇指张开,四指并拢。

3. 握手的次序

1) 拜访与离别时的握手次序

在登门拜访时,一般应是主人先与客人握手,以表示欢迎和对拜访者的感谢。但在离别时,应是客人先伸手握手,以表示对主人接待的感谢和打扰的歉意。这时,主方切不可先伸出手去与客人握手,否则容易造成不欢迎客人继续谈话或催促对方离开的误会。

2) 不同身份的人的握手次序

一般是主方、职务高的或年长者先伸手,以表示对客方、职务低的或年少者的关心和重视,而客方、职务低的或年少者见面时可先问候,待对方伸出手后再握手,同时面带笑容,身体微欠,或用双手握对方的手,以表示敬意和尊重。

3) 异性之间的握手次序

在异性谈判人员之间,一般来说,男性不要主动与女性握手,以免失礼或尴尬。如果女性主动先伸出手,做出握手的表示,男性应在判断准确后使握着的手上下摇晃几下,表示热烈、真诚的感情。应当注意,如果握手的时间过短,彼此两手一经接触后即刻松开,所表明的意思是双方完全出于客套、应酬或没有进一步加深交往的期望,或者是双方对此次谈判信心不足。

4. 握手的方式、表情、力度与时间以及禁忌

1) 握手的方式

正确的握手方式是:笔直站立着,用右手稍稍用力握住对方的手,然后身体略微前倾,全神贯注地注视对方,以表示尊重。一般不要坐着与人握手;不能在与别人交谈中漫不经心地与另一个人握手,冷落握手人;严禁在他人头顶上与对方握手;如果就餐时,确有握手的必要,应离开座位与对方握手,不能在餐桌上或食物上面握手。

2) 握手的表情

握手人在握手时,为了加深印象、表示更为友好的感情,应辅之以自然的表情。一般情况下,要自然地微笑。对方心情沉痛时,表情要凝重。因为,握手者的自然微笑与喜悦,确实可以表达内心的情感与真诚,反映双方友好、亲切的关系。而毫无表情或表情呆滞、

冷淡,则会引起对方的不悦、猜疑,造成不信任感,最终可能会影响双方和谐的气氛。美国著名盲人女作家海伦·凯勒:"握手,无言胜有言。有的人拒人千里,握着冷冰冰的手指,就像和凛冽的北风握手。有些人的手却充满阳光,握住你使你感到温暖。"

3）握手的力度与时间

（1）握手的力度。握手的力度一般 2 千克左右,一只手握碎一个鸡蛋的力气。握手时用力的大小往往也传递着某种感情与信息。一般来说,握手有力,表示握手者对对方感情较深、关系亲密,以及见面后的兴奋与激情,有时还可表示深切的谢意和较强的自信心。但凡事不可过,若用力过猛,使对方有痛感,就会使对方难以接受,感觉到你可能不怀好意,或者是在显示"力量"和向对方"示威",这又难免引起反感。而毫无力度、漫不经心的握手,常常使人感到缺乏热情和诚意,给人一种轻蔑非礼之感。

（2）握手的时间。双方握手的时间一般以 3～6 秒为宜。异性间握手时间应以 1～3 秒为宜。如果双方个人间的关系十分密切或熟识,握手的时间可适当延长。

4）握手的禁忌

（1）忌用左手握手。

（2）忌坐着握手。

（3）忌戴有手套。

（4）忌手脏。

（5）忌交叉握手。

（6）忌与异性握手用双手。

（7）忌三心二意。

🕹 小故事 8-1

左手引起的麻烦

某厂长去广交会考察,恰巧碰上出口经理和印度尼西亚客户在热烈地洽谈合同。见厂长来了,出口经理忙向客户介绍,厂长因右手拿着公文包,便伸出左手握住对方伸出的右手。谁知刚才还笑容满面的客人忽然笑容全无,并且就座后也失去了先前讨价还价的热情,不一会儿便声称有其他约会,急急地离开了摊位。

【分析】

在伊斯兰国家,左手是不能用来从事如签字、握手、拿食物等干净的工作的,否则会被看作粗鲁的表现,因为左手一般是用来做不洁之事的。这次商务谈判失败,就是因为厂长不了解这一文化差异,而是用了对中国人来说可以接受的左手与对方握手。

❓ 小思考

握手时的基本要求有哪些?

目视对方,
面带笑容,
稍事寒暄,
稍微用力。

8.3.4 其他社交礼仪形式

1. 拥抱礼

两人正面对立,各自举起右臂,将右手搭在对方的左臂后面;左臂下垂,左手扶住对方的右后腰。首先向左侧拥抱,其次向右侧拥抱,最后再次向左侧拥抱,礼毕。拥抱时,还可以用右手掌拍打对方左臂的后侧,以示亲热。

2. 合十礼

把两个手掌在胸前对合,掌尖和鼻尖齐高,手掌向外倾斜,头略低,兼含敬意和谢意双重意义。

3. 举手礼

行举手礼时,要举右手,手指伸直并齐,指尖接触帽檐右侧,手掌微向外,右上臂与肩齐高,双目注视对方。待受礼者答礼后方可将手放下。

4. 鞠躬礼

基本姿势:身体呈标准站姿,手放在腹前。

角度:20°～30°。

表情:自然,符合场景。

眼神:视对方或地面。

5. 拱手礼

一般以左手抱握在右拳上,双臂屈肘拱手至胸前自上而下,或自内而外有节奏地晃动两三下。

6. 吻手礼

女方先伸出手做下垂式,男方则可将其指尖轻轻提起吻之。女方身份地位较高,男方以一膝做半跪姿势,再提手吻之。

7. 点头礼

这是同级或平辈间的礼节,如在路上行走时相遇,可以在行进中点头示意。若在路上遇见上级或长者,必须立正行鞠躬礼。但上级对部下或长者对晚辈的答礼,可以在行进中进行,或伸右手示意。

8. 接递名片

名片既是身份的说明,也是进行交际和商务活动的信息来源与手段。名片的接递应注意以下基本要求。

迎接客人时,若属初次见面,客方应首先主动递交名片;访问时,访问者应首先拿出名片给被访问者;如果对方首先拿出名片,另一方应回送自己的名片,若未带名片,应表示歉意并对对方所递名片表示谢意。

如果是事先约好的访问,由于对方对情况有大体的了解,可以不必一进门就递出名片,可先做自我介绍,然后进行交谈。如果想用名片加深印象、发展关系,可在临别时顺手递交名片。如果自己在彼地还需停留几天,就应事先在名片上写上投宿的地址和电话号码,以便对方日后联系。如果在有介绍人介绍的商谈场合,应在介绍人介绍后再递名片,或在会谈后再递交名片,并请对方多联系、多关照。

如果是组团出国从事商务谈判,理想的方法是将各团员的姓名、职业、职务,甚至连同照片一起印在一张明信片般的纸片上。在见面寒暄后,由领队递给对方,以方便彼此了解和洽谈。

如果是己方递交名片给对方,则应恭敬地用双手或右手递给对方,并说一些请对方关照之类的寒暄语。如果是对方递交名片,则己方应恭敬地用双手接过名片,并要认真看一看,必要时可说一些恭维话,然后放在名片夹或上衣口袋里。切忌看也不看,随便塞在口袋里,随后又去询问对方姓名,这是极不礼貌的。

小思考

索要名片的技巧有哪些?

交易法:"张教授非常高兴认识你,这是我的名片,张教授多指教。"

明示法(向同年龄、同级别、同职位):"老王,好久不见了,我们交换一下名片吧,这样联系更方便。""不知道如何和你联系?"

谦恭法(向长辈、领导、上级):"汪老,您的报告对我很有启发,希望有机会向您请教,以后怎样向您请教比较方便?"

8.4　国际商务谈判迎送礼仪

迎接为谈判礼节序幕,事关谈判氛围之情状。迎接礼仪周到得当,先入为主地为谈判准备好恰当氛围及情感基础,会化解双方矛盾,促进谈判的成功。欢送则为谈判礼节的闭幕,关系到双方的信任、协议的贯彻维护、继续合作与继续谈判等,亦是为之奠定感情基础的环节,所以万万不可认为谈判已结束或中断,便随随便便应付。

8.4.1　迎送礼仪的具体内容

迎送均应善始善终,不可虎头蛇尾。迎送礼仪具体内容如下。

1. 确定迎送规格

迎送规格主要依据前来谈判人员的身份与目的确定,适当考虑双方关系。己方主要迎送人的身份和地位通常都应与对方主谈人对等,业务也应对口,一般以己方主谈人为宜。己方当事人因故不能前往,应由己方职位相当人士和当事人之副职或助手出面。无论如何替代,均应向对方作出详尽解释。

迎送人员应比对方抵达人员略少,为己方谈判班子的主要成员。若有发展双方关系或其他方面之需要,亦可破格迎送:安排较大的场面,出场更高规格的己方领导,等等。

小思考

迎送礼仪有哪些?

精心准备,

热情迎客,

周到待客，

礼貌送客。

2. 掌握抵达和离开的时间

准确掌握对方谈判班子乘坐的交通工具及其抵达和离开时间，及早做好迎送车辆的准备。迎送地点一般均为对方所乘的交通工具的停泊之地，即车站、码头、机场。迎接应在对方乘坐的交通工具抵达之前到达迎接地点。送行时，己方人员可与对方人员同车而往。特殊情况下迎接时，亦可先派一般工作人员前往接人，然后在己方场所或客方下榻之地专门举行迎接仪式。

3. 介绍

通常先将前来迎接的人员介绍给来客，介绍过程中，主动的一方如条件具备，应同时赠予对方自己的名片。赠予名片时，应持恭敬态度，双手递与对方，双手高度以位于腰胸之间为宜。接受对方所赠名片，亦应持恭敬态度，双手接过，并仔细观看后，慎重地放入自己的衣服口袋或名片盒内。客人初来乍到，较为拘谨，主人应主动招呼和关心客人，为谈判奠定良好的情感基础。

4. 陪车

应请客人坐在主人的右侧，并主动为客人打开其乘坐一侧的车门，如有翻译人员，可坐在司机旁边。在特殊情况下，若己方负责人亲自开车，则可邀请对方负责人坐在自己身旁。

5. 食宿安排

迎接客人之后，应将其直接送至下榻处。在客方住宿落实后，应陪同客人进入其房间，检查一下客房设施是否完好，问客人起居有无不便，并主动征询客人的意见。若不需更换房间，则稍坐即告辞。客人旅途疲劳加之准备谈判，应让其安静独处、休息思考。一般而言，在客人抵达当天，应为其设便宴接风。迎接人员在告辞时，应将接风之便宴时间安排告知客人，请其届时在客房内待己方人员前往引导，亦可委托其下榻处公关人员、服务人员前往引导。

6. 会见

会见，国际上一般称接见或拜会。凡身份高的会见身份低的，或是主人会见客人的会见，一般称为接见或照会；凡身份低的会见身份高的，或是客人会见主人的会见，一般称为拜会或拜见。

1) 会见座次的安排

会见座次的安排是会见礼节的重要方面。因此，在商务谈判中应引起足够的重视。

会见通常被安排在会客厅或办公室。有时宾主各坐一边，有时穿插坐在一起。有时候还有一些特定的仪程，如双方简要致辞、赠礼、合影等。我国习惯在会客厅安排会见，客人安排在主人的右边，翻译人员、记录人员安排在主谈和主宾的后面，其他陪谈按礼宾顺序在主宾一侧就位，主方陪同人员在主人一侧就位，座位不够可加在后排。

2) 会见中的几项具体工作

(1) 谈判中提出会见要求时，应将要求会见人的姓名、职务及会见何人、会见的目的告知对方。接见一方应尽早给予答复并约定时间，因故不能接见时应婉言解释。

（2）作为接见一方的安排者,应主动将会见的时间、地点、主方出席人、具体安排及相关注意事项通知对方。双方都应准确掌握会见的时间、地点及相关人员的名单,并将此通知有关人员和单位,作出必要安排,主人应提前到达。

（3）会见场所应安排足够的座位,必要时宜安排扩音器,现场事先放置好中外文座位卡,等等。如有合影,要事先安排好合影图,合影图一般由主人居中,主客双方间隔排列。

（4）客人到达时,主人要在大楼正门或会客厅门口迎接。如主人不在大楼门口迎接,则应由工作人员在大楼门口迎接,引入会客厅。

8.4.2　洽谈礼仪

与一般的会见活动相比,洽谈活动具有时间长、内容多的特点,往往会涉及各方的实际利益,因而它是商务谈判活动的中心,直接影响着最后交易的达成,在洽谈活动中遵守相应的礼仪就显得尤为重要。

1. 洽谈中座次安排的礼仪

座次安排是洽谈礼仪中一个非常重要的方面。业务洽谈多使用长方形的桌子,通常宾主相对而坐,各占一边。谈判桌横对入口时,来宾对门而坐,东道主背门而坐;谈判桌一端对着入口时,以进入正门的方向为准,来宾居右而坐,东道主居左而坐。双方的主谈人是洽谈中的主宾和主人。主宾和主人居中相对而坐,其余人员按职务高低和礼宾顺序分坐左右。原则是以右为尊,即主谈人右手第一人为第二位置,主谈人左手第一人为第三位置,依次类推。

2. 洽谈中的其他礼节

在商务谈判中,洽谈的礼节并不仅局限在谈判席上,在洽谈的间歇或离开谈判席之后的闲谈也要注意表现出适当的礼仪。洽谈的话题也并非局限于谈判的主题,还可能涉及生活中的方方面面,所以具有一般社交活动交谈的性质。在此,应注意的其他礼节总结如下。

（1）洽谈时表情要自然,态度要和蔼可亲。交谈时不要离对方太近或太远,不要拉拉扯扯、拍拍打打。

（2）谈话的内容一般不涉及不愉快和荒诞离奇、耸人听闻的事情;一般不询问女士的年龄、婚姻等状况;不径直询问对方的履历、工资收入、家庭财产、衣饰价格等私生活方面的问题;对方不愿回答的问题不要寻根问底;对方反感的问题应示歉意并立即转移话题;不对某人评头论足;不讥讽别人;不要随便谈论宗教问题。

（3）谈判用语的基本要求是清晰、明确,能充分、完整、快速、确切地表达己方的意见和意思,避免含糊难解、模棱两可的用语。语言尽量文雅有礼,任何出言不逊、恶语伤人的行为都会引起对方的反感,无助于洽谈目标的实现。

（4）洽谈中陈述意见时应尽量在平稳中进行。语速过快或过慢,对意思的表达都有影响。语速过快,一下子讲得很多而无停顿,使对方难以抓住你说话的主要意思,难以集中注意力正确领会把握你的实际表达,从而导致双方的交流不畅,难以沟通。语速过慢,节奏不当,吞吞吐吐或欲言又止,易被人认为不可信任或过于紧张,对方会对谈判成员的能力产生怀疑而失去谈判兴趣。

（5）谈判中还应注意身体语言的运用。洽谈中，有人会在不经意间做出一些动作，这恰恰能反映出其内心的想法，如频繁地擦汗、抚摩下颌、敲击桌面等都反映心情的紧张不安；有经验、训练有素的洽谈人员极能自我控制，能最大限度地避免无意识动作，在任何情况下都能镇定自若、不慌不忙、稳如泰山。另外，自觉的体态运用也能微妙地、不知不觉地影响对方的心理，如抱着胳臂，这表示警觉和戒备心理；摸鼻梁、扶眼镜及闭目休整，表示正在集中精力思考某个问题，准备作出重大决策。因而，合适的身体语言的运用也表现出一定的人情味，也是一种礼仪和风度，甚至能够影响对方，发挥无声的作用。

小故事 8-2

竖起大拇指的故事

让我们看一下一个英国商人在伊朗的例证：一个月来事事顺利，同伊朗同事建立了关系，在谈判中尊重伊斯兰的习俗，避免了任何潜在的爆炸性的政治闲谈，最终，双方兴高采烈地签署了一项合同。英国商人签完字后，对着他的伊朗同事竖起了大拇指。几乎是立刻，气氛变得紧张起来，一位伊朗官员离开了房间。英国商人摸不着头脑，不知发生了什么——他的伊朗同事也觉得很尴尬，不知如何向他解释。

【分析】

在英国，竖起大拇指是赞成的标志，它的意思是"很好"；然而在伊朗，它是否定的意思，表示不满，近似令人厌恶，是一种无礼的动作。

8.4.3　宴请礼仪

在谈判活动中，宴请本身就是谈判双方之间的一种礼节形式。通过宴请，可以使谈判双方增进了解和信任，在感情上拉近距离，从而有利于谈判协议的达成。在宴请的过程中也有一些必须注意的礼节。

（1）宴请的时间选择应对主、宾双方都适宜，一般应先征求对方的意见，注意不要选择对方的重大节假日及有重要活动或有禁忌的日子。宴请地点的选择，可根据宴请的性质、规模大小、形式、主人意愿及实际可能而定。

（2）各种宴请活动，一般都发请柬，这既有礼貌，也能对客人起到提醒备忘之用，便宴亦可约妥而不发请柬，工作进餐一般不发请柬。请柬一般要提前一周至两周发出，以便被邀人及早安排。请柬的内容主要包括活动形式、举行时间、地点、主人姓名等。

（3）正式宴会一般均排席位，也可只排部分客人的席位，其他人只排桌次或自由入座，无论哪种做法，都要在入席前通知到每个入席者，现场还要有人引导。

（4）宴请的酒菜根据宴请形式和规格及规定的预算标准而定，选菜不以主人的爱好为准，主要考虑主宾的爱好与禁忌。餐桌上的一切用品都要十分清洁卫生，桌布、餐巾都应浆洗洁净、熨平。

（5）餐桌前的坐姿和仪表也很重要。身体与餐桌之间保持适当距离，太远不易处理食物，太近则易使手肘过度弯曲而影响邻座。理想的坐姿是身体挺而不僵，仪态自然，既不呆板，也不轻浮。餐巾须等主人动手摊开使用时，客人才将它摊开置于膝盖上；用餐完毕时,将餐巾放在桌上左边,不可胡乱扭成一团。

(6) 主人一般在门口迎接客人,与客人握手后,由工作人员引进休息厅,无休息厅可直接进入宴会厅,但不入座。主宾到达后,由主人陪同进入休息厅与其他客人见面,如其他客人尚未到齐,可由其他迎宾人员代表主人在门口迎接。

主人陪同主宾进入宴会厅,全体客人就座,宴会即开始;吃完水果,主人与主宾起立,宴会即告结束。

8.4.4　拜访礼仪

(1) 事先有约。不论因公还是因私而访,都要事前与被访者电话联系。

(2) 时间恰当。在对方同意的情况下定下具体拜访的时间、地点。注意要避开吃饭和休息、特别是午睡的时间。

(3) 认真准备。不打无准备之仗。不仅拜访者要做好充分准备,而且也要向被访者提出访问的内容(有事相访或礼节性拜访),使对方有所准备。

(4) 进门有礼。讲究敲门的艺术。要用食指敲门,力度适中,间隔有序敲三下,等待回音。如无应声,可再稍加力度,再敲三下,如有应声,再侧身隐立于右门框一侧,待门开时再向前迈半步,与主人相对。

(5) 做客有方。主人不让座,不能随便坐下。如果主人是年长者或上级,主人不坐,自己不能先坐。主人让座之后,要口称"谢谢",然后采用规矩的礼仪坐姿坐下。主人递上烟茶要双手接过并表示谢意。如果主人没有吸烟的习惯,要克制自己的烟瘾,尽量不吸,以示对主人习惯的尊重。主人献上果品,要等年长者或其他客人动手后,自己再取用。即使在最熟悉的朋友家里,也不要过于随便。

(6) 守时守约。要遵守拜访时间,谈话时间不宜过长。跟主人谈话,语言要客气。

(7) 适时告辞。起身告辞时,要向主人表示"打扰"之歉意。出门后,回身主动伸手与主人握别,说:"请留步。"待主人留步后,走几步,再回首挥手致意:"再见。"

8.4.5　馈赠礼品的礼仪

馈赠礼品既是国际商务谈判中的一种润滑剂,又是一种文化地雷阵,因为它一方面能加深感情,促进与客户的关系;另一方面却又由于文化差异而容易犯种种禁忌。赠酒在法国很流行,尤其是备受法国人欢迎和引以为豪的红葡萄酒或白葡萄酒,但在阿拉伯国家它们却是禁品。欧美人较重视礼物的意义,而不在价值,礼太重则有贿赂之嫌;而在亚、非、拉国家,礼太轻则不受欢迎。在中国,送礼以双数为吉祥;在日本则以奇数表示吉利。在美国,收到礼品时应当场打开,然后对礼品大加赞赏(即使你不喜欢),并对送礼者表示感谢;而在日本,除非应送礼者请求,否则当面打开礼物是不礼貌的。

谈判人员在相互交往中馈赠礼品,一般除表示友好,进一步增进友谊和今后不断联络感情外,更主要的是表示对本次合作成功的祝贺,以及对再次合作能够顺利进行所做的促进。因此,选择适当的时机,针对不同对象选择不同礼品馈赠成为一门很有艺术性的学问。其中应注意以下几个方面。

(1) 价值应视洽谈内容及谈判的具体情况而定。送礼前,要了解因何事送礼,以便选择合适的礼品取得良好的效果。不同的目的,选择的礼品是不一样的。一般而言,西方社会比较重视礼物的意义和感情价值,而不是值多少钱,所谓"礼轻情义重"。因而选择礼品时应注重它的纪念价值、实用性和民族特点,无须太贵重,只要对方喜欢并接受就达到了送礼的目的。

(2) 要注意对方的习俗和文化修养。由于谈判人员所属国家、地区间有较大差异,文化背景各不相同,爱好和要求必然存在差别。比如不同的国家对礼品的颜色、花型、图案、数量等都有不同的要求。

(3) 须注意包装。精致的包装也反映出赠送者的一份情谊,而粗劣的包装则可能会让人大倒胃口,效果适得其反;但也不要过分包装。

(4) 要注意时机和场合。比如英国人多在晚餐或看完戏之后乘兴赠送;法国人喜欢下次重逢时赠送礼品;我国以在离别前赠送纪念品较为自然。一般情况下,各国都有初交不送礼的习惯。

一般来说,在大庭广众之下,可以送大方、得体的书籍、鲜花一类的礼物。与衣食住行有关的生活用品不宜在公开场合相赠,否则会产生受贿的嫌疑。

(5) 礼品最好亲自赠送。如果因故不能亲自赠送,要委托他人转交或邮寄,应附上一份礼笺,注上姓名,并说明赠礼缘由。

(6) 赠礼时,态度要平和友善、举止大方,双手把礼物送给受礼者,并简短、热情、得体地加以说明,表明送礼的原因和态度。

小故事 8-3

绿帽子的故事

1992 年,中国的 13 名不同专业的专家组成一个代表团,去美国采购约 3 000 万美元的化工设备和技术。美方自然想方设法令中方满意,其中一项是在第一轮谈判后送给中方代表团每人一个小纪念品。纪念品的包装很讲究,是一个漂亮的红色盒子,红色代表发达。可当中方代表团高兴地按照美国人的习惯当面打开盒子时,每个人的脸色却显得很不自然——里面是一顶高尔夫帽,但颜色却是绿色的。第二天,中方代表团找了个借口,离开了这家公司。

【分析】

美国人这次送礼,可以说也是经过精心策划的:一是礼品盒的颜色是红色,红色在中国代表发达;二是礼品本身是时尚的高尔夫帽,意思是签合同后去打高尔夫,这在 20 世纪 90 年代对中国人来说是很奢侈的,也是很有品位的。但美国人的工作毕竟没有做细,而且犯了中国男人最大的禁忌——戴绿帽子。

8.4.6　送别礼仪

送行人员应事先了解对方离开的准确时间,提前到达来宾住宿的宾馆,陪同来宾一同前往机场、码头或车站,亦可直接前往机场、码头或车站恭候来宾,与来宾道别。在来宾临上飞机、轮船或火车之前,送行人员应按一定的顺序同来宾一一握手道别。

📚 **案例 8-4**

温文尔雅，效果迥然不同

1975 年美国总统福特访问日本，美国哥伦比亚广播公司（CBS）受命向美国转播福特在日的一切活动。在福特访日前两周，CBS 的谈判人员飞抵东京谈判租用日本广播协会（NHK）的器材、工作人员、保密系统及电传问题。美方代表是位 30 岁左右的年轻人，雄心勃勃、争强好胜。在与 NHK 代表会谈时，他提出了许多过高的要求，并且直言不讳地表述了自己的意见。可是，随着谈判的进展，NHK 方面的当事人逐渐变得沉默寡言。第一轮谈判结束时，双方未达成任何协议。

两天以后，CBS 一位要员飞抵东京，他首先以个人名义就本公司年轻职员的冒犯行为向 NHK 方面表示道歉，接着就转播福特总统访日一事询问 NHK 能提供哪些帮助。NHK 方面转变了态度并表示支持，双方迅速达成了协议。

好的礼貌礼仪是商务谈判成功不可或缺的一种元素。人与动物的区别之一是人有感情、有尊严、能思考。人们在日常的社交中一定要关注别人的感受，要理解和处理好对别人的尊重。

8.5　国际商务谈判电话联系礼仪

电话是现代主要的通信工具之一。对着话筒同对方交谈似乎已是日常生活的基本技能，尤其对于从事商务工作的人来说，根本不会存在什么问题。其实不然，无论是一般性交往还是商务谈判，双方互通电话，在礼仪上都大有讲究。

8.5.1　接听电话的礼仪

（1）迅速接听：三响之内。

（2）问候、报名："您好，我是××！"或"您好！这里是××宾馆总服务台。很高兴为您服务。"

（3）认真聆听：忌吃东西，忌和他人讲话，忌不耐烦。

（4）应答、互动。

（5）认真记录。

（6）礼貌地结束通话：由打电话者先放电话或长者先放电话。

8.5.2　电话记录要点

when——何时。

who——何人。

where——何地。

what——何事。

why——为什么。

how——如何进行。

8.5.3　拨打电话的礼仪

（1）选择恰当的时间。

（2）做好打电话前的准备。

（3）问候、确定对方的身份或名称,再自报家门,然后告知自己找的通话对象以及相关事宜。

（4）简洁明了。

（5）礼貌地结束通话。

（6）拨错电话要道歉。

8.5.4　选择恰当的时间打电话

（1）工作日早上 7 点以后。

（2）节假日 9 点以后。

（3）三餐时间不要打电话。

（4）晚上 10 点以后不要打电话。

（5）办公电话宜在上班时间 10 分钟以后和下班时间 10 分钟以前拨打。

8.5.5　手机使用礼仪规范

（1）特殊场所不能使用。

（2）重要场所关闭或静音。

（3）公众场所要小声。

（4）有熟人的未接电话要迅速回。

8.5.6　日常交往中的其他礼仪

1. 遵守时间,不得失约

参加谈判或宴请活动,应按约定时间到达。过早到达,会使主人因没准备好而感到难堪;迟到则是失礼。万一因特殊原因迟到,应向主人表示歉意。若因故不能赴约,应尽早通知主人,并以适当方式表示歉意。

2. 尊重老人、女士

很多国家的社交场合,上下楼梯或车船、飞机,进出电梯,均让老人和女士先行;对同行的老人和女士,男子应为其提较重的物品;进出大门,男子帮助老人和女士开门;同桌用餐,男子应主动帮助他们入座就餐;等等。

3. 尊重各国、各民族的风俗习惯

受各国的历史、文化、风俗习惯等方面的影响,不同国家、不同民族的人对同一礼品的态度是不同的,或喜爱,或忌讳,或厌恶。不同的国家、民族,由于不同的历史、文化等原因,各有特殊的风俗习惯和礼节,应该受到理解和尊重。

4．举止得体

在谈判或其他活动中，谈判人员应做到神情落落大方、端庄稳重，态度诚恳谦恭、不卑不亢；在公共场合，应保持安静，不要喧哗。

案例 8-5

国际贸易商务谈判礼仪

翻译林娟于 7：50 带领外方布朗先生一行到达公司会议室。中国开发的陈总走上前去和外方人员一一握手，其他人则在谈判桌原地起立挥手致意。陈总请外方人员入座，服务员立即沏茶。下面是陈总（A）和布朗先生（B）在正式谈判之前的寒暄、介绍、致辞。

A：昨天在现场跑了一天，一定很累吧！

B：不累。北京的城市面貌很美，来北京的第二天就开始"旅游"，这样的安排简直太好了。

A：北京是一座千年古都，有很多不同于西方的文化古迹和自然景观，如长城、故宫、颐和园、天坛等。

B：东方文化对我们来讲的确十分神秘。有时间的话，我们首先想去参观长城，当一回好汉；其次去一趟故宫，体验一下中国的皇帝和美国的总统有什么不同的待遇。

A：好的。那我们就言归正传，尽早完成谈判。

首先，我代表中国开发的全体员工对美国机械代表全体成员表示热烈的欢迎。

参加今天技术交流的各位昨天都已经认识了，就用不着我一一介绍了。我方对技术交流十分重视，特地请我公司顾问、中国农业大学教授、乳制品机械专家张教授参加。

（张教授起立，点头致意）

中国是一个巨大的、正在高速增长的市场。随着人民生活水平的不断提高，普通百姓对高档乳制品的需求越来越大。我公司 4 年前引进的年产 4 000 吨奶粉生产线已经远远不能满足市场的需求，而且产品档次亟待提高。因此，我们决定在今年再引进一套年产8 000 吨奶粉的生产线。

美国机械是国际知名的食品机械生产厂家，其质量得到中国用户的一致好评。我们相信我们和美国机械的合作一定能够取得双赢的结果。

现在热烈欢迎布朗总经理讲话。

B：我们十分高兴来到美丽的、充满活力的北京。我们对你们为本次谈判所做的细致的准备工作表示感谢。特别是国际知名的张教授能在百忙之中参加今天的技术交流，我们感到十分的荣幸。

美国机械的主要产品为仪器机械，其中以乳制品设备尤为著名。从 1985 年开始，我们已经向中国境内的企业（包括一些外资企业）提供了 15 套乳制品生产线。随着在中国的客户越来越多，我们于 2004 年在上海建立了一个制造、维修中心，从而可以为中国的用户提供更加便利、经济的售后服务。和 20 年前相比，我们的产品不仅质量更加可靠，而且价格更加便宜、服务更加周到。我们相信有远见的中国开发一定会选择我们的设备。

现在,请我公司的技术副总、技术专家鲍尔·史密斯先生首先向大家介绍我公司产品的性能。

案例 8-6

西餐礼仪,左叉右刀

思 考 题

1. 简述礼仪的起源及发展。
2. 握手时的基本要求及禁忌是什么?
3. 简述洽谈礼仪及拜访礼仪。
4. 简述馈赠礼品的礼仪及其注意事项。
5. 简述日常交往中的其他礼仪。

即 测 即 练

第 9 章

亚洲人的谈判风格

案例 9-1

寒暄的作用

松下电器产业株式会社创始人松下幸之助刚"出道"时,曾被对手以寒暄的形式探测了自己的底细,因而使自己产品的销售大受损失。

当他第一次到东京,找批发商谈判时,刚一见面,批发商就友善地和他寒暄:"我们第一次打交道吧? 以前我好像没见过你。"批发商想用寒暄托词来探测对手究竟是生意场上的老手还是新手。松下缺乏经验,恭敬地回答:"我是第一次来东京,什么都不懂,请多关照。"正是这番极为平常的寒暄答复使批发商获得了重要的信息:对方原来只是个新手。批发商问:"你打算以什么价格卖出你的产品?"松下又如实地告知对方:"我的产品每件成本是 20 元,我准备卖 25 元。"

批发商了解到松下在东京人地两生,又暴露出急于要为产品打开销路的愿望,因此趁机杀价。"你首次来东京做生意,刚开张应该卖得更便宜些。每件 20 元,如何?"结果没有经验的松下在这次交易中吃了亏。

可见,一个有经验的谈判人员,能通过相互寒暄时的那些应酬话去掌握谈判对象的背景材料:他的性格爱好、处事方式、谈判经验及作风等,进而找到双方的共同语言,为相互间的心理沟通做好准备,这些都对谈判成功有着积极的意义。

谈判风格受谈判人员个人气质、心理素质的影响,也会因每个人所处的国度、地区不同,受到不同的政治、经济、文化传统的影响而有所不同。

9.1 商务谈判风格的特点与作用

9.1.1 对谈判风格的理解

谈判风格,是一个使用频率很高的词。但是,至今仍没有准确的定义。我们认为,谈判风格是指谈判人员在谈判过程中,通过言行举止表现出来的建立在其文化积淀基础上的与对方谈判人员明显不同的关于谈判思想、策略和行为方式等的特点。这一概念包括以下几层含义。

(1)谈判风格是在谈判过程中表现出来的关于谈判的言行举止。

(2)谈判风格是谈判人员文化积淀的折射和反映。

(3)谈判风格有其自身的特点,不同国家或地区的风格存在明显差异。

(4) 谈判风格历经反复实践和总结,被某一国家或民族的谈判人员所认同。

9.1.2 谈判风格的特点

谈判风格所包含的内容太多、太广,所以很难用简短的语言来概括它,但还是可以概括出它的一些特点。

1. 对内的共同性

对内的共同性是指同一个民族或有着相同文化背景的谈判人员,在商务谈判中会体现出大体相同的谈判风格。例如,受儒家文化影响的中国人和日本人,都有"爱面子"的思想。从这个意义上讲,世界上才存在不同国家或地区商人的不同特点。

2. 对外的独特性

对外的独特性是指特定群体及其个人在谈判中体现出来的独特气质和风格。任何集团的人的集合都是一个群体,会体现出群体与群体之间的差异。在同一个群体内,个体与个体之间也存在差异。谈判风格的独特性决定了它表现形式的多样化。所以,不同国家、民族,或同一个国家、同一个民族,由于文化背景、生活方式、风俗习惯等的影响,会表现出不同的风格。

3. 成因的一致性

无论哪种谈判风格,其形成原因都大体一致,即主要受文化背景、人的性格,以及文化素养等方面的影响。

任何一个民族都根植于自己文化的土壤中。谈判人员必然会受到本民族风俗习惯、价值观念和思维方式等的影响,形成他们的世界观,并指导自己的行为处世方式。如果忽视这一点,很难对其表现出来的谈判风格作出合理而深刻的理解,很难适应对方的谈判风格,当然也就难以获得谈判的成功。

人的性格与文化背景和后天环境影响有着密切的关系,是社会化的结果。如我国北方人多以从事农业为主,多处于征战与政治旋涡的中心,形成了直爽、豪侠、慷慨的性格。南方人长期遨游商海,形成了机智、灵活的特点。

一个国家和一个民族的价值观、文化传统以及思维方式造就出体现自己风格的优秀谈判人员,但并不等于其国家和民族所有的人都能体现这种优秀的东西;同时,不同性格的人,同样可以成为优秀的谈判人员。原因在于后天因素的影响。后天因素是指个体所受的教育程度,表现为知识水平、修养、能力的提高等。谈判人员的风格不仅与其性格、民族有一致性,更与其文化素养一致。为此,要形成自己的谈判风格,还需要从提高自己的文化素养入手。

9.1.3 谈判风格的作用

谈判风格对谈判有着不可忽视的作用,甚至关系到谈判的成败。研究谈判风格,具有重要的作用。

1. 营造良好的谈判氛围

良好的谈判氛围是保证谈判顺利进行的首要条件。如果我们对谈判对手的谈判风格十分熟悉的话,言行举止会十分得体,能比较快地赢得对方的好感,使他们从感情和态度上接纳我们。在这样的氛围下开展谈判,深入探讨问题,自然会容易得多。

2．为谈判策略提供依据

学习和研究谈判风格不仅仅是为了创造良好的谈判氛围,更重要的是为谈判谋略的运筹提供依据。如果我们不研究对方的谈判风格,不了解谈判风格的形成、表现形式及作用,那就会在制定谈判谋略的时候无从下手,更谈不上主动根据对方的谈判风格设谋用略。谈判风格所涉及的知识领域非常广阔,如天文、地理、社会、民俗、文化、心理、行为、政治、经济等,这些知识本身就会为谈判设谋提供依据和帮助。

3．有助于提高谈判水平

商务谈判往往是很理性化的行为,但理性往往受到非理性或感性事物的引导或驱使。谈判风格在认识上有可能是理性的,但其表现形式多为感性。我们研究和学习谈判风格的过程本身,就是一种学习和提高的过程。我们要实行"拿来主义",汲取不同国家、不同民族和地区谈判风格中优秀的东西;汲取他们优秀的谈判经验与艺术,减少失误或避免损失,进而形成自己的谈判风格,或使自己的谈判风格更加完善、完美。

9.1.4　考察商务谈判风格的方法

不同国家的商人在长期谈判实践中形成的谈判风格,零碎地表现在他们的日常言谈举止中。想要用比较少的文字来描述或总结这些风格非常困难。因此,需要我们先确立考察商务谈判风格的方法。

使用哪些方法来考察不同国家、不同地区商人的谈判风格呢? 主要有两种:一是从谈判人员的性格特征来总结或描述,这是由于个人的性格特点千差万别,很难取舍;二是从地理分布及不同国家商人表现的大体特点来介绍。我们主要选择第二种方法来做介绍。为了便于比较,我们选取了一些特定的角度来考察一些比较重要的国家。这些角度包括:商人如何建立谈判关系;在谈判中,他们的决策程序怎样;时间观念有没有差别;沟通如何进行;对待合同或协议是什么态度;等等。

9.2　亚洲民族的文化特征

亚洲(源自古希腊语:Ασία;拉丁语:Asia;法文:Asie;英语:Asia)是亚细亚洲的简称,是世界七大洲中面积最大的洲。其绝大部分土地位于东半球和北半球。传统上被定义为非洲—亚欧大陆的一部分。跨越经纬度十分广,东西时差达 11 小时。面积为 4 400 万平方千米。亚洲地跨寒、温、热三带,气候基本特征是大陆性气候强烈,季风性气候典型,气候类型复杂。在地理上习惯分为东亚、东南亚、南亚、西亚、中亚和北亚。亚洲是世界文明古国——中国、印度、古巴比伦的所在地,对世界文明的发展有着重大影响。亚洲虽然是世界上语言、种族、宗教种类最多的地区,但亚洲各国有一个共同特点,就是都很注重交际礼仪,崇尚个人的谦恭与整体的和谐,对待客人热情周到,特别是在有儒家传统和影响的国家,人们更是把传统礼仪摆在了至高无上的位置。

9.2.1　日本商务谈判风格与应对策略

1. 日本商务谈判风格

日本与中国一衣带水,同属东方文化类型的国家。早在公元 7 世纪,中国的儒教文化就传入日本,儒家思想中的等级观念、忠孝思想、宗法观念深深根植于日本人的内心深处,他们把忠、义、信、勇作为人格修养信条,形成富有特色的大和民族文化——武士道精神。同时,日本通过历代的社会变革,从明治维新开始吸纳西方文明,逐渐将传统的价值观念与崭新的西方现代观念结合起来,从而形成了富有特色的大和民族文化。

现代的日本人兼有东西方观念,具有鲜明特点。他们讲究礼仪,注重人际关系;等级观念强,性格内向,不轻信人;有责任感,群体意识强;工作认真、慎重、有耐心;精明能干,进取心强,勇于开拓;讲究实际,吃苦耐劳,富有实干精神。因此,在国际市场上,日本人有"最难对付的谈判对手"的美誉。这些文化特征表现在商务谈判风格上有如下特色。

1) 强调团队,集体决策

日本文化所塑造的日本人的价值观念与精神取向都是集体主义的,以集体为核心。日本人认为压抑自己的个性是一种美德,人们要循众意而行,因此即使缺乏个人魅力,只需多和团体配合,也能攀上高位。所以日本企业的谈判组织多是由有地位、老资格、曾经共过事的人员组成,提倡相互信赖、配合默契的团队精神。在同外商谈判时,如发生纠纷、事态恶化,日本谈判组织中的年轻成员开始东拉西扯,年长者则一味地向对方提出非分之求。而其决策者则一言不发,以等待时机,来行使决策权。日本谈判组织内的分工很明确,总是由谈判组成员努力奋争,最后由"头面人物"出面稍作让步,达成一致。

此外,日本人的谈判决策非常有特点,绝大部分美国人和欧洲人都认为日本人的决策时间很长,这就是群体意识的影响。日本人在提出建议之前,必须与公司的其他部门和成员商量决定,这个过程十分烦琐。日本人将决策逐级向上反馈,直到公司决策层反复讨论协商,如果谈判过程协商的内容与他们原定的目标有出入的话,那么很可能这一程序又要重复一番。日本人不是个人拍板决策,即使是授予谈判代表签署协议的权力,合同书的条款也是集体商议的结果。谈判过程具体内容的洽商反馈到日本公司的总部。所以,当成文的协议在公司里被传阅了一遍之后,它就已经是各部门都同意的集体决定了。需要指出的是,日本人做决策费时较长,但一旦决定下来,行动起来却十分迅速。

2) 重视人际关系和信誉

日本人相信良好的人际关系会促进业务的往来和发展,因此与欧美商业文化相比,日本人做生意更注重建立个人之间的人际关系。要与日本人进行合作,朋友之间的友情、相互之间的信任是十分重要的。日本人不喜欢对合同讨价还价,他们特别强调能否同外国合伙者建立可以相互信赖的关系。因为对于日本人来讲,大的贸易谈判项目有时会延长时间,那常常是为了建立相互信赖的关系,而不是为防止出现问题而制定细则。一旦这种关系得以建立,双方都十分注重长期保持这种关系。

日本人重视在良好人际关系基础上建立的信誉。如果能够与日本人建立良好的个人友情,特别是赢得日本人的信任,那么,合同条款的商议是次要的。合同在日本一向就被认为是人际协议的一种外在形式,他们认为双方既然已经十分信任了解,一定会通力合作,即使万一做不到合同所保证的,也可以再坐下来谈判,重新协商合同的条款。

3) 执着坚忍,不易退让

涉外谈判中的日本人经常表现出彬彬有礼和富有耐心,实际上日本人在谈判中的耐心是举世闻名的。日本人的耐心不仅是缓慢,而且是准备充分、考虑周全,洽谈有条不紊,决策谨慎小心。为了一笔理想的交易,他们可以毫无怨言地等上两三个月,只要能达到他们预想的目标,或取得更好的结果,时间对于他们来讲不是第一位的。

日本人对谈判的时间概念有独特的理解,他们似乎把会晤和交谈以谋求共识所用的时间看作一种无限资源。因此,在讨论问题时他们总喜欢做长时间的思考,尤其是在回答对方提问或要求时似有一种惊人的耐久力,甚至在较长时间处于沉默思考之中。这种把谈判的时间拖延得足够长的做法,往往容易使对方变得急躁而作出原来不该有的让步,或许这才是日本人的真正策略,因此有人把日本人的彬彬有礼称为"带刀的礼貌"。

值得引起注意的是,国际商务谈判中的日本人在谦恭忍耐的外表下隐藏着誓不妥协的意念,常常毫不退让地坚持原有立场。有研究表明,日本人的这种坚定耐心是终身雇佣制的结果。日本雇员,无论地位高低,都清楚地意识到其自身的成败,最终与企业的成败息息相关。因此,他们唯恐在谈判中犯错误,而给企业带来不必要的风险。此外,还由于他们相信坚持不懈能克服多数障碍。日本企业中有一种流行说法:坚毅能攻破任何堡垒。日本人还认为,他们的不屈不挠会使谈判对手厌倦并同意妥协。美国谈判专家马奇曾评论说:即使是微不足道的小事,日本人也要强调"付出了莫大的牺牲""付出了极大的代价""在难以妥协的情况下作出了让步"。其目的在于"使自己的最终行为正当化"。他们顽固地相信,只要能寻找到合适的谈判人员和恰当的交流方式,或者能够一对一地进行谈判,开诚布公地交换意见,那么,谈判必定会取得成功。所以,日本谈判人员不到最后失败,只要能找到一点办法,他们就认为有可能成功。

4) 持重暧昧,顾惜面子

在许多场合,日本人在谈判中显得态度暧昧、婉转圆滑,通常不愿先表明自己的意愿,因此会长时间沉默,采取静观事态发展的策略。在遇到出乎意料的问题时,日本人对任何要求都不做答复。日本人也认为沉默是金,祸从口出,只要保持沉默就可以避免麻烦。只要不将自己的意见告诉别人,就是一种高深莫测、进退自如的做法。当日本谈判人员对一些不愿回答的问题必须回答时,他们多半回答:"这是一个很好的问题,反过来我想问你一下,你是怎样认为的?"有时他们会摇摇头,微微一笑说,"对这个问题我一点也不明白","实际上我也搞不清楚"或"此事还是问一下别人为好"。

日本人不仅把故作镇静、隐瞒事实和感情作为谈判策略加以运用,而且还将其视为顾惜面子的外在表现。因此谈判磋商若出现意见分歧,日本人倾向于避免将冲突公开化。他们比较讲究以婉转的、含蓄的方式或旁敲侧击来对待某一争议,以免与对方直接争辩;他们商谈问题注重情面,但强调心灵的交锋,而不做明确的语言交流,克制或忍耐是一种惯例,体现出日本人的价值观。另外,当对方提出要求,日本人回答"我们将研究考虑"时,不能认为此事已有商量的余地或对方有同意的表示,这只是说明,他们知道了对方的要求,不愿意当即表示反对,使提出者陷入难堪尴尬的境地。同样,日本人也不直截了当地提出建议,更多的是把对方往他们的方向引,特别是当他们的建议同对方已经表达出来的愿望相矛盾时,更是如此。

　　5) 讲究礼仪,尊卑有序

　　日本是传统的礼仪之邦,日常一切行为都要受严格的礼仪的约束,待人接物都有诸多讲究。日本人在贸易活动中常有送礼的习惯。他们认为礼不在贵,但选择时要讲究特色,有一定的纪念意义。如果礼物能体现对本人或公司的尊重的话,那肯定是件上好的礼物。日本商界女性较少,不过也可能偶尔遇到,要准备好送给女性的礼物,应要注意的是,送给日本女性客人的礼物,应由女性来给。日本人有一个习惯,主人应向初次见面的客人送一份礼物,但并不要求初次来访的客人非带上礼物不可。同欧美国家的人不同的是,日本人一般是不当着送礼人的面打开礼物的,否则送礼人就会感到不自在。

　　日本人重视交换名片,一般不论在座有多少人,他们都要一一交换。交换时首先根据对象不同行不同的鞠躬礼,同时双手递上自己的名片,然后以双手接对方的名片,在仔细看后微笑点头,两眼平视对方,说上一句"见到您很高兴"之类的客套话。对此,外商也需理解和遵循,否则会被日本人视为不懂规矩、没有礼貌。日本人的谈吐举止都要受到严格的礼仪约束,称呼他人使用"先生""夫人""女士"等,不能直呼其名。他们强调非语言交际,鞠躬是很重要的礼节,鞠躬越深,表明其表达敬意的程度越深。但与西方人交往时,通常行握手礼。与日本人交换名片时,要向日方谈判班子的每一位成员递送名片,不能遗漏。传递名片时,一般由职位高、年长者先出示。接到名片时,切忌匆忙塞进口袋,最好把名片拿在手里,仔细反复确认姓名、公司名称、电话、地址,以示尊重。

　　日本同时也是个等级观念根深蒂固的国家,崇尚尊卑有序。日本企业都有尊老的倾向,一般能担任公司代表的人都是有 15～20 年资历的人。他们讲究资历,不愿与年轻的对手商谈,因为他们不相信对方年轻的代表会有真正的决策权。日本商人走出国门进行商务谈判时,总希望对方迎候人的地位能与自己的地位相当。

　　2. 应对日本人的沟通策略

　　对于日本商务谈判风格,需要注意在商务谈判中采取下列沟通策略。

　　(1) 初次与日方进行谈判时,为了尽快建立和谐关系、获取对方信任,最好的办法就是取得一个日方认为守信可靠的中间人支持,通过中间人来引见推荐。

　　(2) 一旦发出了邀请,就要耐心等待。日本人会通过其信息网络来了解你的情况,他们要对你的介绍信和委托书进行核查,要了解你公司的情况,与哪些公司有贸易往来,直到满意为止。你最好的办法是让日方相信你时间非常宽裕。因为急躁和没有耐心在日本人看来是软弱的表现。在等待时间里,你也可以自己搞些调查,从别处尽量多地了解对方的情况。

　　(3) 在选择谈判成员时,首先不宜选择女性加入,因为日本女性是不允许参与大公司的经营活动的,一些重要的社交场合也是不带女伴的。如果不加以重视,则会引起日方怀疑,甚至流露不满。此外还要注意成员的职位、资历,可以利用日方尊老敬长的心理,选派职位、资历都高于对方的成员,以便在谈判中赢得主动。

　　(4) 谈判中对日本人"以礼求让,以情求利"的习惯要胸有成竹,熟谙应付之法,既不能因为言行失礼而影响了谈判,也不要因注重"笑脸",放松戒备,而在"讨价还价"上丧失利益。与日方谈判时,己方人员的谈吐也应尽量婉转一点,要不动声色,表现出足够的耐心,举止又不失彬彬有礼。谈判前要充分做好准备工作,摸清情况,有备赴会。在谈判中对日方提出的新建议、方案和问题,如果有的情况还把握不准,切勿轻率表态,而要毫不懈怠地、认真仔细地了解情况,研究对策。如果一时未能达成协议,宁可暂时休会或约定下次会谈日期。在与日方谈判时,一定要具备敏锐的判断力。己方人员在谈判中的讲话应当缓慢、清楚,避免给对方以匆匆忙忙、急于求成的印象。

(5)虽然日本人自己往往开价太高,但是他们不喜欢别人报价高。提高报价,日本人就会对你的诚意失去信心。对日本人来说,诚意和一致性比最低标准或最大利润更为重要。他们对对方及对方公司的信誉和信心是谈判能否成功的关键。他们希望你是个值得依赖的贸易伙伴,你在谈判桌上的言行以及你过去的行为要比你改变要求或者提出一个所谓的更好建议都重要很多。如果你作出了某种让步,不要建议日本人也作出相应的让步。这是日本人自己的事,要由他们自己去决定。当然,你可能会说:“瞧,如果你在这个问题上妥协,我们就给你这种好处。”但是,日本人喜欢自己提出一项建议,至少谈判时如此。你可以通过某一个中间媒介或你的中间人私下向日方转达你的希望,但是当日本人在你面前提出某项建议时,即使那主意是你的,也要显得是他们自己想出来的主意。

(6)谈判中应把保全面子作为与日本人谈判需要注意的重要问题,具体有几个方面:第一,不要当面和公开批评日本人。如果他们在同事和对方面前丢了脸,他们会感到羞辱和不安,谈判也会因此终结。在拖延好几周的谈判中,你可以写些表示理解的信,或者提醒对方哪些问题达成了协议和存在分歧,你很快就会得到答复。第二,不要直接拒绝日本人。日本人非常讲面子,他们不愿对任何事情说“不”字。他们认为直接的拒绝会使对方难堪,甚至恼怒,是极大的无礼。因此,在谈判过程中,他们即使对对方的提议有保留,也很少直接予以反驳,一般是以迂回的方式陈述自己的观点。同样,在和日本人谈判时,语气要尽量平和委婉,切忌妄下最后通牒。有时甚至对方仅仅说一声“不”,都会令他们无法接受,认为这个人不但没礼貌,而且无诚意。

(7)正确理解日方谈判过程中的表达方式。比如不要把日本人礼节性的表示误认为是同意的表示。日本人在谈判中往往会不断点头并说:“哈依!”这样子常常是告诉对方他们在注意听,并不是表示同意。另外,当日方谈判代表在仔细推敲某一个问题时,总是一下子变得沉默不语。这一点常常使外国人莫名其妙。还有,故意含糊其词,是日本谈判代表的又一特点。日本人自己总是不愿明确表态,他们常常说:我想听听贵公司的意见。这一手就足以将外国谈判代表引入歧途。因此,在洽谈中,你必须善于察言观色、仔细体会,才能准确使用日语进行商谈,避免日语中由诸多的隐含意思所引起的误解。最好是找一名双方都信任的翻译,不仅可以帮你了解日方的想法,还可以避免双方因意见不一致而出现难以下台的局面,保住双方的面子。

要想在同日本人的谈判中取得成功,要诀就是:要善于隐藏自己的真实想法;要有修养,要彬彬有礼;要有无限的耐心。一句话,要像地道的日本人。

9.2.2　韩国商务谈判风格与应对策略

1.韩国商务谈判风格

韩国作为半岛国家,要扮演边缘国和世界舞台中心地区的双重角色。它从大陆吸收崭新的文化的同时,也给邻国的文化带来重大影响。在这种情况下,韩民族形成了文静而有力、乐观而伤感的既矛盾又互补的性格。这样的民族文化反映在商务谈判中,表现出如下风格。

1)重视谈判前的准备工作

"知己知彼,百战不殆",韩国商人深谙此道。他们非常重视商务谈判的准备工作。在谈判前,他们会千方百计对对方的情况进行咨询了解。一般是通过海内外的有关咨询机构了解对方情况,如经营项目、生产规模、企业资金、经营作风以及有关商品的市场行情等。了解掌握有关信息是他们坐到谈判桌前的前提条件。

2)注重营造良好谈判气氛

韩国人重视在会谈初始阶段就创造友好的谈判气氛,十分在意谈判地点的选择,一般喜欢在有名气的酒店、饭店会晤洽谈。他们一见面总是热情地打招呼,向对方介绍自己的姓名、职务等。就座后,若请他们选择饮料,他们一般选择对方喜欢的,以示对对方的尊重和了解,然后再寒暄几句与谈判无关的话题如天气、旅游等,以此创造一个和谐融洽的气氛,之后才正式开始谈判。同时,韩国人也很注重谈判礼仪。韩国人见面时稍鞠躬,呈递与接受名片时都要用双手,称呼人的习惯与中国人相同。交换礼物是韩国人常见的交往礼节,收到礼物后,他们不当面打开,而且一定要回赠食品和小纪念品等礼物。饭店中一般没有收小费的习惯,服务费已包括在账单内,餐桌上传递东西要用左手支托右臂或右腕。

3)重视谈判逻辑与技巧

韩国商人逻辑性强,做事条理清楚,注重技巧。谈判时,他们往往先将主要议题提出讨论,然后灵活地使用谈判的两种手法——横向谈判与纵向谈判。谈判过程中,韩国商人会针对不同的谈判对象,使用"声东击西""疲劳战术""先苦后甜"等策略,不断地讨价还价,并且显得十分顽强。有的韩国商人直到谈判的最后一刻还会提出"价格再降一点"的要求。但是,韩国商人在谈判时远比日本商人爽快,他们往往在不利的形势下,以退为进,稍作让步以战胜对手。在签约时,韩国商人喜欢用三种具有同等法律效力的文字作为合同的使用文字,即对方国家的语言、韩语和英语。

4)交流中习惯间接表达

韩国人在谈话中很少直接表达看法,往往需要对方揣摩,为了准确了解对方的意思,韩国人可能会反复问同一个问题,以使其在做决定时能确保正确性。同遵守职业道德的日本人相比,韩国人可以说还略胜一筹,但这不等于说和韩国人签订的合约可以一次成功,他们也会因为其他原因要求修改,或与你重开谈判。

2. 应对韩国人的沟通策略

对于韩国商务谈判风格,需要注意在商务谈判中采取下列沟通策略。

1)初次交往宜于寻人介绍

与韩国人谈判时,最好找一个中间人做介绍。韩国是一个组织严密的社会,所有有影响的人物大家都熟悉,如果由其出面介绍与一家韩国公司接触,而不是贸然前去,那就可以为双方谈判奠定良好基础,有利于取得良好成果。

2)注意尊重,感情保有余地

如果韩国商人找上门来谈某项交易,而你并不感兴趣,也不要直接表明你不喜欢。要记住韩国人对人的感情非常敏感,他们非常注意别人的反应和感情,他们也希望你与他们的感情协调起来。他们不愿意说"不"字来拒绝人家,同时,他们也不希望你说出"不"字来伤他们的面子。他们认为在与人说话的时候,尤其与陌生人说话的时候,为了尊重对方,应该让对方先把话说完,再表示自己同意与否。

3)语言平和冷静,条理清晰

一个习惯于同外国人打交道的有礼貌的韩国人,他会一直听你讲话而不打断你。因此作为谈判对手,在阐述己方的情况时,不要过于咄咄逼人、言辞激烈或带有威胁性。关键在于应当冷静而有条理地叙述清楚,这样韩国人才有可能对你的建议作出有利的反应。韩国人不喜欢高声大笑和做过分的姿态,也不喜欢喧闹的行为。虽然他们直言不讳,但也不喜欢太鲁莽。他们珍视一种内在的气质。

4)讲究谈判策略,通情达理

与韩国商人谈判要非常讲究策略和通情达理,和气与协调也很重要。如果你已经回答过某个问题,而对方又有人提出这一问题,也不要吃惊。韩国人作出决定前,要确保其正确性。因为一个大错误会给他们带来麻烦,甚至辞职或被解雇。正是由于韩国人在交谈中缺乏直接和坦诚,你更要仔细倾听对方的讲话和辨别其真意。有时书面合同也会改变而需要重新谈判,因此要有耐心,成果会很缓慢地取得。

5)谈判结束之后适时离境

由于韩国在历史上屡遭侵略,韩国人的防卫意识很强,他们不想被人利用,韩国人也不希望你在他们国家里待的时间比他们认为需要的时间长,因此谈判结束后就应当及时离境。

9.2.3　中国商务谈判风格与应对策略

1. 中国商务谈判风格

中国是四大文明古国之一,现有 14 多亿人口,政治上实行社会主义制度,国内政治经济稳定。自从改革开放之后,中国经济飞跃发展,对外贸易额已跃居世界第一位。中国人性格温和、稳健、老成而又不乏幽默。中国人接待客人非常殷勤和慷慨,几乎每一个来中国访问的人都能有温暖的感觉。

(1)中国人在洽谈生意时,常常要求在本地进行。这样做,就能控制议事日程,掌握谈判的步调。他们能够在这个过程中仔细地观察对方,建立一套对对方好恶的标准。他们能使客人相信他们的诚意,期待着同客人建立友谊,让客人不好意思在一开始就进行一本正经的洽谈。他们能使客人感到是有求于人的,因此他们常常要求客人展示其产品或设备的性能。

(2)在开局阶段,中国人很少提出自己对产品的要求和建议。他们总是要求对方介绍产品的性能,总是认真倾听对方关于交易的想法、观点和建议,而他们却很少讲述自己的立场和看法,在谈判中,常有他们带来的技术专家参与进来,用竞争者的产品特点来探求其产品、技术方面的资料。一旦对方提出自己的观点、立场,说出产品的有关特点,谈判就进入实质性阶段。在这一阶段,中国人要求首先达成一般原则框架,完成这件任务之后,才详细地洽谈具体的细节。他们认为这样可以避免争吵,以便更快地达成协议。一般原则框架通常采用意向书和会谈记录的方式。中国人在谈判中都有详细的会议记录,即使谈判人员中途被撤换,中方代表仍然对以前的洽谈内容了如指掌。在具体的细节谈判中,中国人善于采用各种策略,迫使对手作出让步。

(3) 中国人在原则上寸步不让,表现出非常坚定的态度。在谈判中,如果发现达成的一般原则框架中的某条原则受到了挑战,或谈判内容不符合长期目标,或者提出的建议与目前的计划不适合,中国人的态度就严肃起来,表示出在这方面不折不挠的决心。同时,在具体的事务上,中国人表现出极大的灵活性。例如在努力争取达成原则性框架协议时,中国人往往表示出:当我们到具体安排阶段时,什么事都是可以办到的。

(4) 中国人是富有耐心的。中国人的耐心在商务谈判中可以说表现得淋漓尽致。在做东道主时,他们并不急于谈判,而是耐心地认识和熟悉对方,并尽可能地建立起一种长久而牢固的关系。在洽谈人员的组成上,中国人往往派为数众多的洽谈人员,他们之中有谈判能手、技术专家、法律专家等。人数多,必然延长洽谈的时间。在谈判中,如果对方提出的问题超过自己做决定的权限,或自己难以回答,他们常常把这些问题带回去,向上级请示,或者大家再进行讨论,直到对这些问题有确切的把握,并能避免所有可能的错误。

(5) 中国人很看重面子,"面子"这个词没有确切的定义,它常常与威信和尊严联系在一起。如果两个你认识的人在吵架,别人都无法阻止,你走过去,对他们讲了一番道理之后,他们不再争吵,那么这就说明你很有面子。在商务谈判中,中国人常给对方面子,他们很少直截了当地拒绝对方的建议。同时,他们也需要对方给自己面子。因此,在谈判中当你强迫对方作出让步时,千万注意不要使他在让步中感到丢面子。可以说,如果你能帮助中国人得到面子,你就可以得到许多东西;相反,任何当众侮辱或轻蔑,尽管是无意的,仍会对你造成很大的损失。

2. 应对中国人的沟通策略

对于中国商务谈判风格,需要注意在商务谈判中采取下列沟通策略。

(1) 谈判关系的建立。中国商人十分注重人际关系。在商业领域和社会交往的各个环节,都渗透着这一点。在商务交往中建立业务关系,一般情况下借助一定的中介,找到具有决策权的主管人员。建立关系之后,中国商人往往通过一些社交活动来达到相互的沟通与理解。

(2) 决策程序。决策结构和关系一样,人的因素始终是决定性的。从某种程度上说,中国企业的决策系统比较复杂,改革过程中企业的类型多、差异大。企业的高层领导往往是谈判的决策者。争取他们的参与,有利于明确彼此承担的义务,便于执行谈判协议。

(3) 时间观念。中国人对时间的流逝并不十分敏感,人们喜欢有条不紊、按部就班。在商务交往中,对时机的判断直接影响到交易行为。他们信奉欲速则不达,防止拔苗助长、急躁妄为。如果时机不成熟,他们宁可按兵不动,也不草率行事。随着市场经济的确立和深入,中国人的时间观念正在逐渐加强,工作效率正在不断提高。

(4) 沟通方式。中国文化追求广泛意义上的和谐与平衡。受儒家文化的影响,"面子"观念深入社会生活的各个方面与层次,并直接影响商务谈判。在商务谈判中,中国人不喜欢直接、强硬的交流方式,对对方提出的要求常常采取含糊其词、模棱两可的方法作答,或利用反问把重点转移。

名片被广泛使用在商业往来中。备好自己的名片是聪明的做法。通过名片的交换,可以了解到双方各自的等级地位,以便注意相应的礼节。

在沟通过程中,一些被西方人认为是交谈禁区的话题,如家庭状况、身体状况甚至年龄、收入等,都可以作为很好的加深了解的话题。不过,无论什么话题,都要表现得谦虚有礼。谦虚是儒家思想提倡的美德。

(5) 对合同的态度。传统中国社会重视关系胜于重视法律。改革开放后,中国加强了法制建设和执法的力度,人们的法制观念和合同意识不断增强。中国正处于快速发展时期,大量条件发生变化后,政府和企业都可能将某些方面做些调整,从而影响事先签订的协议的履行。

中国于 1997 年对香港恢复行使主权。在此,简单介绍一下香港人的谈判风格。

香港是国际贸易和金融中心之一,作为国际性的都市,香港深受世界各国文化的影响。中国文化是源泉,但现代西方的文化意识在香港人身上有很强的反映。香港人一方面保留了中华民族的一些好传统,如勤劳、智慧、诚实等。另一方面经商性极强。在商业交易中,作为洽谈人员要抵制物质诱惑,保证企业的利益不受损害;要注意资信调查,谨防上当受骗;要仔细认真地制定合同中每一个条款,以确保合同能得到确实执行。

9.2.4　东盟地区商务谈判风格与应对策略

东南亚国家联盟(Association of Southeast Asian Nations,ASEAN,以下简称东盟)的前身是由马来西亚、菲律宾和泰国三国于 1961 年 7 月 31 日在曼谷成立的东南亚联盟。1967 年 8 月 7 日至 8 日,印度尼西亚、新加坡、泰国、菲律宾四国外长和马来西亚副总理在泰国首都曼谷举行会议,发表了《东南亚国家联盟成立宣言》,即《曼谷宣言》,正式宣告东南亚国家联盟的成立。成立 50 多年来,东盟已日益成为东南亚地区以经济合作为基础的政治、经济、安全一体化合作组织,并建立起一系列合作机制。目前东盟共有 10 个成员国,包括文莱、柬埔寨、印度尼西亚、老挝、马来西亚、缅甸、菲律宾、新加坡、泰国、越南。总面积约 450 万平方公里,人口约 6.54 亿(2018 年)。巴布亚新几内亚是东盟观察员国。东盟 10 个对话伙伴国是澳大利亚、加拿大、中国、欧盟、印度、日本、新西兰、俄罗斯、韩国和美国。

东盟十国社会历史背景各异,因此具有非常明显的文化差异,在商务谈判中表现出的风格也有所不同。例如:

1. 印度尼西亚

印度尼西亚除了雅加达等大城市使用英语外,一般都使用马来语。印度尼西亚人中90%是伊斯兰教徒,他们的宗教信仰十分坚定,所以与之进行贸易往来必须特别注意宗教问题。印度尼西亚人非常有礼貌,与人交往也十分小心谨慎,绝对不讲别人的坏话。在商务洽谈时,如果双方交往不深,虽然他们表面上十分友好亲密、谈得投机,但心里想的可能完全是另一套。只有建立了推心置腹的交情,才可能听到他们的真心话,这时他们也可以成为十分可靠的合作伙伴。

因此,与印度尼西亚人打交道,不能性急,要花时间努力与其建立友谊,让他们慢慢了解。如果能同他们建立一种推心置腹的关系,那他们往往在以后的许多年里,都会成为极为可靠的合作伙伴。另外,在印度尼西亚,如果谈判因某种原因出现僵局,也不要随意放弃,可以选择适当的时间和方式登门拜访。因为印度尼西亚人特别喜欢家中有客人来访,而且无论客人在什么时候来访都很受欢迎,这样也有利于商务谈判的顺利进行。谈判过程中如果需要,可以聘用当地代理人,对绕过复杂的印度尼西亚政府官僚机构不无帮助。此外,因为印度尼西亚是一个多民族国家,移民较多而且关系复杂,所以尽量避免谈论政治和民族问题,尤其不要当着印度尼西亚当地人面夸奖华裔。

2. 新加坡

新加坡位于连接太平洋和印度洋的咽喉要道,凭借优越地理位置大力发展外向型经济,取得了举世瞩目的经济发展奇迹,被誉为亚洲"四小龙"之一。在新加坡的种族构成中,华人占70%以上,其次是马来人、印度人、巴基斯坦人、白人、混血人种等。

新加坡华裔有着浓重的乡土观念,同甘共苦的合作精神非常强烈。他们的勤劳能干举世公认。他们注重信义和友谊,看重面子。在商业交往中,十分看重对方的身份、地位及彼此的关系。对老一辈华侨来说,"面子"在商业洽谈中具有决定性意义,交易要尽可能以体面的方式进行。交易中,遇到重要决定,新加坡华裔往往不喜欢签订书面字据,但是一旦签约,他们绝不违约,并对对方的背信行为十分痛恨。

在日常交流中,新加坡人一般不喜欢与外国人谈论政治、宗教等问题,而多喜欢谈论该国的文明、管理制度、经济发展的成就。新加坡人为人友好,但不习惯于开玩笑,不接受西方式的幽默,认为西方人伸起手指表示可以(OK)是粗鲁之举,人的头部不能随便触摸。

在新加坡进行商务谈判,要竭力避免任何构成贿赂的暗示。在廉洁高效方面,新加坡政府享誉世界。如果新加坡人就职于私营公司,则几次洽谈后便可款待吃饭,但政府官员不能接受这类邀请。在餐桌上可以谈论业务,同时,当地没有给小费的习惯,也没有赠送礼物的习惯。

3. 泰国

泰国是东南亚地区新兴的发展中国家,国内市场以曼谷和曼谷周围地区为中心,市场条件较好,而且泰国政府为外商提供了优良的投资环境。中泰关系良好,贸易前景光明。

在泰国控制经济产业的也多为华侨,但泰国华侨已消除了与其他民族之间的隔阂,完全融入泰国的民族大家庭中,没有形成华侨自成一个社会的现象。泰国商人崇尚艰苦奋斗和勤奋节俭,不愿过分依附别人,他们的生意也大都由家族控制,不相信外人。同行业之间会互相帮助,但却不会形成一个稳定的组织来共担风险。

因此,在同泰国人谈判时,要尽可能多地向他们介绍个人创业及公司经营的情况,以此获得了解和好感;要尽可能显示出诚实、善良、富有人情味的性格特点,而不仅仅是一位精明能干的商人,这点至关重要。因为他们和美国人不同,一旦他们认为对方值得信赖,他们会同其结成一种较深厚的友谊关系。如果对方遇到困难,他们会设身处地地为其着想,想尽办法帮其解决。此外,就是力戒铺张浪费。他们懂得创业不易,"小气"完全可以理解,而且会大加赞赏。否则,他们会对对方的人品产生怀疑。

4.菲律宾

菲律宾是个岛国,资源丰富,教育普及,国民共分 42 个种族,其中马来裔人、印尼裔人占 90％以上。菲律宾人天性和蔼可亲,善于交际,作风落落大方。他们在商务活动中应酬颇多,常常举行聚会。聚会大多在家中举行,稍微正式一点的聚会,请帖上会注明"必须穿着无尾礼服等正式服装"。若没有无尾礼服,可以穿当地的正装,即香蕉纤维织成的开襟衬衫式衣服。

近代以来,菲律宾人受西方影响较深,喜欢模仿美国的生活方式。但是对于美国对菲律宾的存在及影响,他们有不同的看法。菲律宾人喜欢别人泛泛谈论他们的家庭,也喜欢听对方谈家庭情况,但却不喜欢别人谈论他们的国家,因此应当避免谈论政治、宗教、社会状况及腐败等敏感问题。

菲律宾人比较重信用,但商业意识不太强,缺乏计划性,懂外贸业务的人不太多。同菲律宾人做生意,最容易取得沟通的途径是入乡随俗,在社交场合尽可能做到应酬得体、举止有度,言行中表现出良好的修养和十足的信心。

9.2.5　阿拉伯国家商务谈判风格与应对策略

1.阿拉伯国家商务谈判风格

阿拉伯国家 90％以上的人口都信仰伊斯兰教,在文化上具有很高的趋同性,商务谈判风格也相似。

1) 谈判节奏缓慢,重视开端阶段

阿拉伯人认为,一见面就谈生意是不礼貌的行为,因此往往会在开局阶段(广义上的制造气氛和寒暄阶段)花费很多时间。他们希望能花点儿时间同谈判对手讨论社会问题和其他问题,一般要占去 15 分钟或更多的时间。另外,他们还会借此机会进行试探摸底,间接涉及谈判主题。因此,谈判人员最好把何时开始谈生意的主动权交给阿拉伯人,并且在此过程中保持清醒的头脑。经过长时间的、广泛的、友好的交谈来增进彼此的敬意,也许会出现双方共同接受的成交可能性。于是,似乎是在一般的社交场合,一笔生意就可以自然而然地洽谈成功。

2) 家族主义严重,十分热情好客

在多数阿拉伯国家,商业活动一般由扩大了的家族来指挥。在这些国家中,人们以宗教划派、以部落为群,喜欢结成紧密和稳定的部落集团,十分看重对家庭和朋友所承担的义务,相互提供帮助和救济,家族关系在社会经济生活中占有重要地位。

经常去阿拉伯国家谈判的人有时会遇到这种令人不知所措的情况,就是当你和阿拉伯人谈得很紧张的时候,对方的亲朋好友突然来到谈判现场。此时,他们会把外国谈判人员冷在一边,只顾自己去招待客人,喝茶聊天。只有在客人离开后,阿拉伯人才会回到谈判桌前,重谈刚才的话题。没有经验的谈判人员,可能会因为失去谈判的好时机或被冷落而气恼。但在阿拉伯人看来,这不是失礼。相反,如果因为看重经济利益而冷落了自己的阿拉伯兄弟,那才是最大的不敬。

3) 习惯讨价还价,擅长巧妙拒绝

阿拉伯人在谈判中喜欢讨价还价。他们认为没有讨价还价的谈判不是真正的谈判。在他们看来,评价一场谈判不仅要看通过谈判争取到什么利益,同时还要看是如何争取的,只有经过艰苦努力争取来的利益才是最有意义和价值的。更有甚者认为,不还价就买走东西的人不受卖主的尊重,他们认为精于讨价还价者是行家,并以能胜于行家而骄傲,否则会采取不屑一顾的态度。因此,为适应阿拉伯人善于讨价还价的习惯,外商应建立起见价即讨的意识:凡有交易条件,必须准备讨与还的方案;凡想成交的谈判,必定把讨价还价做得轰轰烈烈。高明的讨价还价要显示出智慧,即找准理由,把理说得令人信服,做到形式上重习俗、实质上求实利。

阿拉伯人在商业交往中,一贯擅长使用各种理由拒绝对方。其中最为著名的理由就是"IBM"。它指阿拉伯语中分别以 I、B、M 开头的三个词,I 是"因夏拉"(神的意志),B 是"波库拉"(明天再谈),M 是"马列修"(不要介意)。谈判中的阿拉伯商人常用这三个词作为武器,保护自己,抵挡对方的进攻。例如,双方对某些交易条件已经达成一致意见,后来情况发生变化,对方想反悔,就会名正言顺地说这是"神的意志";在谈判中经过艰苦的努力使形势对自己非常有利,正准备进一步促成交易时,对方会说"明天再谈吧",等到明天,一切又要从头再来;当你为上述行为或其他不愉快的事情而恼怒时,他们会很轻松地拍着你的肩膀说"不要介意"。

4) 缺乏时间观念,不愿谈论政治

美国人称中东人是"远离钟表的人们",阿拉伯人的确不太讲究时间观念,随意中断或拖延谈判,决策过程也较长。但阿拉伯人拖延决策时间,不能归结于他们拖拉和无效率。这种拖延也可能表明他们对你的建议有不满之处,而且尽管他们暗示了哪些地方令他们不满,你却没有捕捉到这些信号,也没有作出积极的反应。这时,他们并不当着你的面说"不"字,而是根本不做任何决定。他们希望时间能帮助他们达到目的,否则就让谈判的事在置之不理中自然地告吹。

需要指出的是,中东是一个敏感的政治冲突地区,在谈生意时要尽量避免涉及政治问题,更要远离女性话题,在任何场合都要得体地表示你对当地宗教的尊重与理解。

5) 习惯通过代理进行谈判

几乎所有的阿拉伯国家,都坚持让外国公司通过阿拉伯代理商来开展业务。不管它们的生意伙伴是个人还是政府部门,从而为阿拉伯国民开了一条财路。此举在一定程度上也为外国公司提供了便利。比如,一个好的代理商可以帮助雇主同政府部门搞好关系,使之早日获得政府的支持;可以保证货款回收、劳务使用、运输、仓储等环节的正常开展。多年来,有许多阿拉伯人不仅成功地充当了外国公司的代理,而且在谈判中也积累了大量的经验。比如在谈佣金时,他们首先会列举出他们从事代理工作的成绩和经验,然后详述一旦被雇用,他们将在哪些方面为雇主提供良好的服务,最后提出他们期望的佣金标准,同时说明相比之下,他们的要求不算高(一般为每笔成功业务利润的 4%~9%)。为使雇主放心,他们甚至主动建议将代理谈判的内容记录下来,明确双方责、权、利,并到公证机关进行公证,双方各执一份,以备后考,以此来消除对方的疑虑。

2．应对阿拉伯人的沟通策略

对于阿拉伯国家独特的商务谈判风格,需要注意在商务谈判中采取下列沟通策略。

1）尊重伊斯兰宗教习惯

伊斯兰教规定的一些特殊活动,如礼拜、朝圣等,在阿拉伯人的眼里是至高无上、神圣不可侵犯的。因此,尽管没必要为了商务谈判而皈依伊斯兰教,但掌握有关知识,了解其历史和如何予以尊重,还是十分明智的。也就是说,如果对阿拉伯人的举止感到奇怪,千万不要用语言或表情来加以嘲笑,绝对不能对他们的信仰和习俗发表任何贬低或者开玩笑性质的言论。否则,会产生很深的误会甚至怨恨,谈判告吹自不必说了。

2）适当放缓谈判节奏

在商务交往中,阿拉伯人看了你某项建议后,会将它交给手下去证实是否有利可图并且切实可行。如果感兴趣,他们会安排专家和你会谈,以慢条斯理的节奏推动谈判进程。请千万记住,同阿拉伯人打交道,往往欲速则不达。因为他们喜欢用悄无声息的方式来开展自己的业务,而不是那种紧张逼人的竞争推销方式。因此,不管实际情况如何,都要显得耐心、镇定。倘若原订计划不能实现,也应从容不迫。如果阿拉伯人感到某外国公司把他拖进了繁忙的日程,他很可能把该公司排斥出他的日程。

3）善用拜访笼络感情

阿拉伯人有好客和讲礼貌的传统,对远道而来并且登门拜访的外国客人,他们十分尊重,不管手头上有什么重要事情,他们都会想方设法来欢迎他。但你不能说"如果我们谈判成功,你将发财"之类的话。你应该告诉主人,来拜访他是为了得到他的帮助。在首次拜访结束之时,要有礼貌地感谢对方的盛情款待,并借机询问是否可以再来拜访。但这只是第一步,即使谈判有所进展,也不见得一直能稳定发展下去。因为在阿拉伯国家,客商在时,才会考虑其要求。一旦客商离开,他们可能就会去处理其他问题,直到客商下次再来。一个合同生效后,拜访次数可以减少,但定期重温良好的关系,这是在阿拉伯国家取得成功的关键。它使得崇尚兄弟之情的阿拉伯人,看到你是重信义、讲交情的人,而这种印象将使你获得意外的回报。

4）使用图文说明增强说服力

如果某个公司销售的是市场研究、高新技术等难以理解的产品,就应该使抽象的产品形象化。因为许多阿拉伯人不习惯花钱买原始理论和统计数据,他们不欣赏看不见、摸不着的产品。

谈判中推荐阿拉伯人看图片时,要注意图片的顺序是否对,因为他们看图片的顺序是从右到左。同时,还应注意以下问题:阿拉伯人的服装,在外国人眼里可能都差不多。假如你把画着叙利亚人的产品给也门人看,那效果很可能适得其反。为了在阿拉伯市场进行有效促销,不应用别出心裁的破格手法设计图片。阿拉伯人有强烈的民族主义观念,并且对于他们的邻邦疑virus重重,适用于各阿拉伯国家的图片是不存在的。

5）根据阿拉伯语言习惯做好翻译

假如在谈判中必须提供一些抽象介绍和说明,哪怕成本高些,也应尽可能雇用最好的翻译,以免因用语不当而造成灾难性的后果。比如无意冒犯了他们的宗教、自尊,或者因为表达不符合习惯而使对方看不懂。

6) 不要派妇女到阿拉伯国家谈判

在许多阿拉伯国家,妇女是不能抛头露面的。如果谈判小组里有妇女,她应该处于从属地位。当她要发表意见时,应该由谈判小组的男性成员转述,以示对他们民俗的尊重。

📚 案例 9-2

美日汽车谈判的节奏控制

美国和日本在汽车销售领域的摩擦在经过近 20 个月的谈判之后仍然未能取得实质性的进展。1995 年 5 月 10 日,美国人的耐心似乎已经枯竭。美国首席贸易谈判代表坎特声明,白宫曾提醒过让刚刚成立的 WTO 注意,美国可能在 45 天之内提出申述,指控日本政府在汽车及其零部件领域的规章与汽车生产公司的商业行为同世界贸易规则貌合神离。他还声明,美国在提出此申诉之后将对日方进行贸易制裁。

1. 美方单方面制定时间界限

1995 年 5 月 16 日,美国公布了制裁日本汽车的清单。美方的声明指出,如果日本到 6 月 28 日仍未向美国汽车及零部件开放其市场,美国将对日本的 13 种豪华型汽车征收 100% 的惩罚性关税,总金额按照 1994 年的进出口值为 50.9 亿美元。50.9 亿美元创下了美国政府实施惩罚性关税的最高纪录。

2. 日方对美方强加时间界限的应对方案

在美国宣布制裁清单后,1995 年 5 月 17 日,日本通产省省长桥本龙太郎宣称日本决定向 WTO 争端解决机构提出解决的要求。日方敦促 WTO 就美国提出的对日本汽车征收惩罚性关税的合法性问题召开紧急会谈。桥本龙太郎还指出日方准备在 6 月末对美国采取报复性措施,并声称日本政府将在审查美国针对日本出口汽车的最后制裁清单后再做决定。

按照 WTO 争端解决机构的规定,争端的双方首先应进行双边磋商,这是复杂的争端处理程序中的第一步。如果美日双方在最长不超过 60 天的时间内达不成协议,那么就要成立一个三人专家小组来评定美国的制裁是否合法。

3. 双方在重开双边谈判的日期及地点上存在意见分歧

桥本龙太郎要求在 WTO 的监督下最迟应于 6 月 15 日在日内瓦开始汽车贸易的双边谈判,因为按照 WTO 的指导规则,6 月 15 日是非紧急程序的最后期限。但是坎特却要求汽车贸易谈判于 6 月 20 日和 21 日在华盛顿举行。尽管存在这些分歧,各方还是设法达成了协议,决定由两国的中层代表于 6 月 12 日和 13 日在 WTO 总部所在地日内瓦重开双边谈判。然而正像人们所预期的那样,谈判无果而终。于是,桥本龙太郎于 6 月 14 日在一次匆忙安排的新闻发布会上宣布将于 6 月 22 日和 23 日在华盛顿举行新一轮谈判,以便再做最后一次努力来避免这场贸易战。

4. 强调利益平衡的最后阶段的较量

在新一轮谈判的第一天里并未取得任何进展,各方的分歧依然存在。克林顿总统与坎特在不同的场合都一再重复他们要对日方实行制裁的威胁。日本几家最大的汽车制造厂商终于相信白宫所提出的报复是严肃、认真的,因而准备朝着满足美方要求的方向尽量缩小部分差距。于是,在 6 月 23 日的一次"非官方"会议上,日方告诉美方的贸易谈判人员,日本打算要求日本汽车制造商增加海外生产,并提高其在海外生产汽车的当地保有量。在日本提出了妥协性建议后,虽然美日双方从 6 月 22 日起就在准内阁级别和专家级别的会议上进行了马拉松式的谈判,但直至 6 月 26 日华盛顿与东京仍未能解决全部细节问题。

就在克林顿政府所宣布的实施制裁措施期限的前一天,即 6 月 27 日,谈判有了实质性的突破,坎特声明放弃克林顿政府的数额要求。这是华盛顿先前坚决拒绝作出的让步。在全部谈判最终结束后,白宫的贸易战略家们总结说,美国人最终在数额问题上表现出的灵活性以及日方提出的自愿增产计划,为美国汽车销售商准入和取消售后服务规定问题达成政府间的协议提供了唯一的机会。由于美国最终作出了放弃数额要求的困难抉择,而使用自己提供的数据,协议的最后条文很快得以落实。美方同日方就汽车及汽车零部件的争吵终于结束了。

资料来源:商务谈判经典案例 30,青岛职业技术学院,管理案例馆资料,2015-12-06.

灵活地控制谈判节奏对于争取己方的商业利益至关重要,在此案例中时时表现出美日双方争取谈判主动权,对谈判节奏进行控制的企图。通过美日两国之间谈判案例的学习,谈判人员在进行谈判时要注意他们具体控制谈判节奏的一些技能点。

1. 把握时间的主观因素

在双方长期谈判未果的背景下,美方公布制裁的清单和时间界限,通过施加压力来加快谈判的节奏,这是一种策略性的安排,是对时间主观因素的把握。同时在重开谈判时间的选择上,也体现了双方对时间的主观因素的把握。

2. 善于把握机会

美方抓住 WTO 刚刚成立的机会,声称要提出申诉和贸易制裁。面对美方压力,日本也利用 WTO 的争端解决机构,同时并不示弱地提出要采取报复性措施。双方都想借助 WTO 来解决问题,这是对谈判过程中偶然出现的对己方有利机会的把握。美方宣布进行制裁是想加快谈判节奏,而日方的报复性措施的提出是想缓解加快谈判节奏的压力。

3. 重视利益平衡原则

重开谈判的争执和最终确定也是一种对利益平衡原则的强调。当日方企业相信美方的报复声明是严肃、认真时才提出了一定的妥协性建议,但是由于美方一直没有进行适当妥协从而导致不能解决全部细节问题。在美方宣布实施制裁的前一天,由于美方的退步最终使整个谈判有了实质性的进展。双方相互的退让反映了对利益平衡原则中对等因素的把握。

客观地说,在具体的谈判中对于谈判节奏的控制并不仅限于已经介绍的三个基本的技能点,特别是对于销售谈判来讲,还有很多细微的节奏控制技能点对争取谈判利益也是非常重要的。比如谈判中的"换挡",即在你的言行与真实目的之间设置一层雾障,使对方难以辨别。这样,你就始终是主动的,可以一步一步把对方引入你的圈套。在谈判中耐心也是必备的素质,要善于使用拖延战术,以达到控制谈判节奏的目的,这将使你在谈判中占据主动,然后在适当时机答应对方一些条件,则容易达成协议。期限策略也是一种重要的谈判节奏控制策略,在上面的案例中已经得到了明显的体现,当面对对方期限的压力时,耐心将显得非常重要。还有休息策略,一般在谈判局势对己方不利的时候使用。另外,打断战术、善于运用巧妙的借口等都有利于对节奏的控制。

案例 9-3

我是东方人

思　考　题

1. 简述日本商务谈判风格与应对策略。
2. 简述韩国商务谈判风格与应对策略。
3. 简述阿拉伯国家商务谈判风格与应对策略。

即　测　即　练

第 10 章

美洲人的谈判风格

案例 10-1

1986 年 9 月的一天,杭州万向节厂外贸洽谈室的气氛十分紧张,似乎划一根火柴就能点燃。厂长鲁冠球正在与美国俄亥俄州某公司国际部经理莱尔进行一场紧张、激烈的谈判。

美方要求:杭州万向节厂的产品都要经过他们公司出口,不准自己销往其他国家。鲁冠球当然不同意,因为这意味着许多机会将被放弃。双方僵持不下。

在谈判桌一边的组合式沙发里,坐着来自美国俄亥俄州的某公司国际部经理莱尔。这家公司历史悠久,万向节销售网遍布南美、亚、澳大陆。莱尔先生见多识广,自以为实力雄厚,胜券在握,说出来的话不免咄咄逼人。此时,他向鲁冠球抛出一个"撒手锏":"我希望厂长先生还是签订这个协议为好。否则,我方将削减贵厂出口数量,这给贵方带来的损失是巨大的。"

年过花甲的公司总裁特伦斯·多伊尔先生,须发染霜,身材魁梧,风度翩翩,浓重的卧蚕眉下,深藏着一双让人捉摸不透的蓝眼睛。他看上去颇有教养,慢条斯理地说:"尊敬的鲁先生,您会看到,我们与贵厂有两种关系。第一种是,我们优惠提供技术、资金、先进设备、市场情报、代培工程师,但条件是贵厂的产品只能由我们独立经营。第二种是,你们可以把产品出口给其他客户,我们也可以不买杭州万向节厂的产品,而转向购买印度、朝鲜、巴西的产品。鲁先生,您喜欢选择哪一种呢?"

美方的软硬兼施,鲁冠球早已料到。这几年,杭州万向节厂的产品在国际市场上声誉日隆,美方几次来杭州谈判,都提出要独家经营。鲁冠球认为,签订这样的合同,无异于绑住自己的手脚,受制于人。

鲁冠球沉着冷静,侃侃而谈:"按照国际贸易惯例,我厂和贵公司的关系,只是卖方与买方的关系,我们愿意把产品卖给谁就卖给谁,贵方无权干涉。我们的关系应该是相互合作、共同发展。我再次重申:不同意签订独家经销协议!"

谈判桌上的空气似乎凝固了。多伊尔猛地站起身,收拾皮包:"这样的话,我们将停止进口贵厂产品!"

鲁冠球不顾随行外贸人员的频频暗示,有礼貌地说:"随时欢迎贵公司代表回来继续合作。"

两位美商走远了。望着他们熟悉的背影,鲁冠球心中并不好受。正是这两位美商,最早在广交会上发现他们的产品,专程赶到钱塘江畔的杭州万向节厂,使鲁冠球的产品一举打入国际市场。以后他俩几乎年年联袂而至,和鲁冠球成了好朋友。然而友谊并不能代替商业中的竞争!

多伊尔和莱尔回到美国后,一份措辞严厉的函件飞越重洋来到鲁冠球的办公室。美商在信中提出杭州万向节厂的产品存在问题,需重新检验,要求付工费。刁难接踵而来。按规定,出口信用证应提前两个月寄来,可美商却迟迟不发,原订 1987 年出口 46.5 万套万向节被削减为 21 万套,一下子打乱了杭州万向节厂的生产计划。成品积压,利润直线下降,厂内外议论纷纷。而此时美方仍坚持:"只要签订独家经销合同,检验费和削减合同可以一笔勾销。"

西方不亮东方亮,黑了南方有北方。世界之大,岂无英雄用武之地?鲁冠球迎难而上,这一年,他开发出 60 多个新品种,打开了日本、意大利、澳大利亚、联邦德国、马来西亚等国市场。一批批外商纷纷找上门来。

意大利考曼跨国公司总裁在参观了杭州万向节厂后说:"环境整洁,管理有序,产品信誉高,是可以信赖的合作伙伴。"一次就签订了 17 万套的万向节合同。

1987 年,杭州万向节厂打破了美商的垄断,产品出口到 8 个国家和地区,创汇 140 万美元。在 1987 年下半年上海举办的国际汽车工业展览会上,美商竟将该厂产品当作本国名牌产品来展销。1987 年圣诞节前夕,一辆豪华型轿车驶入杭州万向节厂,多伊尔、莱尔携带礼品,笑容可掬地走下车来。在外宾接待室里,两位美商向鲁冠球表示歉意。他们捧出一只栩栩如生、振翅欲飞的铜鹰,赠给鲁冠球。

多伊尔致辞道:"鹰是美利坚合众国的象征。我们敬佩鲁先生勇敢、精明、强硬的性格。愿我们的事业,像雄鹰一样腾飞全球!"铜鹰伫立在鲁冠球的写字台上,雄视远方。从此,杭州万向节厂与美方的合作关系揭开了新的一页。

鲁冠球的强硬策略奏效了。当然,在整个过程中,也不乏波折,甚至导致了谈判的暂时破裂。然而,如果将整个过程作为一个较长的谈判来看,鲁冠球又是如愿以偿的。

由于销售谈判既是双方关系的协商,又是双方在某项合作中的利益分配,因此,不论是什么类型的谈判,总会出现影响谈判顺利进展的各种有利和不利的情况。我们将影响谈判顺利进展的各种不利因素称为谈判障碍。谈判障碍一般包括谈判僵局、谈判劣势、谈判中的反对意见以及紧张对立的谈判气氛。谈判障碍是销售谈判中客观存在的,甚至是难以避免的现象。如果不能很好地掌握处理谈判障碍的各种方法和技巧,就难以达到预期的谈判目的,更谈不上运用谈判、驾驭谈判,更好地处理销售工作中的各种问题。

10.1 美国人的文化观念

由于美国在国际贸易中的地位,美国文化给谈判带来的影响引人注目。从总体上来说,美国人的性格通常是外向的。因此,有人将美国人的性格特点归纳为:外露、坦率、真挚、热情、自信、滔滔不绝,以及追求物质上的实际利益。

罗宾·威廉斯在他的《美国社会:一个社会学的解释》(1970)一书中给出了一套美国人的基本价值观,为这一部分的讨论提供了依据。此外,许多其他社会学家也区分出一系列美国人共有的价值观。这些论断已得到了外国游客的赞同,他们观察到了同样的典型美国人的特征。在美国人中进行的民意测验也证实了这些价值观,测验结果表明美国人仍然信守冈纳·莫德尔(Gunnar Myrdal,1962)所说的"美国人的信条"。威廉斯列出了如下传统的美国人价值观。

(1) 个人成就。个人成就是所有美国人评价最高的价值观之一。美国人赞扬和奖励那些才艺出众和成就辉煌者,尤其是那些通过艰苦工作而取得成就的人。一个人的价值常常被等同于其在商业、艺术或其他重要领域中的成就。但是,对成就的这种强调,特别是往往用经济方面的状况来衡量成就,就与尊重一个人仅因为是其自身的原因的观念相冲突。

(2) 工作。美国社会是建立在艰苦工作的基础上的。来到这片荒原的早期移民必须努力工作,这不仅仅是为了争取较好的社会条件,更是为了能生存下去。丰富的自然资源为人们的生产提供了可能性,同时,这些殖民者也意识到,一个农民、猎人或矿工的劳动不仅仅给他自己,而且也给整个社会带来财富。这就形成了这样一种价值观,工作被视为取得较好的社会条件的手段。这个新国家开放流动的社会结构也为那些努力工作的人提供了出人头地的机会。到现在为止,工作仍然是美国文化中一个重要的价值观。

(3) 道德关怀和人道主义。作为美国人虔诚的宗教信仰的一部分,早期美洲殖民者对那些比他们不幸的人的福利有过深切的关注。不过在实际生活中,美国人并不经常把这种价值观付诸实施。同时,人道主义价值观与美国人其他的一些主要价值观存在逻辑矛盾。例如,个人成就的价值观就使很多美国人难以接受国家福利计划。在他们看来,让社会的一部分人来养活那些根本不工作的人是不合理的。但是,如果其他人显然是由于其自身难以抗拒的原因而陷入贫困的(例如水灾受害者),则大部分美国人的态度是十分慷慨的。要解决诸如上述个人成就与道德关怀之类核心价值观之间的冲突是很困难的,而且很容易导致个人层次的混乱和不稳定。

(4) 效率和实用主义。美国人倾向于用实用主义来评价事物:这是否可行呢? 是否值得这么做? 这种价值观很大程度上是受美国边缘地区传统的影响。边缘地区的危险环境使当时的殖民者对那些缺乏效率和不够实用的工具、武器甚至人都十分轻视。

作为实用主义者,美国人喜欢尽快解决手头上的问题。结果,美国人往往比较注重技术,并有一种想控制物质世界的强烈欲望。美国人一般不愿意追求长远的、不切合实际的目标。

(5) 进步和物质增长。作为一个建立在希望之上的国家,美国一直对进步的思想感兴趣。这种思想的源泉之一就是对工作的重视,它直接导致了这样一种观念,即艰苦的工作将有助于建立一个美好的世界。早期的美国人努力提高他们的物质繁荣和享受的水平,这种努力使进步的思想和技术革新相联系起来:如果一种事物是新的,那它肯定就是好的。由于进步的思想和物质增长是紧密相关的,所以它们都意味着"美好生活"。由此,在美国的公司和企业中出现诸如"进步是我们最重要的产品"这样的口号也就不足为奇了,广告也竭力使我们购买它所宣传的产品,因为它是"新的"和"进步的"。

(6) 平等。由于早期的美国殖民者大多来自殖民国的中下层阶级,所以他们大多反对严格划分阶级的观念。因此,"旧世界"的许多不平等现象在美国则不是问题。另外,由于这个国家具有大量的自然资源能够为所有人保证充足的供应,从而增强了平等的观念。

和许多其他主要价值观一样，平等观念也和其他一些价值观存在冲突，而且也往往在实践中难以得到体现。这里，我们再次看到了理想价值观和现实价值观之间的冲突。一种认为美国人生活中明显缺乏平等的观点指出，要体现平等价值观就要求每个人都能有一个平等的机会去争取成功，但实际上即使以这个最普通的标准去衡量，大多数美国人也很难做到这一点。许多中上层阶级的成员把他们在社会中的优越地位解释为对他们更高个人成就的一种奖励，而这种个人成就观点也是美国人的主要价值观之一。

（7）自由。在所有美国人价值观中，自由占据了最重要的位置。对美国人而言，自由意味着行为不受约束，又代表着一个明确的、完全的自由体制，包括新闻自由、和平集会的自由、维持多党政府的自由以及私人经营企业的自由等。

虽然美国人也接受一些对其自由的限制，但他们对任何过分强权的、直接要求他们如何生活的政府则表示出完全的不信任。这种不信任建立在这样一种信仰之上，即人们应自己管理自己的生活。

美国人这种对政府控制的怀疑态度必然会产生这样一种冲突，即文化中自由价值观和平等价值观之间的冲突。如果没有政府管理，一部分人会变得极端富有甚至专权。极端的财富紧接着就会带来对穷人、下层阶级的压迫。这就违背了平等价值观或至少是违背了平等机会的观念。

（8）民族主义和爱国主义。大部分美国人相信他们的生活方式是最好的，而且应被其他国家沿用。即使到今天，那些对美国社会提出建设性批评的美国公民有时也会被认为是不爱国的。

由于日益增长的经济问题，美国显然已开始进入社会发展的第三阶段。扬克罗维奇这样写道："美国人正在降低他们的期望值，以使自己逐步适应在他们看来是困难变大、开放程度降低、公平度下降、压力更大的经济环境。"然而，到底这一变化能走多远，是否会导致美国社会制度的全面革新，还需拭目以待。

10.2 美国人的谈判风格

在商务谈判过程中，美国商人难免会把美国人的性格带到谈判桌上来，表现为如下谈判风格。

10.2.1 自信心强，不易让步

美国是当今世界上头号强国，是科学技术最发达的国家，国民经济实力无人能够望其项背，政治军事实力更是独步全球，这一切都使美国人对自己的国家深感自豪，对自己的民族充满强烈的自尊感和荣誉感，进而在商务谈判中的两个方面表现出强烈的自信心：①对本国产品的优越品质、先进技术会加以毫不掩饰的称赞。因为他们认为，如果你有十分能力，就表现出来，千万不要遮掩或谦虚，就要让购买你产品的人认识到。②习惯批评指责谈判对手。当谈判没有按照他们的意愿进展时，他们常常直率地批评或抱怨。这是因为他们往往认为自己做的一切是合理的，缺少对别人的宽容与理解。美国人已经习惯以我为中心，喜欢别人按他们的意愿行事，因此经常会让含蓄内敛的东方人产生咄咄逼人、傲慢自大的不良观感。

美国人强烈的自信心还表现在谈判过程中,当他们认为十分有理时,他们不喜欢听到别人否定的回答。他们不仅希望别人同意,而且希望是当场同意。在进行第一次谈判时,他们甚至就带着空白合同,随时准备签约。如果他们看出对方对谈判感兴趣,但尚未下决心,他们会给对方一些甜头。但在正式谈判中,他们却很少作出诸如减价的让步。他们认为自身的条件就是比对方优越,所以就应该占上风。当然他们也不是坐等别人让步,而是积极施展各种手段,突出自己的优势,从而使对手心甘情愿地接受他们的种种条件,取得谈判的最后成功。

10.2.2　热情坦率,干脆利落

美国人性格外向,认为直截了当是尊重对方的表现,喜怒哀乐大多通过言行举止表现出来。在谈判中,他们精力充沛、感情洋溢、头脑灵活,喜欢迅速切入正题,不喜欢拐弯抹角,并总是兴致勃勃,乐于以积极的态度来谋求自己的利益。为追求物质上的实际利益,他们善于使用策略,玩弄各种手段。正因为自身精于此道,所以美国人十分欣赏那些说话直言快语、干脆利落,又精于讨价还价,为取得经济利益而施展策略的人。

在谈判过程中,如果美国人感觉不能接受对方提出的建议,他们也是毫不隐讳地直言相告,甚至唯恐对方误会了。对于中国人在谈判中用微妙的暗示来提出实质性的要求,美国人感到十分不习惯,因此有不少美国商人由于不善于品味中国人的暗示,从而失去了极好的交易机会。

10.2.3　注重效率,珍惜时间

美国经济发达,工作、生活节奏极快,造就了美国人注重效率,珍惜时间,尊重进度和期限的习惯。在美国人看来,时间就是金钱,如果不慎占用了他们的时间,就等于偷窃了他们的钱财。因此,美国文化有句著名的谚语:不可盗窃时间。所以在谈判过程中,他们连一分钟也舍不得去做无聊的毫无意义的谈话,十分珍惜时间、遵守时间。

美国人认为,最成功的谈判人员是能把一切事物用最简洁、最令人信服的语言熟练地迅速表达出来的人。因此,美国谈判人员为自己规定的最后期限往往较短。他们十分重视谈判中的办事效率,习惯开门见山,报价及提出的具体条件也比较客观,并且希望对方也能如此。他们尽量缩短谈判时间,力争每一场谈判都能速战速决,一旦谈判突破其最后期限,则很有可能破裂。所以和美国人谈判一定要有时间观念,只要报价基本合适,就可以考虑抓住时机拍板成交,谈判时间不宜过长。

此外,美国人的时间观念还表现在做事要一切井然有序,有一定的计划性,不喜欢事先没安排妥当的不速之客来访。因此,与美国人约会,一定要注意提前预约而且准时到达,早到或迟到都是不礼貌的。

10.2.4　关注利益,积极务实

美国人做生意往往以获取利润作为唯一目的,生意人之间的私人交情考虑得不多。在多数情况下,双方素昧平生,并不需要相互认识,只要条件、时间合适就可进行洽谈。如果双方看起来有可能再次在一起做生意,那么双方也许会决定继续进行交往,但这是在生意做成之后,而不是之前。这一点同许多国家的商人(东方国家尤为典型)不一样。在日本等东方国家往往是先交朋友后做生意。所以,美国人对谈判对象、时间、地点、关系等不是很关注,显得不拘小节,他们关注是不是有利可图。他们可以和对方任何地位的人,在任何时间、地点谈判,不论以前的关系如何。他们把提高效率和取得进步看得很重,如果出现另一种能使生意做得更好的方法,他们会立即抛弃原来的方法。因为美国人只要在经济中取得成功,就会受到人们的敬重。

10.2.5 尊重法律,重视合同

美国是一个高度法制的国家,据有关资料,平均 450 名美国人就有 1 名律师,这与美国人解决矛盾纠纷习惯于诉诸法律有直接的关系。美国人这种法律观念在商业交易中也表现得十分明显,他们认为交易最重要的是经济利益,保护自己利益最公正、最妥善的解决办法就是依靠法律、合同。因此,他们特别看重合同,十分认真地讨论合同条款,而且特别重视合同违约的赔款条款。一旦签订了合同而不能履约,就要严格按照合同的违约条款支付赔偿金和违约金,没有再协商的余地。

美国人的这种法律意识与中国人的传统观念反差较大,这也反映在中美谈判人员的商务谈判过程中。一位美国专家曾就这一问题指出:中国人重视协议的"精神",而美国人重视协议本身的条文。一旦产生矛盾,中国人习惯提醒美国伙伴注重协议的"精神",而不是按协议的条款办事。

美国人重视合同、尊重法律,还表现在他们认为商业合同就是商业合同,朋友归朋友,两者之间不能混淆起来。私交再好,甚至是父子关系,在经济利益上也是绝对分明的。因此美国人对中国人的传统观念:既然是老朋友,就可以理所当然地要对方提供比别人优惠的待遇,通常表示难以理解。

📚 案例 10-2

11 个农夫和 1 个农夫

在美国的一个边远小镇上,由于法官和法律人员有限,因此组成了一个由 12 个农夫组成的陪审团。按照当地的法律规定,只有当这 12 名陪审团成员都同意时,某项判决才能成立,才具有法律效力。有一次,陪审团在审理一起案件时,其中 11 名陪审团成员已达成一致看法,认定被告有罪,但另一名成员认为应该宣告被告无罪。由于陪审团内意见不一致,审判陷入了僵局。其中 11 名企图说服另一名,但是这名成员是个年纪很大、头脑很顽固的人,就是不肯改变自己的看法。从早上到下午审判还不能结束,11 个农夫有些心神疲倦,但另一个还没有丝毫让步的意思。

就在 11 个农夫一筹莫展时,突然天空布满了阴云,一场大雨即将来临。此时正值秋收过后,各家各户的粮食都晒在场院里。眼看一场大雨即将来临,那 11 个农夫都在为自家的粮食着急,他们都希望赶快结束这次判决,尽快回去收粮食,于是都对另一个农夫说:"老兄,你就别再坚持了,眼看就要下雨了,我们的粮食在外面晒着,赶快结束判决回家收粮食吧。"可那个农夫丝毫不为所动,坚持说:"不成,我们是陪审团的成员,我们要坚持公正,这是国家赋予我们的责任,岂能轻易作出决定,在我们没有达成一致意见之前,谁也不能擅自作出判决!"这令那 11 个农夫更加着急,哪有心思讨论判决的事情。为了尽快结束这令人难受的讨论,11 个农夫开始动摇了,考虑改变自己的立场。这时,一声惊雷震撼了 11 个农夫的心,他们再也忍受不住了,纷纷表示愿意改变自己的态度,转而投票赞成那一个农夫的意见,宣告被告无罪。

按理说,11 个人的力量要比一个人的力量大。可是由于那一个农夫坚持己见,更由于大雨的即将来临,那 11 个农夫在不经意中为自己定了一个最后期限:下雨之前,最终被迫改变了看法,转而投向另一方。在这个故事中,并不是那一个农夫主动运用了最后的期限法,而是那 11 个农夫为自己设计了一个最后的期限,并掉进了自设的陷阱里。

在众多谈判中,高明的谈判人员往往利用最后期限的谈判技巧,巧妙地设定一个最后期限,使谈判过程中纠缠不清、难以达成的协议在期限的压力下,得以尽快解决。

10.3　与美国人谈判的策略

10.3.1　应对美国人谈判风格的沟通策略

对于美国人的谈判风格,需要注意在商务谈判中采取下列沟通策略。

1. 坦率直接表达观点

同美国人进行谈判,表达自身观点时务必坦率直接,"是"与"非"必须表达清楚,这是一条基本的原则。如果无法接受对方提出的条款,可以明白地告知对方,而不应含糊其词,使对方存有希望。有些人为了不致失去继续洽谈的机会,便会装作有意接受的样子而含糊作答,或者答应以后作答而实际上又迟迟不做答复,都会导致日后纠纷的产生。对任何一项条款,同意就是同意,不同意就是不同意,并将己方的想法和建议明白无误地告诉对方,这样才能使谈判继续进行。如果谈判成功了,双方就可以愉快友好地进行贸易合作;即使双方的期望值相差太大,未能达成交易,至少也交了朋友,将来仍有谈判、合作的机会。

2. 认真磋商确认合同

与美国人进行谈判,必须高度重视合同文本的磋商确认,因为这是双方履约的唯一标准。在解决己方有责任的索赔谈判中,不能笼统地表示"我们有责任""我们愿意负责"。这样足以使对方相信,他们是毫无过失的,一切后果由别人承担。最恰当的做法是追根究底,证实己方有几分过失、承担几分责任,对方又应该负多少责任。

3. 避免指名批评他人

与美国人谈判,绝对不要指名批评某人。指责客户公司中某人的缺点,或把以前与某人有过摩擦的事作为话题,或把处于竞争关系的公司的缺点抖搂出来进行贬抑等,都是绝对不可以的。这是因为美国人谈到第三者时,都会避免损伤对方的人格。这点,务必牢记于心。

4.提高效率,节约时间

除非必要,同美国人谈判时间不宜过长。因为美国公司每月、每季都必须向董事会报告经营情况。如果谈判时间太长,就会失去吸引力。因此,只要报价基本合适,谈判进行了两三个回合,就应该抓住时机成交。另外,美国人一般不请客送礼,也不喜欢对方如此,有时甚至会因此而误会。所以类似的费用自然可以节省。

📚 **案例 10-3**

巴西因迟到而吃亏

巴西谈判小组成员因为上街购物耽误了时间,当他们到达谈判地点时,比预定时间晚了 45 分钟。美方代表对此极为不满,花了很长时间来指责巴西代表不遵守时间,没有信用,如果老这样的话,以后很多工作很难合作,浪费时间就是浪费资源、浪费金钱。对此巴西代表感到理亏,只好不停地向美方代表道歉。谈判开始以后,美方代表似乎还对巴西谈判小组成员来迟一事耿耿于怀,一时间弄得巴西代表手足无措,说话处处被动,无心与美方代表讨价还价,对美方提出的许多要求也没有静下心来认真考虑,匆匆忙忙就签订了合同。等到合同签订以后,巴西代表平静下来,头脑不再发热时才发现自己吃了大亏,上了美方的当,但已经晚了。

10.3.2 如何与不同地区的美国商人进行谈判沟通

1.如何与美国东部地区的商人谈判

东部特别是东北部是美国政治、经济、文化中心,也是早期美国拓荒者首先到达的地区,是美国领土的最初部分和其现代文明的发祥地。包括 13 个州在内的东部商人,在国际商务谈判中,具有雷厉风行、快节奏、寸利必争和精于讨价还价的特点。

2.如何与美国中西部地区的商人谈判

美国中西部的商人,由于地理原因,在性情上传统色彩较浓。他们朴素和蔼,爱好旅游,比较容易交际。与他们交往时,把他们更多地看作朋友会使谈判顺利。因此,不能单靠现代化通信手段来进行磋商和交谈,面谈是必要的。此外,打打球、喝杯咖啡也是增进友谊的很好方式,可以加强双方相互信任的基础。同美国中西部商人做生意,运输问题至关重要,由于距海港远,无论是进口还是出口,往往涉及海运与陆运、空运等方式的联合运输。及时交货是合同顺利履行的关键环节,因而没有现货在中西部做生意是很困难的。许多日本企业都在此设有自己的仓库,以便能及时交货。

3.如何与美国南部地区的商人谈判

美国南部地区商人性格较为保守。企业多以中小型为主,石油是这一地区的主要工业。他们做事没有东部商人那种时间就是金钱的雷厉风行的作风,节奏相对较慢,同他们建立友谊需要较长的时间。南部商人性格大多较随和,他们不大喜欢那种商业气息浓重的面对面谈判,朋友式的促膝而谈更为合适。同他们建立亲密的商业关系虽不容易,但一旦他们与你建立了这种关系,就非常珍惜,不会轻易放弃。有人说,当南部商人"以绰号称呼你的时候,生意是绝对跑不掉了"。

4．如何与美国西部地区的商人谈判

美国西部太平洋沿岸是随着早年的淘金热发展起来的，至今不过百年的历史，是亚洲移民聚居的地区。西部地区的企业历史较短、规模比较小，推销产品时，可以比较容易地见到能够作出决定的高级人员。这一地区没有自己固定的商业习惯，往往仿效东部地区的做法。在这里做生意的外国人有句俗语"多用你的双脚"，意思是说要推销产品必须多跑路，多去访问你的客户，单靠电话联络是不够的。

10.4　加拿大人的谈判风格

加拿大是个移民国家，民族众多，各民族相互影响，文化彼此渗透。大多数人性格开朗，强调自由，注重实利，个性鲜明，讲究生活舒适。受多元文化的影响，加拿大商人一般懂英、法两种语言。

加拿大居民大多是法国人和英国人的后裔。在谈判决策上，有非常深的法国人和英国人的风格。对于加拿大国内不同族群的不同谈判风格，需要在商务谈判中分别采取以下对策。

（1）加拿大商人比美国商人更显得有耐心与温和，加拿大商人的时间观念很强，所以要严格遵守合同的最后期限。

（2）与加拿大商人谈判要注重礼节，情绪上要克制，不要操之过急。对英裔商人要有足够的耐心，从开始接触到价格确定这段时间，要不惜多费脑筋，认真地与对方斟酌，多用实际利益和事实来加以引导，稳扎稳打，切不可过多地施加压力。

（3）对法裔谈判人员应力求慎重，不弄清对方的意图与要求切不要贸然承诺。另外，不要被对方的催促牵着鼻子走，主要条款与次要条款都要一丝不苟，力求详细明了和准确，否则不予签约，以免引出日后的麻烦。签订合同条款往往是详尽而冗长，对法裔谈判人员还需准备法文资料和将合同译成法文。

（4）加拿大公司的高层管理者对谈判影响较大，应将注意力集中在他们身上，以使谈判能尽快获得成功。

10.5　拉丁美洲人的谈判风格

拉丁美洲是指美国以南的美洲地区，包括墨西哥、中美洲和南美洲一共 33 个国家和地区，它们曾受拉丁语系的西班牙和葡萄牙的殖民统治，所以统称为拉丁美洲。拉美地区早在 19 世纪初就取得了民族独立。经过近两个世纪的发展，一些拉美国家的经济发展水平已达到较高的程度。就经济总量而言，拉美领先于其他发展中地区。

10.5.1　拉丁美洲人的谈判特点

1．重视个人地位和作用

个人人格至上使得拉美人特别注意对方谈判人员本人而非其公司。在谈判中，当对方介绍公司情况时，他们的兴致远不如听对方讲述个人奋斗史时来得高昂。他们往往根据对方讲话的神情和语气来判断此人在公司的地位及个人能力。他们一旦认定对方是一位取得过重大成绩、富有经验和能力的公司要员,便会对他非常尊敬,大有英雄相惜的感觉。自然,以后的谈判便绿灯大开。

2．缺乏时间观念,谈判节奏缓慢

拉美人是享乐至上主义者,平时生活就比较悠闲、恬淡,即便是谈判做生意,他们也不愿意因之而使一些娱乐活动受到妨碍。拉美人的工作时间比较短,早上起得晚,午餐后必须睡觉。中午的休息时间是从 12 点到下午 3 点。银行往往中午 12 点才开门,而到下午 3 点就关门了。此外,拉美的休假很多,秘鲁的劳动法就规定:工作一年,可以请一个月的带薪假期。往往在一项谈判中,洽谈之人突然请求休假。因此,谈判不得不停下来,外国谈判人员要耐心地等待他们休假归来,洽谈才能继续进行。在谈判中,他们也常常会慢半拍:当你觉得谈判已到实质阶段了,他们会认为这仅仅是准备阶段。在洽谈中,常会听到他们说"明天再谈吧"或是"明天再办"。到了明天,却仍然是同样的话。拉美人这种处理事务节奏较慢、时间利用率低的情况往往会让性急的外国人无可奈何。但是,如果想用速战速决的办法和拉美人谈判只会令他们非常恼火,甚至会使他们更加停滞不前。因此,最好的办法还是放慢谈判节奏,始终保持理解和宽容的心境,并注意避免工作与娱乐发生冲突。

3．不肯轻易妥协让步

拉美人执着、不妥协的性格特点反映在谈判中就是不轻易作出让步。他们不喜欢妥协,对他们而言妥协意味着放弃,意味着屈服,意味着牺牲个人的尊严和荣誉。执着、不妥协的特点体现在拉美人的商务谈判中,就是对自己意见的正确性坚信不疑,往往要求对方全盘接受,很少主动作出让步,即使对谈判对方提出的一些附加条件也不接受。他们不喜欢别人以某种方式将意见强加于他们,认为这是侵害了他们的自尊。如果他们对别人的某种请求感到不能接受,一般也很难让他们转变看法。不过当他们在表达自己的意见时,却习惯于遵循古老的拉美人的传统,即宁肯转弯抹角绕一个圈子,也不直截了当地阐明意见,因为在拉美人看来,直截了当地给予别人否定的回答是一种不礼貌的行为。

4．不愿面对女性谈判人员

拉美人对男子气概的崇尚使他们瞧不起女性,也不愿意同女性进行谈判,认为这样做有损男子汉的体面。如果确实需要面对女性谈判人员,他们往往表现得很勉强,给人满不在乎的感觉,甚至会给对方出些难题。当然这也有例外,那就是女性谈判人员能用带有权威的、毋庸置疑的语调和大量事实向他们表明,自己同他们一样有经验、懂技术、胜任业务,甚至做得比他们更好,并且令人信服地向他们展示自己的能力。

5．注重个人感情因素

拉美人不是很注重物质利益,而比较注重感情,这与崇尚实际利益的美国人大为不同。

6．不重视协议严肃性

和拉美人打过交道的谈判人员,十有八九都会提到拉美人不讲信用,仅就货款回收而言,往往期限会被拉长。有关这一点,一位银行家曾说:他们是会付钱的,只是生性懒散,不把当初约好的付款日期当回事儿。在这个时候,即使心急而认真猛催,他们依然会当耳边风。如果逼过头,甚至还会打起架来。事实上,只要多花一些时间耐心催促,倒是无须担心他们赖账的。

10.5.2　怎样与拉丁美洲人谈生意

对于拉美地区的谈判风格,需要注意在商务谈判中采取下列沟通策略。

1. 处理好同拉美人的私人关系

与同美国人的谈判不一样,在同拉美人的谈判中,感情的因素显得很重要。因此,尽管他们一向习惯于慢节奏处理事务,但当彼此成为朋友后,遇到对方需要处理有关事务时,也会优先、快速地予以协助,善解人意地考虑对方的要求,使谈判顺利地进行下去。所以,用冷酷无情、公事公办的态度对待他们是绝对不行的。

2. 切忌居高临下

拉美独立前一直是外国的殖民地,至今许多国家经济仍很落后,但拉美人并不是带着纯粹的羞辱感来看待自己的历史的,他们有着强烈的民族自尊心。弄清楚这一点,在和拉美人打交道时,尊重他们的人格,尊重他们的历史,对于谈判的成功来说,就已经迈出了最基本也是最关键的一步。

3. 贸易谈判之前应尽量熟悉拉美的保护政策

拉美国家经济发展相对落后,产品在国际上缺乏竞争力,造成进口大于出口,外汇比较紧张,因而采取了一系列奖出限入的贸易保护政策。比如,拉美许多国家规定,外国货物运抵港口,即使办完各项严格的手续,仍不能顺利过关。此时,拉美的买主必须向自己国家的中央银行交纳进口货物总价值的 40%~60% 作为保证金。这种做法阻碍了人们进口销售把握不大的商品。了解了这些情况,在与他们谈判时,可以向多边贸易、补偿贸易等方向发展。

4. 重视同拉美代理商谈判

在拉美做生意,寻找代理商、建立代理网络是非常重要的。但在他们国家,要解雇一名无能的代理商不是一件容易的事。一些拉美国家的法律禁止随便解雇代理商。在另外一些国家,即使能解雇,雇主也必须赔偿其损失。因此,在代理商雇佣合同中,应明确规定对方的义务要履行到何种程度、可以做哪些事、不可以做哪些事。

5. 寻找靠得住的谈判对手

所谓靠得住的谈判对手分为三种:一是经过时间检验的;二是那些规模较大、执行政府任务的、国营的企业;三是享受国际金融机构贷款的企业。这样做的目的是使谈判结果在政治上有依靠、外交上有影响、经济上有保障,从而降低风险。

6. 适应拉美人的习惯

同拉美人谈判,除了应始终保持理解和宽容的心境外,还应注意避免工作与娱乐发生冲突。如果他们发现,他们的谈判对手是典型的工作狂,那么对他的信任就将大打折扣。因此,谈判的时间应尽量避免节日、重大体育比赛。在双方心情愉快的情况下,谈判更容易成功。

📚 **案例 10-4**

王光英抢购二手车

10多年前,我国著名实业家王光英先生任董事长的光大实业公司,有一次获得了一个有一批二等汽车出卖的信息。可是这个无头无尾的信息,像天书一样,没有更多一点的内容。人们既不知道这批汽车在中东还是在欧洲,也不知是什么型号、数量多少、价格如何。对于这个扑朔迷离的信息,光大公司的业务人员立即跟踪查访,顺藤摸瓜。几天之后,王光英的办公桌上出现了一份报告。在南美的智利,一家铜矿最近倒闭。矿主在事前订购了美国道奇、德国奔驰等各种型号大吨位载重车、翻斗车共计1 500辆,全部是新车。为了偿还债务,矿主决定将这批新车折价拍卖。

看了这份报告,王光英眼前突然一亮。1 500辆折价拍卖的新车,是多么具有诱惑力啊!在光大获得这一信息时,在中国香港,在智利的近邻,甚至在全世界,这已是一个公开的秘密。王光英知道,在这关键时刻,时间就是胜利。他必须发动一场迅雷不及掩耳的闪电战。于是他决定赋予赴现场验货采购人员以拍板成交的权力。

"只要质量好,价钱便宜,你们说了算。"光大采购小组立即乘飞机飞往智利,和同去的技术专家对这批共1 500辆崭新的各种载重汽车,像体检一样,一辆一辆地进行了技术检验,现场验货。结果表明,它们的质量是令人满意的。经过一番紧张的讨价还价,这批载重7~30吨的汽车,矿主同意以原价的38%低价全部售给光大公司。仅此一项,他们就节约外汇2 500万美元。

闪电战成功了。从发现这个信息到做成这笔生意,仅仅用了3个月!就在光大公司的采购小组忙于和智利方面办理签约换文以及处理烦琐的善后事宜时,美国迈阿密的一个大老板闻讯后立即用电传与光大联系:只要你们把这批货让给我,我给你们300万美元。王光英毫不犹豫地拒绝了他的要求,把汽车迅速装船监运回国。

在多角竞争谈判或潜在的多角竞争谈判中,速度具有决定性的意义。如果拖拖拉拉,贻误战机,就会让别人抢在你之前签约。试想,如果光大公司缺乏迅速果敢的行动,让美国老板或其他国家的竞争者抢了先,那不是一个很大的损失吗?兵贵神速,在这种谈判场合发挥了惊人的效果。光大公司之所以能迅速地达成交易,在于谈判对手亦有迅速签约的打算。矿主急于尽快偿还债务,快速达成交易的心情很迫切。

资料来源:商务谈判经典案例30,青岛职业技术学院,管理案例馆资料,2015-12-06.

📚 **案例 10-5**

霍华·休斯买飞机谈判中的先苦后甜

思　考　题

1. 简述美国人的谈判风格与应对策略。
2. 简述加拿大人的谈判风格与应对策略。
3. 简述拉美人的谈判风格与应对策略。

即　测　即　练

第 11 章

欧洲人的谈判风格

案例 11-1

1984 年 9 月底,天津市为了拓展对外技术合作市场,派出一个代表团赴德国考察。该团在德国考察期间,计划安排一项天津自行车工业公司提出的关于引进摩托车生产技术的重点项目。偶然间他们得知:慕尼黑市有家生产名牌纯达普摩托车的工厂,现在债台高筑,突然宣告破产,正急于出卖整个工厂!

这一消息使中国代表团为之一振,并立即奔赴慕尼黑市。

10 月 17 日,他们抵达慕尼黑市,实地考察了纯达普摩托车厂(以下简称"纯达普厂")的情况。中国代表团得悉:该摩托车厂历史悠久、产品过硬,其以先进的技术、优质的产品和良好的信誉,使产品畅销欧洲,后来由于崛起的日本摩托车工业跻身欧洲,该厂受到严重的威胁。因为纯达普厂背后没有大财团的支持,故无力渡过难关,只好宣告破产。但该厂拥有雄厚的技术力量和良好的产品优势以及先进的生产设备,而且卖价特别便宜。这一切都是中国代表团极感兴趣的。于是,中国代表团果断地向德方传递了有意购买整个摩托车厂的信息,但必须回国请示批准后才能签订合同。

然而,谈判桌上信息万千、变幻莫测,时间的先后往往决定着谈判的成败。与此同时,印度、伊朗等几个国家的商人也都纷纷探问。显而易见,纯达普厂对发展中国家具有一种强大的吸引力,谁得到它,谁就会在摩托车工业上有一个长足的发展。鹿死谁手,尚需看谁捷足先登。

天津代表团感到时间的紧迫,立即启程回国。

10 月 17 日,天津市政府领导决定:以最快的速度组建一个由 15 人组成的专家团,赴德国进行全面技术考察,商谈购买事宜。组团出国的各种手续和准备工作压缩在 15 天内完成,11 月 2 日准时出国。然而,遥远的欧洲传来电波,事有突变,情况紧急!

10 月 19 日,联系人从德国发来告急电传:伊朗的商人抢先一步签署了购买纯达普厂的合同! 但中方并未绝望,以一切都是可变的谈判意识,认为尚有一分希望,就要作出百分之百的努力。于此,我方立即回电:请摸清情况详告,以定对策。

10 月 20 日,联系人又发来电传:伊朗商人所签的合同上,规定的付款期限为 24 日。

21 日晚,我方得到更为确切的消息:24 日下午 3 时前,伊朗方面若付款未到,所签合同即告失效。情势紧迫,天津市政府冷静地分析了从德国传来的每一个信息,研究国际贸易竞争中的每一个偶然的因素……于是,10 月 22 日上午 10 时作出了关键性的决定:"迅速通知已确定的 15 名出国人员,想尽一切办法,立刻办好出国手续,赶往首都机场,乘当晚国际航班飞赴联邦德国,以便相机行事!"为了提高效率,天津市政府授权专家谈判团:

有权签署购买合同,有权采取任何应急措施。

10 月 23 日晨,波音 747 客机冲破晓雾,降落在法兰克福国际机场。接着又换乘飞机于上午 11 时抵达慕尼黑市。中国专家代表团到达后,悄然下榻在市郊一家不起眼的小旅馆里。他们与纯达普厂一直保持着密切的信息联系,分析着每一个情报的细微变化,准备着随时可能进行的谈判方案。

10 月 24 日午后,每一次电话铃声,都使专家团成员紧张不安。下午 3 时,突然一阵急促的电话铃响起,接了电话,专家团里一阵喜悦:伊朗商人未如期付款,他们的合同无效了!

按照预定计划,谈判组的人员立即出动,跳上汽车,向纯达普厂方向急驰飞奔。

"中国人突然到来,要求商谈购买纯达普厂设备!"消息传开,德方人员甚感吃惊:这些中国人躲在哪里? 竟如此准时地冒了出来! 他们做梦也没有想到中方如此神速。

"你们要购买纯达普厂吗? 很好! 非常欢迎。"慕尼黑市债权委员会主管倒闭企业事务的米勒先生惊叹之余,与中方代表一一握手。

中德之间围绕纯达普厂展开了一场实质性的谈判。中方经过进一步的技术考察之后,与德方反复磋商,完成了这场买卖谈判。中方以 1.6 亿马克(合 5 000 多万美元)的价格买下了纯达普厂 2 229 台设备和全套技术软件。事后得知,这个价格比伊朗商人支付的低 200 万马克,比另一个竞争对手准备支付的低 500 万马克。中国人成功了!

如此一个重大项目的谈判,竟这样迅速、经济地获得了成功,无怪乎德国报界不惜重墨予以报道。

资料来源:商务谈判经典案例 30,青岛职业技术学院,管理案例馆资料,2015-12-06.

该项谈判既反映了天津市政府的领导作风、效率意识及勇于负责的胆识,同时也反映了谈判人员选择时机、用兵神速的谈判艺术。如果不是谈判人员两次恰到好处地来到该厂,果断抉择,哪有纯达普"远嫁"中国之举?

11.1　德国人的谈判风格与应对策略

11.1.1　德国人的谈判风格

在商务谈判中,德国人强调个人才能。个人意见和个人行动对商业活动有重大影响。各公司或企业纪律严明、秩序性强。决策大多自上而下作出,不习惯分权或集体负责。

尽管德国人比较保守,但他们办事雷厉风行,考虑事情周到细致,注重细枝末节,力争任何事都完美无缺。就德国的民族特点特征而言,德国人刚强、自信、谨慎、保守、刻板、严谨;办事富有计划性、雷厉风行;工作注重效率,追求完美;纪律观念强,有军旅作风。诚实和正直是德国人最欣赏的品质,德国人身上所具有的这种日耳曼民族的性格特征会在谈判桌上得到充分的展现,表现为如下谈判风格。

1. 严谨保守,前期准备完善

日耳曼民族严谨保守的民族文化使德国人在谈判前就往往准备得十分周到。他们会想方设法掌握大量翔实的一手资料,不仅要调查研究你要购买或销售的产品,还要仔细研究你的公司,以确定你能否成为可靠的商业伙伴。只有在对谈判的议题、日程、标的物品质、价格以及对方公司的经营、资信情况和谈判中可能出现的问题及对应策略做了详尽研究、周密安排之后,他们才会坐到谈判桌前。这样,他们立足于坚实的基础之上,就处于十分有利的境地。德国人对谈判对方的资信非常重视,不喜欢与声誉不好的公司打交道,因为他们不愿冒风险。因此,如果与德国人做生意,一定要在谈判前做好充分准备,以便回答关于你的公司和你的建议的详细问题。

2．重视效率,思维富有逻辑

德国人的思维富于系统性和逻辑性,工作态度认真负责,办事非常注重效率,日常信奉的座右铭是"马上解决"。他们认为那些"研究研究""考虑考虑""过段时间再说"等拖拖拉拉的行为意味着缺乏能力。因此,德国谈判人员在谈判中会表现果断,不拖泥带水。他们喜欢直接表明所希望达成的交易,准确确定交易方式,详细列出谈判议题,提出内容详尽的交易条件,清楚、准确地陈述问题。他们善于明确表达思想,提出的方案和建议清晰易懂。如果双方讨论列出问题清单,德国谈判人员一定会要求在问题的排序上体现各问题的内在逻辑关系,否则就认为逻辑不清,不予讨论。并且他们认为每次讨论应该明确议题,如果讨论主题不明确、组织无效率,他们往往会中断谈判。因此,在与德国人谈判时,严密的组织、充分的准备、清晰的论述、鲜明的主题将有助于促进双方融洽的关系,保证谈判顺利进行。

3．充满自信,缺乏灵活妥协

德国产品素以品质卓著而享誉世界,因此德国人对本国的产品极有信心,在谈判中常会以本国的产品作为衡量标准。他们企业的技术标准相当严格,对于出售或购买的产品都要求很高的质量,因此要让他们相信你公司的产品满足交易规定的高标准,他们才会与你做生意。此外,德国商人还会在谈判中表现出不轻易让步的固执风格。他们考虑问题系统周到,但缺乏灵活性和妥协性。他们总是强调自己的要求或方案的可行性,千方百计迫使对方让步,而自己很少让步,态度比较强硬,常常在签订合同之前的最后阶段还在争取使对方让步。因此,在与德国人的谈判中,应尽量避免针锋相对的讨论方法,要"以柔克刚""以理服人",要以灵活的态度选择攻击点,体现分歧,表明立场,同时始终保持友好、礼貌的态度去扭转其僵硬的态度,不要进一步去刺激对方的强硬态度。大多数德国商人虽然固执,但更重理性。只有把握这点,本着合理、公正的精神,以理服人,最终才会取得好的效果。

4．严守信用,崇尚时间观念

德国人素有"契约之民"的雅称,他们崇尚契约,严守信用,时间观念很强。在谈判中,权利与义务划分得非常明确,合同中的任何条款都经过仔细推敲,要求合同中的每个字、每句话都十分准确。德国商人对交货期限要求严格,一般会坚持严厉的违约惩罚性条款。如果想与德国商人成功地签署协议,必须同意严格遵守交货日期和严格的索赔条款。德国人受宗教、法律等因素的影响,比较注意严格遵守各种社会规范和纪律。在商务往来中,他们尊重合同,一旦签约,就会努力按照合同条款一丝不苟地执行,不论发生什么问题都不会轻易毁约。同时,他们也严格要求对方,除非有特殊情况,对于其贸易伙伴提出的修改合同的要求或在交货和支付方式及日期等方面提出的宽限请求,一般不会理会。此外,无论是公事还是私事,德国人都非常守时,在商业谈判和交往中忌讳迟到。对于迟到者,德国人会毫不掩饰他们的不信任和厌恶。

5. 注重建立长期合作关系

德国谈判人员往往希望通过某笔生意,与对方建立起长久的合作关系,而不是一锤子买卖。如果认为你合适,他们常常采用的做法是:在合约正式敲定之前,会用共进午餐、晚餐,共同到社交场合及郊外度假等方式,同对方谈判人员多接触。一旦他们认定你是可以信赖之人,那他们就会把长期合作的机会交给你。这可能和他们雷厉风行的作风有点儿矛盾,但后者只是因为你们彼此不熟,而他们回避风险的意识又很强。

11.1.2　应对德国人的沟通策略

对于德国人的谈判风格,需要注意在商务谈判中采取下列沟通策略。

1. 事先做足准备工作

德国人在谈判前,习惯进行认真细致的准备工作,因为他们觉得只有弄清楚有关问题,才能胸有成竹地坐到谈判桌前和对手洽谈。因此,谈判人员也必须在事前做好有关准备工作,其中不仅包括德国公司情况及谈判人员个人情况,也包括自身信息资料的准备,以便在谈判中用快速准确的回答,来应付德国人的各种问题,并借此证明自身的诚意与实力。

2. 掌控节奏,合理报价

德国人在谈判中经常表现出难以妥协的固执风格,因此在与德国人打交道时,从程序上看,最好在他们报价之前进行适当的摸底,并首先进行己方的开场陈述。其中对将成为双方争论焦点的问题做尽量客观的分析,或抢先报价,并陈述自己的理由,以使对方理解或心中有数,从而改变他们还未出口的立场和期望值。所有这些,都应做得快捷迅速,因为德国人既然在谈判前已做好充分的准备,他们就会很快将谈判引入正题,一旦他们抢在前面报价,这个报价就会变得不可更改,讨价还价的余地就会很小。

3. 尊重协议,守时守信

德国人一贯尊重契约、信守承诺,因此德国谈判人员订立合同后,一定会如约履行。因此,要保证成功地和德国人打交道,不仅要同意严格遵守交货、付款等条件,可能还要同意严格的索赔条款。只有认真履行合约,才能在德国人心目中树立良好形象,才能使合作更顺利、更愉快。在时间问题上,也应该努力适应德国人的时间观念,不仅谈判不迟到,其他社交活动也不能随便迟到。谈判对方一旦迟到,德国人的厌恶之情就会无情地流露出来,谈判的气氛因此会变得令人难以忍受。此外,谈判时间安排也要尽量避开休息时间。因为德国人虽然工作起来常常废寝忘食,但他们对家庭生活也看得很重。尤其到了晚上,家人要团聚,共享天伦之乐。除非特别重要的事情,晚上一般不安排工作。个人也尽量不要因公务晚上去打扰他们,甚至连礼节性拜访也应尽量避免,或尽量缩短时间,不然会让他们觉得此人是个不知趣的客人。

11.2　法国人的谈判风格与应对策略

11.2.1　法国人的谈判风格

法兰西文化在世界近代史上,以其社会科学、文学、科学技术等方面的卓越成就,培养起法国人民强烈的民族自豪感。法国人乐观、开朗、热情、幽默，并注重生活情趣，富有浓郁的人情味、爱国热情和浪漫情怀，非常重视相互信任的朋友关系，并以此影响生意。

法国人的性格坚强，谈判立场非常坚定，他们都具有戴高乐式的依靠坚定的"不"字以谋取利益的高超本领。法国商人的谈判风格表现如下。

1. 喜欢通过个人友谊影响生意

在商务交往中，法国商人注重信誉，珍惜人际关系，注重交易过程中的人际关系，相信以个人为基础的关系要比公司的信用重要得多。因此有人说，在法国"人际关系是用信赖的链条牢牢地互相联结的"。一般来说，在尚未成为朋友之前，他们是不会轻易与人做大宗生意的，而一旦建立起友好关系，他们又会乐于遵循互惠互利、平等共事的原则。所以，与法国人做生意，必须善于和他们建立起友好关系。这不是件十分容易的事，需要做长时间的努力。在社会交往中，家庭宴会常被视为最隆重的款待。但是，无论是家庭宴会还是午餐招待，法国人都将之看作人际交往、发展友谊的时刻，而不是交易的延伸。因此，如果法国人发现对方设宴招待，意图是利用交际来促使商业交易更为顺利的话，那么他们会很不高兴，甚至断然拒绝。

2. 以使用法语为荣，话题广泛

法兰西民族具有悠久的历史和丰富的文化传统，法国人对他们的种族、语言和文化艺术非常自豪，认为法语是世界上最高贵、最优美的语言，因此常常表现出以捍卫法语和保持法语的纯洁性为己任的态度。在进行商务谈判时，他们往往习惯于要求对方同意以法语为谈判语言，即使他们的英语讲得很好，也很少让步，除非他们在国外或在生意上对对方有所求。

法国人大多性格开朗、十分健谈，他们喜欢在谈判过程中谈些新闻趣事，以制造一种宽松的气氛。因此与法国人洽谈生意时，不应只顾谈生意上的事务与细节，否则很容易被法国对手视为"此人太枯燥无味，没情趣"。据说，在法国，就连杂货店的女老板都能轻松自如、滔滔不绝地谈论政治、文化和艺术。所以，在谈判中，除非到了最后决定拍板阶段可以一本正经地只谈生意之外，其他时间应多谈一些关于社会新闻和文化艺术等方面的话题来活跃谈话气氛，制造出富有情调的氛围。另外要引起注意的是：法国人在谈判中讲究幽默与和谐，但他们不愿过多提及个人和家庭问题，这是与他们谈话时应尽量避免的话题。

3. 思维灵活，偏爱横向式谈判

与西方许多国家习惯由点到面的谈判方式不同，法国人在谈判方式上偏爱横向式谈判，由面到点，即先为协议勾画出一个轮廓，然后达成原则协议，最后再确认谈判协议各方面的具体内容。他们不如德国人那么严谨，却喜欢追求谈判结果，不论什么会谈、谈判，在不同阶段，他们都希望有文字记载，而且名目繁多，诸如"纪要""备忘录""协议书""议定书"等，用于记载已谈的内容，为以后的谈判及正式的协议奠定基础和基调。这种做法可以促进早日实现谈判的实质效果，但对于频繁产生的文件应予以警惕，慎重从事。对己有利的内容，可同意建立文件；对己不利却难以推却的可仅建立初级的纯记录性质的文件，注意明确各种文件不同的法律约束力，严格区别"达成的协议议点""分歧点""专论点""论及点"等具体问题，否则产生的文件会变得糊涂不清，成为日后纠纷产生的隐患。另外，法国人习惯于集中精力磋商主要条款,对细节问题不是很重视,并且在主要条款谈成之后便急于求成地要求签订合同;而后如果发现对他们不利,又常常会毁约,并要求修改合同或重新签署。因此,签约时要小心从事,用书面文字互相确认,保证最终的文件具有法律约束力,以防他们不严格遵守,在市场行情不看好的时候撕毁协议。

法国人谈判思路灵活、手法多样,为促成交易,常会借助行政、外交、名人或有关的第三者介入谈判。如有些交易中常会遇到进出口许可证问题,往往需要政府出面才能解决问题。当交易项目涉及政府的某些外交政策时,其政治色彩就很浓厚,为达成交易,政府可以从税收、信贷等方面予以支持,从而改善交易条件,提高谈判的成功率。

4．重视个人,缺乏时间观念

法国商人大多注重依靠自身力量达成交易,因此个人办事的权力很大,担任要职的人可以果断地作出决策,很少有集体决策的情况。这是由于他们组织机构明确、简单,每个人所从事的工作范围很广,实行个人负责制,所以谈判的效率也较高。即使是面对专业性很强的谈判对手,他们也能一个人独当多面。这与亚洲商人的团体决策大相径庭。

法国人生活中时间观念不强,在商业往来或社会交际中经常迟到或单方面改变时间,而且总会找一大堆冠冕堂皇的理由。在法国还有一种非正式的习俗,即在正式场合,主客身份越高,来得越迟。所以,要与法国人进行商务谈判,就需要学会忍耐。但是,法国人对于别人的迟到往往不予原谅。对于迟到者,他们会很冷淡地接待。因此,如果你有求于他们,千万别迟到。

11.2.2　应对法国人的沟通策略

对于法国人的谈判风格,需要注意在商务谈判中采取下列沟通策略。

1．热情大方,广交朋友

根据法国人谈生意注重友情的特点,与法国商人谈判时,应当热情大方、以礼相待,利用各种场合、机会与法国人交朋友,注意感情的培养,形成良好的谈判气氛,获得对方的信任与好感,这样谈判会顺利很多。一旦成为朋友,甚至深交,就可能带来大宗的贸易。

2．尊重礼仪,恪守时间

法国可能是世界上最讲究穿戴的国家,因此,在会谈时要尽可能穿最好的衣服;见面时是握手而不是拥抱;招待对方要特别注意宴请时间、场合的选择,并且在宴请招待时切忌谈生意。

3．使用法语,审时度势

因为法国人都以法语为荣,在商务谈判中习惯使用法语。因此,与法国人谈判,一定要派会讲法语的谈判人员进行谈判,或者配备法语翻译。另外,在大多数法国人看来,谈判是进行辩论和阐述哲理的机会,往往是为了争论而争论。虽然他们很快就能谈生意,但是谈判可能没完没了地拖下去,因此,一方面要尊重这种癖好,另一方面也不要生硬地打断,而要小心提醒你的对手讨论正题。

4．慎重细致,重视合同

鉴于法国人在签订合同时往往急于求成、匆忙行事,不多做细节的考虑,因此与其谈判时要对重要条款详细讨论,逐一明确,细节问题也要涉及确认,防止在执行合同时出现问题和麻烦。因此必须十分注意谈判的合同,如果为了做成生意而作出让步并接受法国人提出的索赔条款,那么如果情况有变,需要使用索赔条款,法国人是不会手软的。因为只要对己方有利,法国人就会要求严格遵守合同;如果对其不利,则会一意孤行地撕毁合同。因此,与法国人签订合同时,必须慎之又慎。

11.3　英国人的谈判风格与应对策略

11.3.1　英国人的谈判风格

英国因为地处英伦三岛,与欧洲大陆隔海相望,而且曾经一度称霸全球,号称"日不落帝国",所以其和欧洲其他国家的风土人情有很大的不同。作为往日世界的霸主,英国人总带有一种悠然自得的绅士风度,讲究礼仪、对人友善,但不愿介入他人的生活。英国的民族特性比较保守,对新鲜事物不太积极。英国人有很强的民族自豪感和排外心理,总带着一副强国之民的样子。初与英国商人交往,开始总感觉有一段距离,让人感到他们高傲、保守。但慢慢地接近,建立起友谊之后,他们会十分珍惜,并会长期信任你。与美国人相似,英国人同样习惯于将商业活动和自己个人生活严格分开,有一套关于商业活动交往的行为礼仪的明确准则。

英国这些独特的民族文化,在商务谈判中表现为如下谈判风格。

1. 冷静持重,充满自信

英国商人在谈判初期,尤其在初次接触时,通常与谈判对手保持一定距离,绝不轻易表露感情。随着时间的推移,他们才与对手慢慢接近,熟悉起来,并且你会逐渐发现,他们精明灵活、善于应变、长于交际、待人和善、容易相处。他们常常在开场陈述时十分坦率,愿意让对方了解他们的有关立场和观点,同时也常常考虑对方的立场和行动,对于建设性意见反应积极。英国商界赞同一句话:"不要说'这种商品我们公司没有',应该说'只要您需要,我们尽量替您想办法'。"这一点,不仅反映了英国商人的灵活态度,也表现了他们十足的自信心。他们的自信心强,还特别表现在讨价还价阶段。如果出现分歧,他们往往固执己见,不肯轻易让步,以显示其大国风范,让人觉得他们持有一种非此即彼、不允许讨价还价的谈判态度。

2. 崇尚礼仪,注重等级

英国商人十分注重礼仪,崇尚绅士风度。他们谈吐不俗、举止高雅、遵守社会公德,很有礼让精神。无论在谈判场内外,英国谈判人员都很注重个人修养,尊重谈判对手,不会没有分寸地追逼对方。同时,他们也很关注对方的修养和风度,如果你能在谈判中显示出良好的教养和风度,就会很快赢得他们的尊重,为谈判成功打下良好的基础。英国商人的绅士风度还表现在他们谈判时不易动怒,也不易放下架子,注意钻研理论并注重逻辑性,喜用逻辑推理表明自己的想法,喜欢有很强的程序性的谈判,一招一式恪守规定。绅士风度常使英国谈判人员受到一种形象的约束,甚至成为他们的心理压力,对此应充分利用。如在谈判中以确凿的论据、有理有力的论证施加压力,英国谈判人员就不会因坚持其不合理的立场而丢面子,从而取得良好的谈判效果。

尽管英国是老牌的资本主义国家，但那种平等和自由更多地表现在形式上。英国人的等级观念依然非常严格而深厚，他们颇为看重与身份对等的人讨论问题。因此在商务谈判中，在对话人的等级上，诸如官衔、年龄、文化教育、社会地位上都应尽可能对等，以求平衡，表示出平等和尊重。

3. 忽视准备，履约率低

英国人对谈判本身不如日本人、美国人那样看重，因此他们对谈判的准备也不充分、不够详细周密。英国人习惯简明扼要地阐述立场、陈述观点，在谈判中表现更多的是沉默、平静、自信、谨慎，而不是激动、冒险和夸夸其谈。他们对于物质利益的追求，不如日本人表现得那样强烈，也不如美国人表现得那样直接。他们宁愿做风险小、利润也少的买卖，也不喜欢做冒大风险、赚大利润的买卖。

此外，英国商人还有一个共同特征，就是不能保证合同的按期履行。英国人为改变这一点也做了很大努力，但效果不明显。据说这一点举世闻名，这也使得英国人在涉外谈判中经常陷于被动地位。

11.3.2　应对英国人的沟通策略

对于英国人的谈判风格，需要注意在商务谈判中采取下列沟通策略。

1. 通过中间人建立信任

英国人对建立谈判桌上的人际关系有独特的方式，开始交往时往往保持一定的距离，给人以"高傲"或"难以接近"的印象，而后才慢慢接近融洽，从而发展成信任的合作关系。因此，谈判时不能操之过急。如果你没有与英国人长期打交道的历史，没有赢得他们的信任，没有最优秀的中间人做介绍，你就不要期望与他们做大买卖。

2. 注重礼节，慎选谈判人员

英国人以绅士风度著称，其举止的优雅在世界上首屈一指，与英国商人洽谈，要注意不卑不亢，并且以礼相待，遵守礼节，注意言谈举止，就可以逐渐缩短双方的距离。英国有强烈的等级意识，地位大体上是由一个人的出身、社会阶层、家庭背景和口音决定的。所以，与英国人谈判，派有较高身份、地位的人，有一定的积极作用，恰当的联系会给谈判项目带来不同的影响。对于中小型项目，开始时最好从政府机构和行业协会入手，较大型的项目需要社会关系的介绍。

3. 使用英语，忌谈政治

历史上英国曾经建立世界霸权，拥有遍及全球的广大殖民地，目前仍有很多国家把英语作为官方语言或第二语言，这使得英国人对英语有一种骄傲情绪，也使得英国谈判人员往往除了英语外，不会讲其他语言。因此，和英国人谈判时，最好是讲英语或带英语翻译，如果能直接用英语和英方谈判人员洽谈，更能得到对方的赏识，从而增进双方的情感。

英国由英格兰、威尔士、苏格兰和北爱尔兰组成，四个民族在感情上有许多微妙之处。因此，在和英国人交谈时，话题尽量不要涉及爱尔兰前途、共和制与君主制的优劣、乔治三世以及大英帝国的崩溃原因等政治色彩较浓的问题，比较安全的话题是天气、旅游等。

4. 耐心引导，重视索赔

根据英国商人善于争辩、顽固、不轻易改变自己观点这一特点，与英国人进行谈判时，一定要有耐心,不能急躁或指责对方,也不要热衷于讨价还价。应该利用其"修养和风度",耐心细致地启发诱导,并辅之以有说服力的证明材料,有理有据、平和委婉地指出问题所在,使对方逐步放弃原立场向我方靠拢。

另外,针对英国商人对出口的产品常常延迟交货的现象,谈判人员在与英国人签订合同时,一定要考虑到这一点,在合同上应加上延期交货的罚款条例,订立索赔条款,这样不但可靠,而且还可逐步改变对方不遵守交货时间的习惯。同时,对条款中的每一个细节要解释清楚,防止日后发生纠纷,造成经济损失。

案例 11-2

丘吉尔的智慧

1942 年 5 月,英美两国同意在年内开辟欧洲第二战场,以缓解苏联战场上的压力。但是不久,英国首相丘吉尔看到苏联战场节节胜利,又开始后悔自己作出的决定,于是就和美国总统罗斯福商量,暂时不要在欧洲登陆,而是开辟非洲战场,即"火炬计划"。但是令丘吉尔头疼的是,不知如何对苏联领导人斯大林说这一决定。为了表示诚意,丘吉尔亲自到莫斯科与斯大林会谈。

会谈在晚上举行,丘吉尔做好了充分的心理准备,准备着看斯大林的脸色。尽管丘吉尔列举了一大堆理由,向斯大林说明不能按期开辟第二战场的原因,斯大林还是始终拉长着脸,并严厉地质问:"据我所知,你们是不能用大量的兵力来开辟第二战场,甚至也不愿意用 6 个师登陆了?""的确如此,斯大林阁下。"丘吉尔诚恳地说,"事实上,我们有足够的兵力登陆,但是我觉得现在在欧洲开辟第二战场还不是时候,因为这有可能破坏我们明年的整个作战计划,战争是残酷的,不是儿戏,我们不能轻易作出某一决策。"

斯大林的脸色更加难看了,厉声说:"对不起,阁下,您的战争观与我的不同。在我看来,战争就是冒险,没有这种冒险的精神,何谈胜利?我真是不明白,你们为什么那么害怕德军呢?"丘吉尔反驳说:"我们并不是害怕德军。您也知道,希特勒在 1940 年正值他的全盛时期,而当时我们英国只有 2 万经过训练的军队、200 门大炮、50 辆坦克。面对这样弱小的我们,希特勒并没有来攻打我们,原因很简单,跨越英吉利海峡并非易事啊。""丘吉尔先生,我要提醒您一个关键的因素,希特勒在英国登陆,势必遭到英国人民的抵抗。但是,如果英军在法国登陆,必将受到法国人民的欢迎,人心向背也是决定战争胜败的关键。"

至此,谈判陷入僵局,两国元首谁也说服不了谁。会议室内的气氛紧张起来。斯大林最后说:"虽然我不能说服您改变您的决定,但是我还是坚持认为您的观念我不能认同。"丘吉尔看到斯大林的态度如此坚决,为了缓解令人窒息的气氛,只好转变话题,谈谈对德国轰炸的问题。经过这番谈话后,紧张的气氛有所缓和,斯大林的脸上也出现了一丝笑意。

丘吉尔认为现在是说出英美两国商定的"火炬计划"的时候,于是说:"现在我们回过头来谈谈 1942 年在法国登陆的事情吧,我是专门为了这一问题而来的。事实上,我认为法国并非唯一的选择,我们和美国人制订了另外一个计划。美国总统罗斯福先生授权我把这个计划秘密地告诉您。"斯大林看丘吉尔一副神秘的表情,不禁对这个"火炬计划"产生了兴趣。丘吉尔简单地介绍了"火炬计划"的内容,斯大林还谈了他对这个计划的理解和意见,丘吉尔表示赞同。此时,虽然斯大林对英美推迟在法国登陆的事情不悦,但是气氛已经明显缓和。丘吉尔又继续说:"我们还打算把英美联合空军调到苏联南翼,以支援苏军。"斯大林表示感谢,至此会谈已是云开雾散,但是对于丘吉尔来说,此时,还不是见彩虹的时候。

第二天晚上,第二轮会谈开始了。斯大林先是拿出来此前美、英、苏三国签订的备忘录,据此谴责美英没有履约如期在 1942 年开辟第二战场,接着又责备美英没有按承诺送给苏军必需的军用物资,等等。斯大林虽然表情严肃,但是毫无怒容。他反复强调自己的观点,认为美英军队不必害怕德军。

斯大林讲到这里,丘吉尔再也不能忍受了,他激动地说:"我们千里迢迢来到这里,是为了建立良好的合作关系。我们已经竭尽全力帮助你们,曾孤立无援地坚持了一年的战斗,遭受了巨大的损失,但是,我们三国已经建立联盟,我相信只要齐心协力,就一定能够取得胜利。"斯大林看到丘吉尔因为激动,以至于满脸通红,为缓解一下气氛,他开玩笑说:"我很喜欢听丘吉尔首相发言的声调,真是太妙了。"因而博得会场一笑,也缓解了气氛。

第三天晚上,丘吉尔出席了在克里姆林宫举办的正式宴会,宴会气氛友好而热烈。丘吉尔见斯大林心情不错就说:"尊敬的阁下,您已经原谅我了吗?"斯大林哈哈一笑说:"这一切都已经过去,过去的事情应归于上帝。"

丘吉尔借其高超的谈判技巧,抓住适当的时机,作出一些让步,终于取得了斯大林的谅解。丘吉尔的高明之处就是,当谈判陷入僵局时,马上转变话题以缓解气氛,当气氛松弛时再继续谈,这样就不至于使双方陷入尴尬的境地。

资料来源:商务谈判经典案例,豆丁网,2018-05-04.

11.4　意大利人的谈判风格与应对策略

11.4.1　意大利人的谈判风格

意大利是著名的欧洲文明古国,拥有丰厚的文化艺术遗产,国内各地随处可见古罗马时代的宏伟建筑和文艺复兴时代的绘画、雕刻、古迹与文物。这些也成为意大利发展旅游业取之不尽、用之不竭的源泉,旅游业因此成为意大利国民经济的支柱。意大利人朴素、豪迈、爽朗、乐观,爱好音乐、艺术。意大利民族文化在商务谈判中表现为下列谈判风格。

1. 具有故乡情结,看重个人作用

与法国人不同,意大利人的国家意识比较淡薄,法国人常为祖国感到自豪,意大利人却不习惯提国名,而更愿意提故乡的名字。虽然如此,意大利商人与法国商人也有许多共同之处。在商务活动中,两国人都非常重视商人个人的作用。意大利的商业交往大部分都是公司之间的交往,在商务谈判时,往往是出面谈判的人决定一切。意大利商人个人在交往活动中比其他任何国家的商人都更有自主权,所以,与谈判对手关系的好坏是能否达

成协议的决定因素之一。

2．善于社交，情绪多变

意大利人善于社交，但情绪多变，做手势时情绪激动，表情富于变化。他们生气时，简直近于疯狂。意大利人喜好争论，他们常常会为了很小的事情而大声争吵，互不相让，如果允许的话，他们会整天争论不休。在进行合同的谈判和作出决策时，他们一般不愿仓促表态，与日本等国家的谈判人员不同的是，意大利人并非要与他人协商，而是因为他们比较慎重。如果对方给他们一个作出决策的最后期限，他们会迅速拍板决定。这说明他们办事胸有成竹而且有较强的处理紧急情况的能力。

3．注重价格，力争节约

意大利人对于合同条款的注重明显不同于德国人，而接近于法国人。他们特别看重商品的价格，谈判时寸步不让，而在商品的质量、性能、交货日期等方面则比较灵活。他们力争节约，不愿多花钱追求高品质；德国人却宁可多付款来换取高质量的产品和准确的交货日期。

4．信赖国内企业，忽视外部世界

意大利的商业贸易比较发达，意大利商人与外商交易的热情不高，他们更愿意与国内企业打交道。由于历史和传统的原因，意大利人不太注意外部世界，不主动向外国观念和国际惯例看齐，他们信赖国内企业，认为国内企业生产的产品一般质量较高，而且国内企业与他们存在共同性。所以，与意大利人做生意要有耐性，要让他们相信你的产品比他们国内生产的产品更为物美价廉。

5．崇尚时髦，重视家庭

意大利人崇尚时髦，不论是商人还是旅行家，都衣冠楚楚、潇洒自如。他们的办公地点及设施都比较讲究，他们对生活中的舒适，如住宿、饮食等都十分注重，对自己的国家及家庭也感到十分自豪与骄傲。在商务谈判中，最好不要谈论国体政事，但可以倾听他们或引导他们谈谈其家庭、朋友，当然前提是与他们有了一定的交情。

11.4.2 应对意大利人的沟通策略

对于意大利人的谈判风格，需要注意在商务谈判中采取下列沟通策略。

1．在做生意方面意大利商人很注重发挥个人的作用

意大利商人个人权力很大，出面谈判的人可以决定一切，并且做生意是以个人对个人的关系为基础的。因此，同他们做生意就必须先同他们建立友好的人际关系，与他们相处得好坏是生意能否做成的决定因素之一。意大利商人精明能干、善于社交、谈话投机，但这并不意味着一见面就会立即做成生意。他们在做生意时比较专注、认真，很少出现丝毫的马虎。因此，同他们打交道时不要被他们那种爽快的作风所迷惑而疏于防范。

2．谈判具有灵活性

在意大利的谈判中最重要的一个特征是灵活性。与意大利公司的谈判中刚性规则效果应用不佳。意大利人非常具有"创造力"，以至于他们经常采用可以反复修改或调整的短期或中期的计划和战略。有时候这种工作方式具有优势：他们可以根据现有情况不断调整计划，轻松解决问题，他们可以用更开放的方式解决他们的合作伙伴客户的需求。但

其他时候达成协议会变得更加困难,因为他们经常改变计划。所以,要有耐心,不要从一个固定的计划开始,准备做一些改变,以变应变。

3. 注意谈判过程时间长度

与意大利人的谈判过程还要注意时间长度。由于意大利人的灵活性,谈判经常进行得比较慢,因为意大利人倾向于仔细评估优势和风险,而且意大利公司都有逐级决策的过程。即使开展业务的时间很短,谈判的时候也要耐心等待,重要的是给你的意大利合作伙伴留出时间。当我们的谈判涉及价格方面时,周期会很长。

4. 切忌讨价还价

对于意大利人来说,关系是第一位的,而不是价格。因此,第一次会议只是为了相互了解,他们会将价格谈判当成一种侵犯。如果你真的想和意大利人建立合作关系,就不要和他们讨价还价。一旦你与他们建立了良好的关系,就可以讨价还价,他们越信任你,越会同意折扣,折扣是随着时间而来的,因为他们已经将这些客户视为朋友。所以,请你对意大利人耐心地等待。

5. 注重产品质量

与意大利人谈判的另一个重要方面是质量。无论我们谈论的是食品或者市场,意大利制造的产品最重要的特征就是高品质的原材料。意大利人对他们的产品质量感到非常自豪。因此,永远不要直接与他们争论质量方面的问题,特别是你刚刚开始谈判历程,他们会告诉你:价格高,是因为质量很好!

6. 在意大利不要赠送手帕

意大利人认为手帕是最亲爱的人离别时擦眼泪的用物。送手帕象征着情人的离别,如赠送丝绸头巾,会收到意想不到的好效果。此外,意大利人喜欢绿色。意大利的国旗就是绿、白、红三色竖列旗,其中绿色象征郁郁葱葱的山谷。

11.5　俄罗斯人的谈判风格与应对策略

11.5.1　俄罗斯人的谈判风格

俄罗斯横亘于欧亚大陆,自其文明成熟以来,俄罗斯就像一个巨大的文化钟摆,不断地在东西方之间来回摆动。1991 年 12 月,社会主义的苏联解体,分裂成十几个国家。其中的俄罗斯成为面积最大、人口最多、经济最为发达的国家。20 世纪 80 年代末和 90 年代初,以北京的个体户为主体的"国际倒爷"纷纷到俄罗斯去"淘金"。中俄之间的贸易急剧增加,近年来,中国和俄罗斯的关系日益密切,两国之间的贸易额必将保持较高的增长率。因此,有必要了解俄罗斯这个巨大的市场。

俄罗斯联邦总面积为 1 709.82 万平方千米,中俄两国边界长达 4 000 多千米。俄罗斯人口 14 623 万(2021 年),有 100 多个民族,其中俄罗斯人约占总人口的 81.5%。它的语言是俄语,国民信仰俄罗斯东正教,气候南部适中,北部寒冷,交通较为发达。有 1 500 万人从事农业,重工业和原料占有重要的地位。它有丰富的资源,除有大量的煤、铁、铜等资源外,石油和天然气储量也极为丰富。

如果你对俄罗斯的文化和艺术做过研究,他们便会非常尊重你,这会给谈判创造出友善的气氛。俄罗斯人有"四爱",即爱喝酒、爱吸烟、爱跳舞和爱运动。俄罗斯人爱喝酒,男人几乎没有不喝酒的,女人中喝酒的也不少,而且大都喝烈性酒。俄罗斯人吸烟也很普遍,而且爱吸烈性烟。跳舞是俄罗斯人的爱好,每个人都有一两个体育专长。俄罗斯人很注意仪表,爱好打扮,在公共场合比较注意举止,从不把手插在口袋或袖子里,也不轻易地脱下外衣。在商务谈判中,他们比较欣赏对方良好的仪表,如果你不修边幅来进行洽谈,会使他们反感。俄罗斯人的文明程度较高,不仅家里弄得比较整洁,而且很注意公共卫生,极少有人在公共场所乱扔果皮、果核,偶尔为之,不仅会受到谴责,还要被罚款。

俄罗斯人继承了苏联官僚主义办事拖拉的作风,做事断断续续,办事效率特别低。首先表现在他们常常把许多专家带到洽谈中,诸如技术专家、经济专家或法律专家,这样不可避免地扩大了谈判队伍,由于每个专家都要在谈判中维护和争得各自的地位,这就拖长了谈判时间。同样一笔生意,两个人只用一周的时间即可谈成,而由 5 个人则要花去一个月的时间。其次表现为行动迟缓。据说,在俄罗斯的语言中没有一个字确切地表示紧急的意思。他们绝不可能让自己的工作节奏适应你的时间表。在谈判期间,如果你向他们发信或打电报,征求他们的反应,他们根本不回答,即使回应了,也是在你认为没有必要的时候了。因此,如果你同俄罗斯人做生意,切勿急功近利,要耐心等待。

俄罗斯人虽有拖拖拉拉的作风,但在谈判桌前绝对精明,他们常常是做过充分准备的,他们深深懂得如何在交易中以少换多。为了压降价格,他们一般采取三种方法:一是"欲擒故纵"。他们常常这样对洽谈对手说:"我们实在无法同你洽谈生意,你的价格比你的竞争者实在高太多了,如果我们同他们谈判,现在就已经达成协议了。"你不能被这些话所糊弄,如果他们真能从你的竞争者那里得到低的价格,就不会费那么大的劲儿与你洽谈了。二是"降价求名"。例如,他们会如此告诉你:"如果我们第一次向你订货,你的开价较低,那么你就会源源不断地接到新的订单。"你可别相信这样的话。一旦他们得到了低的价格,就会要求价格永远保持在低水平上。三是"虚张声势"。在谈判中,他们会大声喊叫,连说:"太不公平了。"或者"梆梆"地敲桌子,以示自己的不满和抗议,甚至还会拂袖而去。你最好是不为所动。假如你真降低了价格,你就会为自己的做法后悔不迭。

俄罗斯人不容易改变自己的看法。在价格洽谈时,无论对方的价格多么低,他们总是不会接受你的第一次报价。所以在洽谈过程中,你要具有一定的灵活性。你可以事先特地为俄罗斯人印好一份标准价格表,这份表上所有的价格实际上都有适当的溢价。这就能给后面的洽谈留下余地。

俄罗斯的民族性格同时并存有东西方不同文化的基因。俄罗斯国徽上那个双头鹰似乎就是俄罗斯民族性格和文化构成的一个意味深长的象征符号。例如,俄罗斯人在科学和教育等方面表现出极具西方传统的理性精神,而在宗教和文艺等领域则体现出被视为东方特征的神秘主义和感性至上的倾向;在俄罗斯文化,尤其是文学中长期存在的斯拉夫派和西方派的思想对峙,也是这一矛盾的典型体现之一。如此矛盾的民族个性,使得俄罗斯人在商务谈判中具有下列商务谈判风格。

1. 固守传统，缺乏灵活

由于受多年计划经济体制以及官僚作风的影响，俄罗斯人日常行为也多习惯照章办事，上传下达。在涉外谈判中，一些俄罗斯人还是带有明显的时代烙印，在进行正式磋商时，他们喜欢按计划办事，如果对方的让步与他们原定的具体目标相吻合，则容易达成协议；如果有差距，那么要他们让步就特别困难，甚至他们明知自己的要求不符合客观标准，也拒不妥协让步。一些俄罗斯人缺乏灵活性，还因为他们的计划制订与审批要经过许多部门、许多环节，这必然要延长决策与反馈的时间。随着俄罗斯经济体制改革的不断深入、国际贸易的不断扩大，这种情况将有所改变。谁都不否认，俄罗斯人是强劲的谈判对手。尽管他们有时处于劣势，如迫切需要外国资金、外国的先进技术设备，但是他们还是有办法迫使对方让步，而不是他们。

2. 节奏缓慢，效率不高

俄罗斯人办事习惯断断续续，节奏缓慢。他们一般不会让自己的工作节奏适应外商的时间安排。除非外商提供的商品正是他们急切想要的，否则，他们的办事人员绝不会急急忙忙奔回办公室，立即向上级呈递一份有关谈判的详细报告。

3. 技巧高明，擅长讨价

俄罗斯人十分善于寻找合作与竞争的伙伴，也非常善于讨价还价。他们在谈判桌前显得非常精明，会千方百计地迫使对方降价。不论对方的报价多么低，他们都不会接受对方的首轮报价，而要想方设法挤出其中的水分。他们经常采取各种离间手段，让争取合同的对手之间竞相压价，相互残杀，最后从中渔利。

4. 重视谈判技术细节

俄罗斯人的谈判能力很强，特别重视谈判项目中的技术内容和索赔条款。这是因为引进技术要具有先进性、实用性，由于技术引进项目通常都比较复杂，对方在报价中又可能会有较大的水分。为了尽可能以较低的价格购买最有用的技术，他们特别重视技术的具体细节，索要的资料包罗万象，如详细的车间设计图纸、零件清单、设备装配图纸、原材料证明书、化学药品和各种试剂、各种产品的技术说明、维修指南等。所以，在与俄罗斯人进行洽谈时，要有充分的准备，可能要就产品的技术问题进行反复、大量的磋商。另外，为了能及时准确地对技术问题进行阐述，在谈判中要配置技术方面的专家。同时要十分注意合同用语的使用，语言要精确，不能随便承诺某些不能做到的条件，对合同中的索赔条款也要十分慎重。

11.5.2　应对俄罗斯人的沟通策略

对于俄罗斯人的谈判风格，需要注意在商务谈判中采取下列沟通策略。

1. 安排计划，培养耐心

根据俄罗斯人的行为风格，商务交往进展速度可能相当缓慢，所以要准备在高层行政上投入大量时间，但没有必要期待与对方建立长期个人关系。谈判前要做好技术准备，争取技术专家加入谈判。谈判期间需要妥善安排计划，陈述应该详尽、准确，谈判时要给自己多留余地。谈判中最重要的就是要有耐心，适应俄罗斯人经常使用的拖延战术。

2．灵活进行谈判报价

俄罗斯人在讨价还价上堪称行家里手。许多比较务实的欧美生意人都认为，不论你的报价是多么公平合理，怎样精确计算，他们都不会相信，并千方百计地压价，达到他们认为理想的结果。所以，对俄罗斯人的报价策略有两种形式：一种是报出你的标准价格，可以事先印好一份标准价格表，表上所有价格都包含适当的溢价，然后力争做最小的让步；另一种是公开在你的标准价格上加上一定的溢价（如15％），并说明这样做的理由是己方同其做生意所承担的额外费用和风险。

3．适当采取易货贸易

在俄罗斯，由于缺乏外汇，俄罗斯人喜欢在外贸交易中采用易货贸易的形式。易货贸易的形式比较多，如转手贸易安排、补偿贸易、清算账户贸易等，就使贸易谈判活动变得十分复杂。俄罗斯人采用易货贸易的形式时，一开始并不一定提出货款要以他们的产品来支付，因为这样一来，对需要硬通货做交易的公司缺乏吸引力，也使自己处于劣势地位。他们在与外国商人洽商时，拼命压低对方的报价后，才开始提出用他们的产品来支付对方的全部或部分货款。由于外国商人已与俄罗斯人进行了广泛的接触，谈判的主要条款都已商议妥当，所以他们使出这一招时，往往使对手感到很为难，也容易妥协让步。需要指出的是，如果俄罗斯人提出只有当你接受他们的易货商品，或者帮助他们把某些商品销售给支付硬通货的第三方时，他们才能支付你的货物，那么，你一定要认真考虑其中所涉及的时间、风险和费用。易货是一种好的交易形式，但当你交易的商品没有市场时，那么，还不如没有这种交易的好。

11.6　北欧人的谈判风格与应对策略

11.6.1　北欧人的谈判风格

北欧是政治地理名词，特指北欧理事会的五个主权国家：丹麦、瑞典、挪威、芬兰、冰岛。北欧五国经济比较发达，社会稳定，政府推行高福利政策使国民生活水平日益提高，各种基础服务设施十分齐全，是谈判、做生意的理想去处。再加上当地风光优美和资源丰富，近年来吸引了越来越多的客商前去做生意，他们的谈判特点，也为越来越多的谈判人员所关注。

北欧国家有着相似的历史背景和文化传统，它们都信奉基督教，历史上为防御侵略而互相结盟。现代的北欧国家政局稳定，人民生活水平较高。由于其信仰和民族地位以及历史文化的影响，北欧人一般态度平和、沉着亲切、朴素谦恭。在具有很强地域共性的同时，北欧各国也保持着各自鲜明的民族文化。其中，芬兰人和挪威人的北欧特色较典型，瑞典人的风格也极为相似，但同时又部分地受美国风格的影响。丹麦人中，如果是来自海岛的，则倾向于北欧风格；倘若是来自日德兰半岛的，则更多地倾向于德国风格。有人曾这样评价：让挪威人、瑞典人、丹麦人合开一家企业的话，则应该挪威人先思考；接着瑞典人加以制造；最后丹麦人负责销售。由此可见，挪威人比较注重理论，善于形成体系，并富于创造性；瑞典人则是能工巧匠，善于应用，精于产业化；至于丹麦人则善于推销，是商业方面的一流人才。

北欧诸国具有下列商务谈判风格。

1. 按部就班,不急不躁

正如北欧人的务实型性格所体现的,他们在谈判中的工作计划性很强,凡事按部就班、沉着冷静。在刚开始谈判时,他们往往言语不多,待人彬彬有礼,从容不迫,谈吐坦率,有问必答,乐意帮助谈判对手,他们希望以此使他们也能及时获得有关信息。他们谈判的特点是有条不紊,按议程顺序逐一进行,所以谈判一般进展缓慢。然而,他们的处事从容和反应机敏并不矛盾,他们的长处正是善于发现和把握达成交易的最佳时机。

2. 开诚布公,不喜还价

北欧人在谈判中态度谦恭,待人温和真诚,善于同外国客商搞好关系。他们的谈判风格坦诚,不隐藏自己的观点,善于提出各种建设性方案。在谈判的探测阶段,他们愿意直率地告诉对方真实的情况,也希望对方坦诚。因此北欧商人不喜欢无休止的讨价还价。他们希望对方提出的建议是坦诚的,是他们所能得到的最好的建议。如果在对方的建议中有明显的漏洞或不合理之处,他们会重新评估对方的职业作风和业务能力,进而转向别处做生意,而不愿与对方争论那些他们认为对方一开始就应该解决的琐碎问题。

3. 倾向保守,重视质量

作为性格保守的表现,北欧人倾向于把精力用于保护他们现有的东西上,尤其是高附加值和高度专业化的出口产品,而不愿致力于开拓新领域。他们重视压缩现有生产线的成本,而不是致力于开发大有前途的新兴产业。在谈判中,便是更多地将注意力放在怎样让步方能达成某项协议,而不是着手准备另一个备选方案,以防止作出最大限度让步也不能达成协议的情况出现。他们仿佛认识不到,恰恰是后者才能使他们在谈判中立于不败之地,使得签订的合同更加有利、有益。但是,这并非讲他们只是一味地保守、守旧。如果现代社会的各项新的科学技术能够帮助他们在已经占优势的市场里处于更加有利的地位,他们也绝不会吝啬大笔的投资。

11.6.2　应对北欧人的沟通策略

对于北欧人的谈判风格,需要注意在商务谈判中采取下列沟通策略。

1. 追求朴实,力戒铺张

北欧人一般比较朴实,工作之余的社交相对较少,特别是瑞典人和挪威人。当然,为了增进友谊,他们也常常招待客人,但晚宴通常在家里举办,很少到饭店去。午宴尽管经常在大饭店预订,但却从不铺张,有时甚至招待的只是三明治和咖啡,绝不会因为什么而大摆宴席。因此,作为客方,必须了解他的性格,理解他们的做法。这不是不尊重客人,而是把对方当作朋友的表示。同样,如果为了答谢他们而请客,也不要大手大脚,否则会引起误会。

2. 宽容待人,公私分明

北欧人特别是瑞典人在社交活动中非常守时,但在谈判时却不怎么守时。有许多公司发出的商函可能得不到及时的答复,合同规定的履约期限已过,他们才匆匆来尽自己的义务,而且连起码的解释也没有。如果遇到这种情况,只要没有造成后果,都不应把它看得太重,更没有必要流露不满。否则,倘若他们把你当作一个斤斤计较、生硬古板的人,那将对合作不利。如果因此而造成了损失,那也应理直气壮地追究其责任。

3. 妥善安排时间,适应对方习惯

北欧地区所处纬度较高,冬季时间较长。所以,那里的人们对阳光比较珍惜,夏天和冬天分别有三个星期与一个星期的假期。在这段时间里,几乎所有公司的所有业务都处于停顿状态。因此安排谈判时间时,应设法避开这些假期,已经进行的谈判、交易,最好赶在假期开始之前办妥。当然,在有些时候,也可以拿假期逼近作为借口来催促对方成交。

努力去尝试他们的某些生活习惯。在北欧人的日常生活中,蒸汽浴是必不可少的一部分,在那里,大多数宾馆都有蒸汽浴室。假如北欧人向外国谈判人员发出去蒸汽浴室的邀请,不要以为这是荒唐的。这反而说明该谈判人员很受对方欢迎。特别在有些国家,谈判中的蒸汽浴几乎是强制性的。在这种情况下,尽管外国谈判人员可能不习惯,但无论理由如何充分,最好还是不要扫他们的兴。因为,许多谈判都是在令人神经松弛的蒸汽浴室里达成协议的。

📚 案例 11-3

待人诚恳,获得信任

思 考 题

1. 试述德国人的谈判风格与应对策略。
2. 试述法国人的谈判风格与应对策略。
3. 试述英国人的谈判风格与应对策略。
4. 试述意大利人的谈判风格与应对策略。
5. 试述俄罗斯人的谈判风格与应对策略。
6. 试述北欧人的谈判风格与应对策略。

即 测 即 练

参 考 文 献

[1] 樊建廷.商务谈判[M].大连：东北财经大学出版社,2001.

[2] 杨群群.商务谈判[M].大连：东北财经大学出版社,2001.

[3] 李品媛.商务谈判[M].大连：东北财经大学出版社,1998.

[4] 万百寿.谈判口才[M].沈阳：辽宁大学出版社,1996.

[5] 王宝山,张国良.商务谈判[M].武汉：武汉理工大学出版社,2007.

[6] 刘志迎.市场营销十八讲[M].北京：中国商业出版社,2004.

[7] 潘肖环,谢承志.商务谈判与沟通技巧[M].上海：复旦大学出版社,2000.

[8] 赵春明.商务谈判[M].北京：中国财政经济出版社,2000.

[9] 刘园.国际商务谈判——理论.实务.案例[M].2版.北京：中国商务出版社,2005.

商务谈判四字经（代跋）

教师服务

感谢您选用清华大学出版社的教材！为了更好地服务教学，我们为授课教师提供本书的教学辅助资源，以及本学科重点教材信息。请您扫码获取。

▶▶ 教辅获取

本书教辅资源，授课教师扫码获取

gjswtp

▶▶ 样书赠送

国际经济与贸易类重点教材，教师扫码获取样书

清华大学出版社

E-mail: tupfuwu@163.com
电话: 010-83470332 / 83470142
地址: 北京市海淀区双清路学研大厦 B 座 509

网址: https://www.tup.com.cn/
传真: 8610-83470107
邮编: 100084